누구나 경험하는 내적 갈등을 해부하고 정리해 주는 유익한 글이다. 자신의 적나라한 모습을 정직하게 대면하고 내면생활을 정돈하는 데 큰 도움이 될 것이다.

김상복 할렐루야교회 원로목사

내가 걷고 싶은 길에서 몇 걸음 앞서 걷고 있는 이를 만나는 것은 행복한 일이다. 그 길에서 만나는 위험과 유혹, 기쁨과 보람을 진솔하게 말해 주는 이를 만난다면 더욱 감사한 일이다. 이 책은 첫 출간 이래 많은 이들의 영적 길잡이 역할을 해 왔다. 이제 78세에 이른 저자는 마지막 개정판을 내면서 지금도 내면세계의 질서와 영적 성장을 위해 날마다 씨름하고 있다고 고백한다. 그것은 어느 순간에 완성되는 것이 아니라 매일 새롭게 시작해야 하는 매일의 과제이기 때문이다. 그렇기에 더욱 귀 기울이며 고개 숙일 수밖에 없다.

김영봉 와싱톤사귐의교회 담임목사, 『사귐의 기도』 저자

교회와 나라의 진정한 개혁은 우리 내면의 개혁에서 시작된다. 본서는 바쁘고 성취 지향적인 문화에 함몰되기 쉬운 오늘날 한국 교회의 성도들을 일깨워 하나님의 진정한 부르심을 듣게 해주는 탁월한 책이다. 제자훈련의 필독서로 기쁘게 추천한다.

고(故) 옥한흠 사랑의교회 원로목사

수많은 이들의 인생을 바꾼 책으로 손꼽히는 『내면세계의 질서와 영적 성장』의 재탄생을 축하하며 감사의 마음을 전한다. 읽을 때마다 새로운 감동과 도전을 안겨 주는 이 책은 이번 판에 노년의 지혜가 추가되어 더욱 풍성해졌다. 이 책을 통해 내면을 재정비하여 부르심에 더욱 충실한 삶을 살기를 바란다.

이찬수 분당우리교회 담임목사

사람들은 내면세계가 중요하다는 것을 알면서도 그 안의 혼란과 아픔은 어떻게 치료해야 하는지를 잘 모른다. 쉬우면서도 체계적인 이 책의 내용을 따라가다 보면 지금까지 방치해 왔던 내면의 무질서를 직면하고 바로잡을 수 있을 것이다.

정근모 한국과학기술원 석좌교수

일중독에 빠진 현대인들이 만나는 무기력증과 우울증, 낮은 자존감 등 여러 증상의 근원이 내면세계의 무질서와 관계 있다는 것을 가르쳐 주는 책이다.
하정완 꿈이있는교회 담임목사

역시 고든 맥도날드다! '무엇이 당신을 움직이는가? 추구해 온 모든 것이 사라졌을 때 어떻게 할 것인가?'라는 따끔한 질문에 '내면의 질서가 없으면 외부의 버팀목이 사라졌을 때 모든 것이 붕괴하고 만다!'라고 명쾌하게 답해 준다.
요즘 도처에서 나로 살아도 충분하다고, 나답게 살기로 결심하라고 부추긴다. 그런데 '나'는 대체 누구란 말인가? 내면의 질서 없이 늘 쫓겨다니거나 외부의 평가에 휘둘린다면 '나'의 삶과 영혼은 머지않아 텅 비어 버릴 거라고 저자는 말한다. 지혜로운 어른이자 신앙의 선배와 마주 앉아 충분히 대화한 이 기분, 여러분도 느껴 보시길 진심으로 바란다.
한비야 월드비전 세계시민학교 교장

한국 IVP가 펴낸 책들 가운데 가장 뛰어난 책으로, 성도들의 내면세계에 질서를 잡아 주는 보기 드문 책이다.
홍정길 남서울은혜교회 원로목사

훌륭한 지도자와 성도의 등장이 어느 때보다 절실한 오늘날 조국 교회를 향하여 이 책은 우리의 가장 깊은 곳인 마음과 영혼을 먼저 가꾸라고 가르친다. 내면세계의 질서를 회복할 때 하나님의 질서를 삶에서 경험할 수 있기 때문이다. 이 귀한 책이 많은 사람들의 삶과 사역을 바꾸고, 영적인 깊이를 더하여 신실한 주님의 일꾼을 일으켜 세우는 복된 도구로 사용될 것을 믿어 의심치 않기에 강력히 추천하는 바이다.
화종부 남서울교회 담임목사

고든 맥도날드는 명료한 단순성과 예언자적 이상을 가지고 사유하며, 사업가의 철저한 현실성을 가지고 글을 쓰지만, 마음속 깊이 긍휼 어린 목자의 심정을 지녔다. 무엇보다 중요한 것은 그 자신이 전하는 메시지에 부합된 삶을 살아낸다는 점이다. 나처럼 내면세계에 질서가 필요한 모든 사람에게 열렬히 이 책을 추천한다.
찰스 스윈돌 달라스 신학교 명예총장

내면세계의 질서와 영적 성장

IVP(InterVarsity Press)는
캠퍼스와 세상 속의 하나님 나라 운동을 지향하는
IVF(InterVarsity Christian Fellowship)의 출판부로
생각하는 그리스도인을 위한 문서 운동을 실천합니다.

Copyright ⓒ 1984, 1985, 2003, 2017 by Gordon MacDonald
Originally Published in English under the title
Ordering Your Private World: Revised and Updated
by Thomas Nelson Inc., 501 Nelson Place, TN 37214, USA.
All rights reserved.

Used and translated by the permission of Thomas Nelson Inc.
through rMaeng2, Seoul, Republic of Korea.

This Korean edition copyright ⓒ 2018 by Korea InterVarsity Press
156-10 Donggyo-Ro, Mapo-Gu, Seoul 04031, Republic of Korea.

이 책의 한국어판 저작권은 알맹2 에이전시를 통하여
Thomas Nelson Inc.와 독점 계약한 IVP에 있습니다.
신 저작권법에 의하여 한국 내에서 보호받는 저작물이므로
무단 전재와 무단 복제를 금합니다.

내면세계의 질서와 영적 성장

고든 맥도날드

홍화옥·김명희 옮김

IVP

차례

개정판에 부쳐	11
들어가는 글: 한계에 부딪친 날	15
1. 싱크홀 증후군	31
2. 조종실에서 보는 시각	43

1부 동기 부여
3. 황금 새장에 갇힌 인생	57
4. 어느 성공한 실패자 이야기	79
5. 부름 받은 사람의 삶	97

2부 시간 사용
6. 누구 내 시간 본 사람 있나요?	129
7. 잃어버린 시간을 찾아서	145

3부 지혜와 지식
8. 더 뛰어난 사람이 패한 경기 167
9. 한 번도 읽힌 적이 없는 책 189

4부 영적인 힘
10. 마음의 정원을 가꾸는 사람 217
11. 믿음으로만 버티는 인생 231
12. 말씀을 마음속에 입력하라 255
13. 하늘의 눈으로 바라보라 265

5부 회복
14. 친구들 293
15. 여가 이상의 쉼 303

나가는 글: 용기, 감사, 깊이 333
주 337

내면에 질서가 없는 사람은 질서를 전파할 수 없다.

−에즈라 파운드

일러두기
이 책에 인용된 성경 본문은 새번역을 사용하였습니다.

개정판에 부처

수년 전 나는 그리스도를 따르는 이들의 내면의 삶에 관한 책을 써서 『내면세계의 질서와 영적 성장』이라는 제목을 붙였다. 그 책을 읽고 나서 솔직하고 실제적인 내용이라고 말해 준 사람들이 있었다.

이 책은 자칭 그리스도인이라는 수많은 사람들이 그들 영혼의 상태에는 별 관심을 기울이지 않아서 결국 자신의 신앙 여정에 실망하고 있다는 언급으로 시작했다. 이전 판에서는 나의 영적인 천박함을 인정할 수밖에 없었던, 내 인생에서 결코 잊을 수 없는 하루에 대해 이야기했었는데, 이 책의 서두에서도 그 이야기를 다시 꺼내려 한다.

나는 세례 요한의 말에서 상당히 많은 영감을 받았는데, 그는 구약의 예언자 이사야의 생각에서 영감을 받은 사람이었다.

너희는 주님의 길을 예비하고[정비하고],

그 길을 곧게 하여라.
모든 골짜기는 메우고,
　모든 산과 언덕은 평평하게 하고,
굽은 것은 곧게 하고,
　험한 길은 평탄하게 해야 할 것이니,
모든 사람이 하나님의 구원을 보게 될 것이다. (눅 3:4-6)

내가 요한(과 이사야)에게서 들은 말은 이것이었다. "너희 삶 가운데 하나님의 질서를 경험하고자 하는 열망이 있다면, 내가 내면세계라고 부르고자 하는 우리의 가장 깊은 곳에 있는 마음 또는 영혼에서부터 시작해야 한다."

처음 이 책을 쓸 때 나는 어떤 새로운 영성 훈련 과정을 소개하려는 것이 아님을 분명히 하고 싶었다. 오히려 독자들에게 이렇게 묻고 싶었다. "수많은 믿음의 선배들 가운데 대가들은 어떻게 계속 살아 계신 하나님의 음성에 날마다 새롭게 귀 기울일 수 있었을까?"

백 년 전쯤 오스왈드 챔버스(Oswald Chambers)는 다음과 같이 핵심을 짚어 주었다.

하나님 앞, 우리의 의지가 존재하는 은밀한 장소에서 그 싸움의 승패가 갈린다. 그 싸움은 절대 외부 세계에서 먼저 일어나지 않는다.…그 무엇도 하나님 앞에서 그 싸움을 이긴 사람을 좌지우지하지 못한다.…

나는 타인이 간섭하지 못하는, 내 영혼의 은밀한 장소에서 하나님과 나 자신 사이에서 문제를 해결해야 한다. 그 후에야 그 싸움에서 이겼음을 확신하며 **앞으로 나아갈 수 있다.**[1]

나는 이제 다섯 명의 손자손녀를 둔 78세 노인이 되었다. 그래도 여전히, 그것도 날마다(!) 내 내면세계의 질서를 바로잡는 일의 도전을 받는다. 그리하여 내가 오랜 세월을 거쳐 배운 것들을 독자들이 새롭게 깨달을 수 있도록 고쳐 쓰며 더 개인적이고, 더 자서전 같은 『내면세계의 질서와 영적 성장』을 내놓으려 한다.

뉴햄프셔 콩코드에서
고든 맥도날드

들어가는 글

한계에 부딪친 날

나는 엄마 뱃속에서부터 질서라곤 눈 씻고 보려야 볼 수 없는 사람으로 태어났다.

어릴 때에는 장난감이나 책을 거의 치우지 않았고, 좀더 자라서는 보통 자전거를 내버려 두는 곳이 아버지가 저녁 드시러 오실 때 차로 치기에 딱 알맞은 곳이었다.

청소년 시절에는 방과 후에 아르바이트를 했는데, 나를 고용했던 분들은 하나같이 내가 일하는 자세를 못마땅해하셨다. 꼼꼼하지 않다는 말이었다.

한편 밸런타인데이 카드, 생일 선물, 졸업 무도회 꽃팔찌 준비 등을 소홀히 해서 여자 친구를 실망시키기도 했다.

20대 청년 시절에도 옷 정리를 거의 하지 않았고, 자동차 열쇠와 지갑의 행방이 묘연해지기 일쑤였으며, 보통 화장실에서 나갈 수 없는 상황이 되어서야 그것을 알아차렸다.

학창 시절 내내 선생님들은 내가 집중을 잘 못하며 공상가인데다 산만하다고 불평하셨다. 한 선생님은 내 성적표에 이렇게 쓰시기도 했다. "고든은 몸은 교실에 있지만 마음은 항상 딴 데 가 있습니다. 마음은 바로 여기 있어야 마땅하므로 심히 유감입니다."

10대 시절 어느 날에는 낙담한 교회 청소년부 리더가 나를 구석으로 밀치더니 이를 악물고 "너 대체 언제 철들래?"라고 말했다. 그는 내가 돈을 허비할 가능성이 있으며 믿을 만하지 않고 어린아이같이 행동한다고 몇 마디 덧붙이고는 성큼성큼 걸어나갔다. 이러한 소위 나의 잠재력에 대해 듣는 일에 넌더리가 났다.

나는 영적인 면에서도 질서 없이 산 것 같다. 아버지가 목사님이라 평생 교회 중심으로 살아서, 성경 이야기는 모조리 다 알았고 수많은 성경 구절을 암송해 왔다. 주일학교 개근상과 배지도 꼬박꼬박 받았다. 하지만 이런 일들 중 그 어느 것을 통해서도, 진지하게 그리스도를 따르는 이(내가 그리스도인보다 선호하는 용어)가 되었다고 할 만한 비범한 행동이나 성품이 생겨나지는 않았다.

그렇다고 해서 내가 어린 시절부터 그렇게 나쁜 사람이었다는 말은 아니다. 요한계시록 저자의 말을 빌리자면 나는 뜨겁지도 않았고 차지도 않았고…그저 미지근한 정도였다. 평균, 보통, 평범.

이렇게 나는 내 생애 첫 20여 년 동안 내면세계는 물론 외적인 면에서도 전반적으로 질서 없는 삶을 살았다.

그러다가 성인의 삶이 시작될 무렵 나의 무책임한 삶의 방식이 점점 더 심각한 결과를 낳기 시작한 때가 닥쳐왔고, 나는 내 내면세계의 질서를 바로잡지 않으면 미래가 불투명하리라는 것을 깨닫게 되었다.

서른 살이 되던 해 어느 토요일, 내 인생을 송두리째 바꾸어 놓은 사건이 일어났다. 나는 그날 아침에 일어난 일에 대해 자주 말하기도 하고 글로 쓰기도 했다. 그때 바로 내가 좀처럼 충분한 관심을 두지 않고, 숨겨져 있던 나 자신의 거대한 부분, 내 영혼…또는 내가 내면세계라고 부르고 싶어 하는 그것을 문득 인식하게 되었기 때문이다.

게일과 결혼한 지 7년이 지난 때였다. 나는 대학원을 마쳤고 우리는 두 아이의 부모가 되었다. 나는 성장가도를 달리는 중간 규모의 멋진 교회에서 사역하는 젊은 목사였다. 게일과 내가 처음에 품었던 꿈들이 모두 성취되는 길에 들어선 것 같았다. 우리가 결혼 초기에 열정적으로 이야기했던 것들이 현실이 되어 가는 듯 보였다.

당시 나는 몇 달 전부터 일 때문에 정신없이 바쁜 나날을 보내고 있었다(**정말 눈코 뜰 새 없었다!**). 실행 계획에 맞춰 우선순위에 따라 목적의식을 가지고 바쁘게 움직이는 때가 있다. 이런 유의 분주함은 우리가 성장하고 유능해지도록 돕기에 유익하며 성취감을 제공한다. 반면에 무질서한 생활을 반영하는 분주함(사실상 파괴적인 분주함)도 있는데, 이는 연이어 쏟아지는 그다음 일에 아무 생각 없이 반응하는 생활 방식을 말한다. **그다음 일!** 그 일이 의미가 있는지 없는지는 중요하지 않다. 단지 다음에 닥치는 일이고 해야 할 일이 **거기** 있으니까

하는 것이다.

서른이 되던 그해에 나는 성난 파도에 휩쓸리듯 두 번째 유형의 분주함에 완전히 휩쓸리고 말았다. 통제 불능 상태였다. 전복될까 봐 두려움에 가득 찬, 무방비 상태의 감정이었다.

몇 달 동안 나는 소위 하루 24시간, 일주일에 7일이라는 일상을 살고 있었다. 스스로를 입증하고자 애쓰는, 조직의 야망 가득한 리더 역할을 하고 있었다. 수많은 대중 강연, 장례식, 결혼식, 상담, 기획 회의, 분쟁 조정 회의가 있었다. 나를 잠시라도 원하는 사람들이 끝이 없어 보였다. 이 모든 요구에 반응하는 방법으로 내가 알고 있던 유일한 방식이란 "네, 네, 네…괜찮습니다…맡겨만 주세요…이렇게 섬기게 되어 기쁘기 그지없습니다"라고 말하는 것이었다. "안 되겠는데요"란 내 사전에 없었다.

이 모든 분주함의 결과는 무엇이었을까?

끝이 없는 일, 암울한 기분, 불안정한 생각들로 인해 나는 완전히 고갈 상태에 빠지고 말았다. 영적·정서적·지적·신체적으로. **고갈 상태**라는 말이 딱 들어맞는 표현이다. 사실 그런 느낌은 전혀 뜻밖의 경험이었다. 대부분의 젊은 사람들처럼 나도 에너지와 생명력이란 끊임없이 솟아나는 것이라고 생각하고 있었기 때문이다. 마음속에서는 모든 사람을 앞서가려고 계속 경쟁하고 있었다. 정서적으로는 지나치게 민감하여 사람들에 대해 불평하고 그들을 비난했다. 육체적으로도 엉망이 되었고 계속 쉬지 못하는 느낌이었다. 무엇보다도 내 영혼

(내가 의식하고 있는 것은 그것의 작은 일부였지만)이 무언가로 막혀 있었고 어수선했다. 그렇다고 내가 영혼의 가치를 인정하지 않은 것은 아니었다. 예수님이 아주 멀리 계신 것 같았다. 예수님에 대해 설교하고 공개적으로 예수님께 기도할 수 있었지만, 그것이 친밀함을 느낀다는 뜻은 아니었다.

게일과 우리 아이들 그리고 내가 친구로 생각하는 몇 사람을 위한 시간을 거의 낼 수 없었다는 말도 덧붙여야겠다. 돌이켜 보건대 나는 가장 가까운 사람들에게 지치고, 짜증 많고, 비판적인 '몰락해 가는 고든'이 되어 가고 있다는 걸 발견했던 것이다.

앞에서 언급했듯이 그날은 토요일이었다. 나는 그날 우리 집 계단을 급하게 내려가 부엌으로 들어갔다. 게일은 거기서 가족을 위해 아침 식사 준비를 하고 있었다.

"아침을 건너뛰어야겠어요." 나는 코트를 입으며 말했다. "사무실에 가야 해요. 내일 설교 준비를 아직 다 못했거든요. 그리고 사역자 몇 사람이 이야기할 게 있는지 점심 때 나를 만나고 싶어 해요. 그래서 아마도…까지는 집에 못 들어올 것 같아요."

게일이 끼어들었다. "물론 할 일은 해야죠. 하지만 이 문을 나가자마자 당신은 최근에 아이들과 의미 있는 시간을 전혀 갖지 못한 사실이 떠오를 거예요. 게다가 당신과 나도 같이 보낸 시간이 얼마 없었잖아요."

나는 어떻게 대답해야 할지 몰라 입이 떨어지지 않았다.

그러나 그전에 게일이 다시 말했다. "그런데, 고든. 당신은 정말 이런 식으로 살기를 원하나요? 당신이 꿈꾸는 삶이 이런 것이었어요? 우리가 결혼할 때 합의한 삶이 이런 건가요?"

게일의 질문들에 정신이 번쩍 들었다. 나는 곧바로 대답해야 했다. "아니에요! 나는 이렇게 살고 싶지 않아요." 그렇다면 내가 왜 이렇게 하고 있는지, 왜 그런 식으로 사는지 설명해야 했다.

그리고 나는 울기 시작했다. 눈물을 몇 방울 흘리거나 잠깐 흐느낀 것이 아니었다. 적어도 네 시간은 울었을 것이다.…정확히 표현하자면 내 영혼의 끝도 없는 심연 근처에서 솟구쳐 나오는 엄청난 오열이었다.

내 뒤로 아이들이 계단을 내려오는 소리를 듣고 재빨리 돌아섰던 기억이 난다. 이렇게 시작된 내 눈물을 게일이 본 것만으로도 충분히 탐탁지 않았다. 그런데 아이들까지?

나는 급히 거실로 달려가 소파에 몸을 던지고는 결국 아침 내내 계속 울었다. 눈물이 그쳤다고 생각하는 순간 또다시 눈물이 흘렀다. 무섭기까지 했다.

이러한 감정 폭발은 전에는 전혀 없었던 일이었다. '신경쇠약에 걸린 건가?' 하고 스스로 물었던 기억이 난다. 병원에 가야 하나? 왜 이런 순간을 아무도 설명해 놓지 않았지?

게일이 이웃집에 전화를 걸어 아침에 우리 아이들을 돌봐 줄 수 있는지 부탁하는 소리가 들렸다. 그러고 나서 게일은 내가 있는 곳으로 와서 나를 꼭 안아 주었다. 그리고 나를 얼마나 사랑하는지 계속 이야기하며 하나님이 우리와 함께하심을 확신시켜 주었다. 그것 외에 다른 말은 없었다. 남자가 운다는 말을 하며 내게 수치심을 주지도 않았고, 나를 고치려 들지도 않았으며, 이 모든 일은 내가 자초한 것이라고 재확인시키며 비아냥거리지도 않았다. 실제 그러했음에도 불구하고 게일은 그저 조용히 내 경험 속으로 들어왔다.

나는 그날 아침에 일어난 일을 아주 자세히 기억하고 있다. 내 내면세계는 마치 홍수로 완전히 잠긴 지하실 같은 상태였다. 이것은 날 것의 감정이자 그 이면에 있는 모든 것이었다. 결국 침수된 지하실처럼 그 물을 퍼내야 했다. 말 그대로 눈물바다를 이룬 것이었다.

그 후 여러 번에 걸쳐 나는 그날 왜 울음을 터뜨렸는지 곰곰이 생각해 보곤 했다. 어쩌면 대대로 아버지에서부터 아들로 내려온 상처와 한이 아니었을까? 소년 시절을 거치면서 가슴속에 쌓여 있었지만 한 번도 해결한 적이 없는 내 자신의 슬픔 때문은 아닐까? 혹은 지난 여러 주에 걸쳐 내면의 영적 점검과 쉼 없이 스트레스에 찌들어 산 결과일 가능성은 없을까? 아니 이 모든 가능성이 합쳐져서 일어났을 수도?

그 토요일은 바로 힘겹고도 끔찍한 체험을 통해 큰 교훈을 배운 날이었다. 그것은 내가 기존의 생활 방식으로 계속 살면서 사람들의 영적 지도자가(혹은 어떤 다른 종류의 지도자라도) 되기를 기대하는 건 어불성설이라는 것이었다. 나는 그날 아침을 한계에 부딪친 날이라고 부르곤 한다.

나는 한결같이 목사가 되기를 원했다. 아버지도 목사이셨고, 할아버지도 어쨌든 목사이셨다. 목회자의 삶으로 부르심이 내 핏줄 속에 흐르고 있었다고 말할 수도 있겠다. 나는 어린 시절부터 커다란 기대감을 안은 채 그 방향을 향하고 있었다. 아주 어린 소년이었을 때에도 언젠가 강단에 서게 될 모습을 그리곤 했다. 약간의 영적 반항기를 겪던 10대 시절에마저도 장차 내가 하나님의 부르심에 굴복하여 그분의 뜻대로 될 순간, 즉 사람들의 영적 목자인 **목사**가 되는 날이 오리라는 것을 알고 있었다.

타고난 선생이신 아버지는 교회를 이끌어 가는 법에 관한 모든 것을 내게 가르쳐 주셨다. 아주 어릴 때부터 나는 말하는 법을 쉽게 배웠다. 사교 기술도 마찬가지였다. 사람들과 관계 맺는 법과 재빨리 판단하는 법을 알았으며, 당면한 문제들을 가능한 한 폭넓은 관점에서 보는 법도 배웠다. 나는 선천적으로 아이디어가 풍부한 일종의 비전가였으며 사람들이 나를 따르도록 하는 설득력의 소유자였다.

이 모든 것은 당신이 혹은 적어도 내가 **타고난 재능**이나 소질이라고 부르는 것들이다. 어떤 이들은 살다 보면 자신의 기질과 인생 경험을 통해서 그리고 가족과 가까운 친구의 영향을 받아 지니게 되는 것들이다. 이런 타고난 재능들은 목회 사역에서 내가 상당히 **빠른 출발**을 하는 데 필요충분조건이었다.

여기서 **빠른 출발**이라는 말은 어떤 직업에서든 젊고 야심에 차 있으며 인상적인 남자나 여자를 빛나게 만들 수 있는 것들을 지칭한다 (물론 그래서는 안 되지만). 빠른 출발이란 **남들이 알아주는 성공**이라는 말과 통한다. 많은 인원, 막대한 자금, 뜻밖의 승리, 순식간의 명성, '중요한' 인물과의 회동 등이 여기에 속한다. 요즈음 나는 이런 것들을 별로 대수롭지 않게 여기지만 당시에는 꽤 심각하게 받아들일 수밖에 없는 유혹을 받았다.

내게 빠른 출발이 의미했던 바는 이렇다. 28세에 신학교를 졸업하자마자 나는 교인이 수백 명 되는 중서부의 한 교회로부터 목사 초빙을 받았다. 처음 두어 해 동안에는 하는 일마다 대부분 성공적이었다. 글쎄, 전부는 아니었지만 거의 그렇게 보였다.

내가 언급한 타고난 재능에 덧붙여 이런 빠른 출발에 기여했던 아주 실제적인 다른 이유도 있었다. 이를테면, 놀랄 만큼 성숙하고 통찰력 있는 아내는 자신의 (영적인 그리고 다른 모든) 힘을 모조리 내 사역에 쏟아부었으며 셀 수 없이 많은 잘못된 판단에서 나를 구해 주었다. 한편, 당시 내 전임자는 리더십을 행사하면서 심각한 잘못을 범했던 전력이 있었다. 따라서 그와 대조적으로 내가 하는 행동에 대해선 교인들이 대개 호의와 애정 어린 시선으로 봐 주었다.

인간적으로 말하면, 미래는 몹시 밝아 보였다. 심지어 학창 시절의 내력을 보아 내가 어떤 인물이 될지 우려했던 이들조차 장차 내가 특별한 인물이 될 것이라고 기대하기 시작했다. 사역이 천부적 재능과 시의적절한 기회 포착, 사랑하는 이들로부터의 전폭적 지원 등으로만 이루어지는 것이라면, 나는 정상궤도에 있었음이 분명하다. **천부적 재능**. 우리 모두에게는 그런 것이 있다. 글쎄, 어떤 이들은 다른 이들보다 더 많이 갖고 있을 것이다. 이 재능들은 젊은이들을 더 멀리까지 데려다줄 수 있다. 내 경우는 분명히 그랬다.

개인적 카리스마, 총명함, 정서적 힘, 조직력 등과 같은 천부적 재능들은 오랜 시간에 걸쳐 사람들을 감동시키고 동기를 부여할 수 있다. 어떤 때에는 그것이 영적 생명력과 깊이로 오인될 수도 있다. 애석하게도 오늘날 기독교 문화는 영적 깊이를 가진 사람과 재능 많은 사람을 쉽게 구별하지 못하고 있다. 예수님의 비유에 나오는 밀과 가라지처럼 그 둘은 구별이 어려울 수 있다. 그 결과 적지 않은 이들이 실은 소인에게 조종당하면서도 영적 거인에게 영향을 받고 있다고 착각하는 어리석음을 범할 수 있는 것이다.

우리가 항상 명심해야 할 것은 천부적 재능으로 (교회를 포함한) 거대한 조직을 세울 수 있는 지도자들이 많다는 사실이다. 바른 말을 하고, 옳은 일을 할 만큼 충분히 똑똑하고, 좋은 사람들과 관계를 맺을 만큼 통찰력 있지만, 그들은 자신의 내면세계가 텅 비어 있다는 것을 누군가에게 들키기 전에 성공의 길로 한참 동안 나아갈 수 있다.

마침내 감정적 폭우가 가라앉았을 때에도 나는 그날 내내 그 자리에 머물면서 그날 일어난 일을 더 선명하게 이해하려 애썼다.

'예수님, 이 경험으로 제게 주시고자 하는 메시지가 있나요?'라고 기도했던 기억이 난다. 오후 내내 그 기도를 몇 번 하고 나서 돌아온 응답은 그렇다는 것이었다. 내 인생의 남은 날들이 궁지에 처하지 않으려면, 정말 내가 놓쳐서는 안 되는 메시지가 있었다. 그 메시지가 내 마음속에 조용히 주어졌을 때, 그것은 마치 친구에게서 온 문자 메시지처럼 갑자기 명확하고 설득력 있게 주어졌다. 나는 그 메시지를 절대 잊지 못한다.

'텅 빈 영혼으로 사는 게 어떤 건지 이제 알 것이다.'

이 한 문장이 그 메시지였다!

영혼이 비어 있는 것. 영혼이 비어 있다는 것은 무슨 뜻인가?

나 자신의 질문에 대한 내 대답은 무엇이었던가? 영혼에 기반한 일을 하려 하면서 그 영혼을 채우려는 노력은 거의 혹은 전혀 하지 않을 때, 우리의 영적 공간인 영혼은 텅 비고 만다. 그것은 마치 연료 탱크가 비어 있는 고성능 자동차를 운전하려는 것과 마찬가지일 것이다.

내 영혼이 위태롭게 비어 있으며 정비되어 있지 않은 것 같다는 생각이 그날 오후 마음속에 밀려들자, 이 내적 공간을 내가 얼마나 형편없이 무시했는지 처음으로 인정하기 시작했다.

사실 나는 성인이 되어 그리스도를 따르는 삶을 시작한 첫 시기를, 눈에 잘 띄고 내 주변 세상에 감명을 줄 수 있는 나만의 영역을 확장하는 데 투자했다. 강연을 잘하고, 사람들의 비위를 잘 맞추고, 내 비전과 열정으로 사람들을 매료시키는 것과 같은 재능들에 의지하게 되었다. 간단히 말하자면, 효율성 높은 조직의 리더가 되려 했다.

인정하기 부끄럽지만, 그 초기 시절 나는 예수님이 뜻하셨던 사람, 곧 깊이 있고, 사랑 많고, 침착하고, 온유한 사람이 되기보다는 사람들에게 세련된 리더가 되어 있었다.

그날 하루가 끝날 무렵 일종의 회심 같은 경험을 했다고 해도 무방할 것이다. 나는 의도적으로 삶을 재정비하겠다고 결심했고, 있는 힘을 다해 천부적 재능에 기초한 삶과 사역의 길에서 뛰쳐나와 훈련과 의도성에 기반을 둔 길로 바꾸겠다고 마음먹었다. 이 책의 제목을 따라 표현하자면, **내면세계의 질서**를 바로잡기로 다짐한 것이다.

그 후 몇 시간 동안 나는 온 힘을 다해 하나님께 죄송한 심정을 아뢰었다. 그 내용은 지금까지 내가 내 삶을 영위하고 재능을 사용하는 것을 잘못 해석해 왔다는 것이었다. 나는 그분이 변화를 갈망하는 내 심정을 아시기를 기대했고, 만일 그분이 내 영적 여정에 개입하셔서 새로운 훈련 과정을 충분히 이해시켜 주신다면 나도 최선을 다해 귀 기울이고 싶었다. 사실 내가 추구한 것은, 가장 거창한 용어로 표현하자면 인생의 혁신이었다.

그렇다고 모든 것이 순식간에 바뀌었다고 생각하지 말기 바란다. 그렇게 되지 않았다. 정말 열심히 노력해야 했다. 사실 수년에 걸친 고된 노력이 필요할 것이다. 내가 '고된 노력'이라고 말하는 이유는 자신의 사적 및 공적 세계를 혁신하거나 재정비하는 일이 절대 사소한 문제가 아니기 때문이다.

그리고 이 작업은 결코 완성될 수 없는 일이다. 나는 그제야 내가 무덤까지 가지고 가야 할 문제들이 있다는 것을 깨닫게 되었다.

내 인생을 혁신하는 과정에서 첫 번째 발걸음은 단순하게 생긴 스프링 노트 한 권으로부터 시작되었는데, 나는 그것을 일기장으로 부르게 되었다. 나는 이따금 일기에 관한 글을 통해 얼마나 많은 위대한 성인들이 일기를 썼고, 그들의 내적·외적 생활을 후대에 전해 주었는지를 알게 되었다. 아울러 내가 흠모하는 현대 작가들 일부가 여러 해 동안 일기를 썼다는 사실에 주목했다.

나는 일기에 내 내면세계를 고갈시켰던 것들의 목록을 써 내려가기 시작했다.

- 나는 속도가 너무 빠른 삶을 살고 있다.
- 수많은 선택의 기로에서 거절을 잘하지 못한다.
- 복잡한 조직에 압도되어 있다.
- 나 자신과 다른 사람을 비교하면서 항상 내가 더 못하다고 느낀다.
- 기술과 재능으로 내 문제를 해결할 수 있다고 생각하지만 실상은 그렇지 않다.
- 내가 할 일은 사람들에게 말씀을 전하는 것뿐이고 그러면 사람들이 돌아오리라 생각하려는 유혹을 받는다.
- 내가 살고 있는, 신앙에 반하는 문화의 힘을 중요시하지 않는다.
- 예수님의 임재 가운데 깊은 경배와 기도의 시간을 가지려 하지 않는다.

이런 내용들과 그 밖의 것들을 인정하기란 쉽지 않았다. 그것들은 질서가 결여되어 있음을 여실히 보여 주기 때문이다. 앞에서 언급했듯이, 나는 천성적으로 질서정연한 사람이 아니다. 일을 스스로 알아서 하는 편도 아니다. 새로운 일을 시작하기 전에 하던 일을 끝내는 사람도 아니다. 세세한 일을 하는 데 서투를 뿐 아니라 약속한 일을 쉽게 잊어버린다. 쉽게 삼천포로 빠지는 경향도 있다. (매우 풍부한 상상력을 소유한) 몽상가라 할 수 있다. 또한 몹시 장난기가 많아서 은연중에 모두를 즐겁게 만들고 싶은 함정에 빠질 소지가 많다. 당신도 추측할 수 있듯이 내게는 혁신해야 할 부분이 많았던 것이다.

이 책의 초판을 읽은 독자들이 내게 다가와 "당신은 아주 자연스럽게 삶의 질서를 바로잡을 수 있으니 참 좋겠군요" 하고 말했던 적이 한두 번이 아니다. 그들은 다음과 같은 내 대답을 듣고 깜짝 놀라기 일쑤다. "그 책은 타고날 때부터 질서정연한 사람이 쓴 것이 아니랍니다. 언젠가 뭐라도 하려면 자신의 삶을 제대로 정비하지 않으면 안 되는, 천성적으로 **무질서한** 사람이 쓴 책입니다."

대부분의 경우는 이런 말을 듣고 격려를 받는다.

들어가는 글을 맺기 전에 필수 원칙 하나를 강조하지 않을 수 없다. 내면세계의 질서는 속마음이 변화되는 문제이지 외부 환경이 바뀌는 문제가 아니다. 우리는 어떤 도구를 사면 삶이 깔끔하게 정리될 것이라는 유혹에 너무나 많이 빠진다. 하지만 그렇게 되지 않는다. 그런 장치들은 잊어버리고 속마음, 곧 당신의 내면세계로부터 시작하라.

우리가 추구하는 질서는 삶의 내면을 정련하는 것으로부터 시작된다. 타인의 도움을 받아야만 응답할 수 있는 까다로운 질문과 함께, 중독성이 강하고 파괴적인 신념과 원리들에 정면으로 도전하면서 우리에게 더 좋은 것이 무엇인지 알고 계시는 하나님의 음성에 귀 기울임으로써 말이다.

오늘 나는 서른을 맞은 그해 토요일, 한계에 부딪쳤던 날을 뒤돌아보면서 그날이야말로 내 인생 여정 가운데 가장 중요한 날이었음을 깨닫는다. 경고음이 요란하게 울렸던 그날은, 내면세계에 어떤 **변화**가 일어나지 않는다면 그것은 내가 나아가는 방향 때문이었음을 매우 분명하게 발견할 수 있었던 날이었다. 바로 그날 나는 내면의 질서(그리고 그에 따른 외적인 질서)를 바로잡고자 애쓰기 시작했다. 그 여정은 오늘까지 계속되고 있다.

❖ 더 깊이 생각해 보기

내면세계의 질서와 영적 성장에 관한 아래의 질문들이 내면 지향적인 삶으로 부르심에 그리 썩 어울리지 않는다고 생각할지도 모르겠다. 하지만 우리 대부분은 내면세계를 바로잡는 훈련의 필요성을 느끼며 따라서 이를 위한 자료도 필요하다.

저자는 말씀하시는 하나님의 음성을 듣는 실제적 방법 중 하나가 일기 쓰기라는 것을 깨닫게 되었다. 그는 연필을 잡고 쓸 준비를 할 때, 하나님이 독서와 성찰을 통해 속삭이기 원하시는 것을 들으려는 기대감과 준비된 마음가짐이 생겨나는 것을 발견했다.

아래의 질문들을 통해 독자 여러분이 성찰적 글쓰기를 습관화하기를 바란다. 어떤 질문들은 저자의 제안에 내포된 의미를 깊이 생각하여 독자 나름대로 응답하도록 마련되었다. 또 어떤 질문들은 삶으로 반응을 불러일으키는 계기가 되기를 바라는 심정으로 고안되었다.

레슬리 스토블(Leslie H. Stobble)

1. 이 책을 읽고 싶은 마음이 들게 한 경험이나 깨달음이 있다면 무엇인가?

2. 내면세계를 정비하기 위해 해결해야 할 적(혹은 적들)이 있다면 무엇인가?

3. 내면세계를 정비하도록 가장 끊임없이 지지해 주는 이는 누구인가? 에베소서 1:13과 요한복음 14:26을 비교해 보라.

4. 당신의 내면세계에 정비가 필요한 다섯 가지 영역을 떠올려 보라. 각 영역에 1-10점까지 점수를 매겨 보라.

5. 질서 잡힌 내면생활을 지향하도록 동기를 부여한 전기를 읽은 적이 있는가? 무엇이 그들을 그토록 영향력 있는 인물로 만들었는가?

1장
싱크홀 증후군

플로리다에 사는 한 아파트 주민들은 어느 날 아침 눈을 떴을 때, 창밖에서 벌어지는 무시무시한 광경을 목격했다. 집 바로 앞에 있는 도로의 지반이 내려앉아, 플로리다 사람들이 싱크홀이라고 부르는 거대한 붕괴 현상이 일어나고 있었던 것이다. 계속 꺼져 들어가는 웅덩이 속으로 자동차와 도로, 인도와 잔디밭이 빠져들어 갔다. 이제 분명 아파트 자체가 무너질 차례였다.

이러한 싱크홀은 가뭄 기간에 지하수가 말라붙어 지표를 지탱할 힘을 잃을 때 생기는 현상이라고 과학자들은 말한다. 갑자기 모든 것이 땅속으로 꺼져 들어가면서 두 발로 딛고 있는 땅조차 안전한지 의심스러워진다.

수많은 사람들이 플로리다의 싱크홀과 같은 삶을 살고 있다. 우리 가운데 상당수는 싱크홀의 가장자리처럼 자신이 무너져 내리는 경험을 한두 번쯤 했을 것이다. 피곤으로 무뎌진 정서, 부인할 수 없는 실패감, 지금까지 추구해 왔던 목표에 대한 쓰디쓴 환멸감 등을 느낄 때, 우리 안에서 무엇인가가 무너져 내리고 있음을 감지할 것이다. 삶 전체가 온통 끝없는 심연으로 빠져들어 갈 것 같은 붕괴 직전의 위기를 느끼게 된다. 어떤 때는 그러한 붕괴를 피할 길이 거의 없어 보인다. 도대체 무엇이 잘못되었을까?

이 문제에 대해 한참 생각해 보면 이전에는 몰랐던 우리의 내부 영역, 즉 내면세계가 있다는 사실을 발견하게 된다. 이 내면세계를 무시할 경우 우리를 짓누르는 사건과 스트레스의 무게를 오래 견딜 수 없음이 점차 분명해질 것이다.

어떤 사람들은 이러한 자아 발견을 했을 때 너무 놀란 나머지 혼란에 빠진다. 그들은 지금까지 표면적이고 가시적인 것에 자신의 시간과 에너지를 대부분 써 버렸다는 사실을 갑자기 깨닫게 된다. 그들은 학위나 경력, 중요한 대인관계, 건강, 미모 등 여러 자산의 주인으로서 그것들을 쌓아 올렸다. 그 자산들은 괜찮은 수준을 넘어 때론 탁월하기까지 했다.

이 모든 것이 잘못되었다는 말은 아니다. 문제는 내면세계가 무질서하거나 취약한 상태에 있다는 사실을 뒤늦게야 발견하는 경우가 많다는 점이다. 따라서 싱크홀 증후군의 가능성은 항상 존재하는 셈이다.

우리는 아주 다른 두 세계 속에서 살고 있다는 사실을 알아야 한다. 우리의 외부 세계 혹은 공적 세계는 좀더 다루기가 쉽다. 그것은 좀더 가늠할 수 있고 눈에 보이며 확장 가능한 세계다. 우리의 외부 세계는 일, 놀이, 소유 그리고 사회적 연결망을 구성하는 수많은 친분 관계로 이루어져 있다. 그것은 성공, 인기, 부, 미모 등으로 쉽게 평가할 수 있는 우리 삶의 한 부분이다. 그러나 우리의 내면세계는 본질적으로 좀더 영적인 영역이다. 이 세계는 선택과 가치가 결정되는 중심부로서 고독과 성찰이 추구되어야 하는 곳이다. 예배와 신앙 고백이 행해지는 장소이며, 세상의 도덕적·영적 오염이 침투하지 못하게 해야 하는 곳이다.

우리 대부분은 자신의 공적 세계를 잘 관리하는 법을 배워 왔다. 물론 우리 주위에는 미덥지 않은 일꾼, 살림을 엉망으로 하는 가정주부, 사회적으로 미숙하여 주변 사람에게 폐를 끼치는 사람들이 언제나 있기 마련이다. 그러나 우리 대부분은 명령을 받고 일정을 짜고 지시하는 법을 배워 왔다. 우리는 일과 인간관계 면에서 어떤 시스템이 우리에게 가장 적절한지 알고 있다. 적당한 여가와 취미를 즐길 줄도 안다. 또한 좋은 친구를 사귀고 그 관계를 잘 유지할 수도 있다.

공적 세계는 우리의 시간과 충성, 물질과 에너지를 끝없이 요구한다. 그리고 이러한 공적 세계는 너무나 가시적이고 현실적이기 때문에 그 유혹과 요구를 거절하기란 결코 쉽지 않다. 이 세계는 우리의 관심을 끌고 행동을 촉구하기 위해 큰소리로 아우성친다.

한편 우리 각자에게는 내면세계가 있다. 이것 또한 우리의 공적 세계만큼이나 끝이 없는 세계다. 하지만 이 내면세계는 마치 대양의 엄청난 깊이마냥 놀라움, 복병, 감정, 꿈 등으로 가득 찬 미개척 영역으로 남아 있는 경우가 많다.

인기 있는 TV 리얼리티 쇼였던 〈생존자〉(Survivor)에서 최종 결선까지 살아남은 제리는, 투표 결과 그 섬에서 쫓겨나지 않기 위해 애쓰면서 얼마나 큰 압박을 받았는지 얘기한 적이 있다. 그녀는 100만 달러를 상으로 받기 위해 사력을 다하는 자신을 보며 놀라지 않았는지 물어보자 이렇게 대답했다. "솔직하게 말할까요? 사실 이렇게 힘들 줄 몰랐어요. 아침에 일어난 후 온종일 나 자신이 누구인지 의아했답니다. 제 입에서는 욕구 불만과 허기…스트레스 때문에 이상한 말이 터져 나왔고…말이 나온 다음에는 다시 삼키고 싶었죠.…평상시에는 그런 말이나 행동을 하지 않으니까요.…그래요, 사실 많은 면에서 제 자신도 놀랐답니다."

제리는 (방송용으로 제작한) 인위적인 세계에서의 삶을 묘사함에도 불구하고 마치 출세가도를 달리는 사업가처럼 말하고 있다. 삶이 치열해지면서 그녀는 자신이 진정 원하지 않았던 성품이 표출되는 것을 발견하고는 놀란 듯했다.

제리의 세계와 비슷한 현실 세계에서도 우리의 내면세계를 도외시하고픈 유혹이 있다. 그것은 설사 무시되더라도 외부 세계만큼 큰소리로 아우성치지 않기 때문이다. 이 세계는 싱크홀처럼 무너져 내리기 전에는 상당히 오랫동안 주목을 받지 않고도 유지될 수 있다.

작가인 오스카 와일드(Oscar Wilde)는 자신의 내면세계에 별로 관심을 기울이지 않은 사람이었다. 윌리엄 바클레이(William Barclay)가 인용한 와일드의 고백은 다음과 같다.

신들은 내게 거의 모든 것을 허락했다. 그러나 나는 나 자신을 오랫동안 무분별하고 육체적인 향락에 빠져들도록 내버려 두었다.…향락이 극에 달하면 곧 싫증을 느끼고 새로운 흥분거리를 찾아 밑바닥까지 일부러 내려가 보았다. 내 사고는 역설로 가득 차고 정열은 뒤틀려 갔다. 나는 점차 다른 사람들의 삶에 대해 개의치 않게 되었다. 나를 즐겁게 하는 곳이면 어디에서나 계속 쾌락을 추구했다. 나는 일상의 작은 행위 하나하나가 우리의 성품을 형성하거나 파괴하기도 하며, 우리가 밀실에서 행한 일로 인해 언젠가 지붕 위에서 통곡하게 되리라는 것을 까마득히 잊고 있었다. 나는 나 자신의 주인 되기를 멈추었다. 나는 더 이상 내 영혼의 선장이 아니었고, 나는 그 사실조차 모르고 있었다. 쾌락이 나를 지배하도록 허용했던 것이다. 끔찍한 수치감 속에서 내 인생은 끝나 버렸다.[1]

"나는 더 이상 내 영혼의 선장이 아니었다"는 와일드의 표현은 내면세계가 흔들림으로써 삶이 무너져 버린 사람의 모습을 나타낸다. 그의 말은 한 개인 삶의 극적인 단면을 표현하지만, 와일드처럼 내면을 무시한 많은 이들도 이와 비슷한 고백을 할 수 있을 것이다.

나는 이 시대 가장 격렬한 전쟁터 중 하나는 개인의 내면세계라고 믿는다. 특히 자신을 실천적이거나 순종하며 그리스도를 따르는 이라고 믿는 자들은 마땅히 이 싸움을 치러야 한다. 그들 중에는 가정과 직장과 교회에서 무거운 책임을 지고 수고하는 이가 많다. **그들은 좋은 사람들이지만 너무나 지쳐 있다!** 그래서 싱크홀 같은 붕괴 위험에 처하는 경우가 많다. 왜 그런가? 그들의 가치 있는 활동은 와일드의 경우와는 거리가 멀지만, 그들 역시 와일드처럼 내면세계를 너무 오랫동안 무시한 채 공적 세계에만 치중한 삶을 살기 때문이다.

웨인 뮬러(Wayne Muller)는 이렇게 쓰고 있다.

> 우리는 바쁘면 바쁠수록 스스로를 그만큼 더 중요한 인물인 양 여기고 남들에게도 그렇게 비칠 것이라고 상상한다. 친구와 가족을 위한 시간이 없는 삶, 황혼을 음미할 시간이 없는(혹은 해가 이미 진 것조차 알지 못하는) 삶, 심호흡 한번 할 시간조차 없이 정신없이 일에 쫓기는 삶, 이런 모습이 성공한 인생의 모델이 되어 버렸다.[2]

서구 문화의 가치관은 우리가 이런 성향에 눈멀도록 이바지했다. 우리는 공적으로 많은 활동을 하는 사람이 내적으로도 아주 영적인 사람이라고 순진하게 믿는 경향이 있다. 또한 교회가 크면 클수록 하늘로부터 오는 복이 클 것이라고 생각한다. 성경 지식이 많을수록 그만큼 하나님과 더 가까울 것이라고 생각한다.

이렇게 생각하는 경향 때문에 내면세계를 희생해서라도 공적 세계에 관심을 기울이는, 균형이 깨진 삶의 유혹을 받는 것이다. 더 많은 프로그램, 더 많은 모임, 더 높은 학력, 더 넓은 대인관계, 더 바쁜 일정 등, 삶의 표면을 이루는 이 모든 것이 너무 무거워져 도무지 감당할 수 없게 되면 결국 삶 전체가 무너져 내린다. 피로, 환멸, 실패, 패배가 무섭게 엄습할 수 있다. 지금까지 무시되어 온 내면세계는 더 이상 그 무게를 지탱할 수 없게 된다.

***

한번은 몇 년 동안 그리스도인이었다고 자처하는 한 남자를 만난 적이 있다. 대화를 나누다가 몇 가지 질문을 던졌는데, 그 질문들은 그리스도를 따르는 이들이라면 서로 마땅히 물어봐야 한다고 생각하면서도 막상 물어보면 어색하게 느끼는 것들이었다.

"요즈음 당신의 영적 생활이 어떠신지 말해 주시겠어요?" 하고 내가 물었다.

"그것 참 재미있는 질문이군요. 어떻게 대답해야 좋을까요? 글쎄, 그저 그래요. 영적으로 성숙해지고 하나님과 더 가까워지고 있다고 대답하고 싶지만, 실은 좀 정체되어 있는 중이에요"라고 그가 대답했다.

그가 진지한 관심을 보이는 것 같아서 또 다른 질문을 던졌다.

"내면생활을 정비하는 시간을 규칙적으로 갖고 계십니까?"

그는 호기심에 가득 차서 나를 쳐다보았다. 만일 내가 흔한 방식대로 "당신의 큐티 생활은 어떻습니까?"라고 물었다면, 그는 어떻게 대답해야 할지 정확히 알았을 것이다. 그것은 측정 가능하므로 일주일에 며칠, 하루에 얼마 동안, 어떤 방법으로, 어떤 교재를 사용하고 있는지 답했을 것이다. 하지만 내 질문은 그의 내면세계의 질서에 관한 것이었다. 여기서 핵심 단어인 **질서**는 양이 아니라 **질**을 말하는 것이었기 때문에 그는 몹시 난처한 기색을 보였다.

"내면세계를 정비할 시간을 내는 게 과연 가능할까요? 지금 쌓여 있는 일만 해도 올해 말까지 쉴 새 없이 달려야 할 겁니다. 이번 주는 저녁마다 약속이 있고요. 아내는 일주일만 휴가를 가자고 성화죠. 집에 페인트칠도 해야 되고요. 당신이 말하는 '내면세계를 정비하는 것'에 대해 생각할 시간이 전혀 없어요."

그는 잠시 멈췄다가 다시 물었다. "그런데 내면세계라는 것이 도대체 뭡니까?"

이것이야말로 질문이 무엇인지를 뚜렷이 보여 주는 예다. 한번 생각해 보라! 그리스도를 따르는 이로서 신앙을 고백하고 오랫동안 '교회 일'도 열심히 했을 뿐 아니라, 기독교 사역으로 상당한 평판까지 얻은 사람이 그 모든 활동과 선의로 쏟아내는 종교적 소음 저변에 견고하고 흔들리지 않는 무언가가 있어야 한다는 사실조차 생각한 적이 없다니. 너무 바빠 내면세계를 정비할 여유가 없다고 생각하며 내면세계가 무엇인지도 모르고 있다는 사실 등으로 미루어 보아, 어떤 심각한 거리감 때문에 하나님과 맞닿아 있는 삶의 중심을 놓치고 있을지 모른다는 생각이 들었다. 그래서 우리는 이 점에 대해 서로 많은 대화를 나눌 수 있었다.

***

유명 비행사 찰스 린드버그의 아내인 앤 머로우 린드버그(Anne Morrow Lindbergh)만큼 공적 세계의 압력과 씨름한 사람은 별로 없을 것이다. 앤은 자신의 내면세계를 빈틈없이 지켰으며 『바다의 선물』(*The Gift from the Sea*, 범우사)이라는 고전에 예리한 통찰력으로 다음과 같이 썼다.

> 나는 무엇보다도 먼저 나 자신과 평화롭게 지내고 싶다. 내 책임과 활동을 능력껏 잘 수행해 갈 수 있도록 한눈팔지 않고 순수한 의도를 가지며 삶의 중심을 붙들고 살기 원한다. 또한 성인들의 말을 빌리자면 가능한 한 많은 시간을 '은혜 안에서' 살기 원한다. 여기에서 어떤 엄격한 신학적 용어로 이 단어를 사용하는 것은 아니다. 은혜라는 말은 본질적으로 영적 성격을 지닌 내적 조화를 의미하며, 이는 외적 조화로도 이어진다. 내가 추구하는 바는, 소크라테스가 "나의 겉사람과 속사람이 하나가 되게 하소서"라고 말한 『파이드로스』(*Phaedrus*)에 나오는 기도로 표현될 수 있을 것이다. 나는 영적 은혜가 충만한 내면 상태에

도달하기를 원하며 그로부터 하나님이 본래 의도하신 대로 활동하고 헌신하기를 바란다.³

세계 선교 운동의 지도자였던 프레드 미첼(Fred Mitchell)은 책상 앞에 늘 이런 표어를 붙여 놓았다. "너무 바빠서 삶이 황무지로 변하지 않도록 주의하라." 그 역시 내면세계를 무시할 때 초래될 붕괴의 위험을 너무나 잘 알았다.

***

플로리다의 싱크홀은 서구에서 그리스도를 따르는 이들이 직면해야 할 영적 문제를 물리적으로 보여 주는 하나의 그림이다. 삶의 압박이 가중됨에 따라 스스로 내면을 응시하면서 다음과 같이 자문해 보지 않는다면, 더 많은 이들의 삶이 싱크홀처럼 될 것이다. '삶의 표면에서 일어나는 온갖 소음과 행동 아래 과연 내면세계가 존재하는가? 열심히 계발하고 가꾸어야 할 세계가 있는가? 점점 더 표면에서 누르는 압력을 지탱할 만한 내적인 힘과 탄력성을 기를 수 있는가?'

존 퀸시 애덤스(John Quincy Adams)는 워싱턴에서 외롭게 지낼 때, 매사추세츠에 있는 가족을 그리워하며 아들딸에게 격려의 편지를 보냈다. 딸에게는 장래 결혼에 대하여 언급하면서, 남편감으로 어떤 사람을 고르는 것이 좋을지 권면하는 편지를 썼다. 그의 권면은 그가 얼마나 질서 잡힌 내면세계를 높이 평가했는지 잘 보여 준다.

내 딸아! 남편감으로는 정직한 사람을 구하고, 그 정직함을 지켜 가도록 그를 도와주어라. 그가 독립적인 사람이라면 부유한지 아닌지는 중요하지 않단다. 다른 어떤 조건보다도 그 사람의 명예와 도덕적 성품을 높이 사기를 바란다. **다른 어떤 위대함보다 영혼의 위대함을, 다른 어떤 부요보다 마음의 부요를 명심하길 간절히 바란다.**⁴

❖ 더 깊이 생각해 보기

1. 다음과 같은 저자의 말에 비추어 볼 때, 지난해 당신의 외부 세계에서의 삶은 어떠했는가? "우리의 외부 세계 혹은 공적 세계는 다루기가 좀더 쉽다. 그것은 좀더 가늠할 수 있고 눈에 보이며 확장 가능한 세계다."

2. 당신의 삶 가운데 '싱크홀 경험'이라고 표현할 만한 것이 있다면 무엇인가?

3. 저자는 내면세계란 "선택과 가치가 결정되는 중심부로서 고독과 성찰이 추구되어야 하는 곳이다"라고 말한다. 저자에 따르면 그 밖에 어떤 일들이 이곳에서 일어날 수 있는가?

4. 여러 공적 세계 중 당신의 주목을 끌기 위해 아우성치는 것은 무엇인가? 그중에서 당신이 굴복한 것이 있다면 무엇인가?

5. 잘 정비된 내면세계에 수반되는 내적 평화를 추구하려는 당신의 노력을 방해했을 수도 있는 두려움에는 어떤 것이 있는가?

6. 앞으로의 삶을 내다볼 때, 당신을 싱크홀로 몰아넣을 만큼 강력한 사건이나 압력이 있다면 무엇이겠는가?

7. 에베소서 3:14-21을 읽으라. 16절과 20절 사이에 어떤 연관성이 있다고 생각하는가?

2장
조종실에서 보는 시각

한때 미 해군 소속 핵 잠수함의 장교로 근무했던 친구가 있다. 그가 지중해를 지나던 어느 날의 경험을 말해 주었다. 잠수함 위로 많은 배들이 지나던 터라, 잠수함은 충돌을 피하기 위하여 여러 차례 요동치지 않을 수 없었다.

함장이 잠시 자리를 비운 동안, 당직 장교였던 내 친구는 매순간 잠수함의 방향을 지시하는 책임을 맡고 있었다. 급작스럽고도 심상치 않은 움직임이 많이 일어났기 때문에 선실에 있던 함장이 갑자기 조종실에 나타나서 다음과 같이 물었다. "이상 없나?"

"네! 이상 없습니다." 내 친구가 대답했다. 함장은 잠깐 조종실 안을 둘러보더니, "내가 보기에도 괜찮아 보이는군" 하면서 조종실을 떠나 승강구를 통해 밖으로 나갔다. 그저 몇 마디 던지고 쏙 나간 이 함장은 당직 장교의 리더십에 완전한 신뢰를 표한 셈이다.

함장과 그가 신임하는 장교 사이의 간단하면서도 통상적인 대화를 들으면서, 내 머릿속에는 내면세계의 질서에 대한 그림이 하나 떠올랐다. 그 잠수함 주위에는 온통 충돌의 위험이 도사리고 있었다. 기민한 함장이라면 당연히 염려를 표할 만한 상황이었다. 사실 모든 위험은 잠수함 바깥에 있었다. 그리고 배의 운명을 완전히 결정짓는 곳은 잠수함 내부 깊숙이 있는 조용한 장소였다. 함장이 본능적으로 찾아온 곳도 바로 거기였다.

명령을 수행하는 중심부인 조종실에는 공포의 기색이 전혀 없었다. 오직 고도로 숙련된 승무원들이 차분하게 임무를 수행하고 있을 뿐이었다. 함장이 아무 이상이 없는지 확인하기 위해 조종실에 나타났을 때, 실제로 이상이 없었다. 그가 던진 질문은 "이상 없나?"라는 것이었다. 함장은 둘러보고 이상이 없음을 확인하고는 "내가 보기에도 괜찮아 보이는군" 하고 말했다. 그는 적합한 장소에 가서 적절한 응답을 받은 것이다.

바로 이와 같은 방식으로 함장은 잠수함의 조직을 운영한 것이다. 아무런 위험이 없었을 때에도 이미 수천 번 이와 같은 조치를 실습했다. 그렇기 때문에 위험한 상황에 맞닥뜨린 경우에도 함장은 과잉 반응을 보일 필요가 없었다. 그는 조종실 승무원들의 숙련된 업무 수행을 예상할 수 있었다. 거기서 모든 일이 질서 있게 진행되고 있으면, 바깥 상황이 어떠하더라도 잠수함의 안전이 보장되는 것이다. 그래서 "내가 보기에도 괜찮아 보이는군"이라고 말할 수 있었던 것이다.

그러나 그러한 조치가 무시되고 제대로 연습하지 않은 경우도 있었다. 그럴 경우에는 재난이 닥칠 수 있다. 배가 충돌하고 가라앉아 엄청난 손실을 입게 된다.

인간의 삶도 이와 마찬가지여서 내면세계의 '조종실'에 이상이 생기면 화를 당하게 된다. 여기에서 일어나는 사고는 **탈진, 신경쇠약, 폭발** 등과 같은 이름으로 불린다.

실수나 실패는 누구에게나 있을 수 있는 일이다. 그러한 과정을 통해서 올바른 교훈을 배우고 성품이 단련되는 것도 사실이다. 그러나 내부에 외부 압력을 견딜 만한 자원이 없어서 코앞에서 인생이 산산조각 나는 것은 단순한 실수나 실패와는 다른 문제다.

언젠가 「월 스트리트 저널」(*Wall Street Journal*)에 연재되는 '경영자의 위기'라는 기사에 첨단 기술 회사의 창업자이며 성공한 젊은 기업가인 제럴드 맥스웰(Jerald H. Maxwell)에 관한 이야기가 실린 적이 있다. 한동안 사람들은 그를 경영의 천재라고 칭송했었다. 그러나 불행하게도 잠시뿐이었다. 갑자기 경제가 곤두박질치면서 모든 것이 변했다. 흔히 말하듯 회사 주식은 휴지 조각이 되었고 이사회는 과감한 조치를 취하지 않을 수 없었다.

그날은 제럴드 맥스웰의 기억에 선명히 새겨져 있다. 그의 가족도 결코 그날을 잊을 수 없을 것이다. 그날은, 그가 자기 방에서 오열하기 시작한 날이었고, 넘치던 자신감이 무너지고 우울증이 시작된 날이었으며,

그의 세계와 그들의 세계가 전복되기 시작한 날이었다.

맥스웰은 해고당했다! 삶의 모든 것이 산산조각 나 버렸고, 그 상황을 헤쳐 나갈 내적 자원이 그에게는 없었다. 기사는 계속된다.

맥스웰은 난생 처음 실패자가 되었고, 그 사실은 그를 좌절시켰다. 그의 패배감은 그를 정서적으로 붕괴시켰고, 그와 아내 그리고 네 아들 사이의 유대 관계마저 갉아먹었으며, 결국 벼랑 끝으로 그를 내몰았다. "모든 것이 무너졌을 때 나는 온통 수치감에 떨었다"고 맥스웰은 회상한다. 그는 잠깐 멈추었다가 한숨을 쉬면서 이렇게 말했다. "성경을 보니까, 당신이 할 수 있는 것이라고는 구하는 일이며 그러면 얻게 되리라고 했다. 그래서 나는 여러 차례 죽음을 구했다."[1]

우리는 대부분 맥스웰처럼 죽음을 간절히 원한 적은 없을 것이다. 그러나 엄습해 오는 외부 압력을 견디지 못한 채, 차라리 죽는 편이 낫겠다며 고통스러워한 경우는 있을 것이다. 그런 순간에 우리는 좀 더 버틸 여력이 있는지, 이 압박은 계속 버틸 만한 가치가 있는 것인지, '포기하고 도망갈' 때가 아닌지 자문하게 된다. 간단히 말해서, 현재 속도로 계속 나아갈 만큼 영적·정신적·육체적 에너지가 남아 있는지 확신할 수 없다.

나 자신도 맥스웰이 처했던 그 칠흑같이 캄캄한 지경에 빠진 적이 있다. 이야기의 내용은 조금 다르지만 그 처절한 느낌은 마찬가지다. 몇 시간 동안 아니 며칠 동안(어떤 이들은 이보다 훨씬 더 길 수도 있겠다) 아무런 감각이 없다. 모든 결의가 사라진다. 자신감도 없어진다. 다시는 내일이 오지 않을 것 같다.

제럴드 맥스웰이 직면했던 그 순간, 나도 한때 경험했던 그 순간은 바로 영혼의 맨 밑바닥까지 내려간 순간이다. 그곳에는 무엇이 있는가? 이 질문에 대한 대답은 평상시에 그곳에 비축해 놓은 것이 있는지 여부에 달려 있을 것이다.

이제 잠수함 이야기로 돌아가자. 함장의 행동을 다시금 상기해 보라. 사방에 격렬한 소동이 일고 있는 것을 느꼈을 때, 모든 것이 질서 있게 돌아가고 있는지 알아보기 위해 그는 곧바로 조종실로 갔다. 함장은 그 밖에 어디에서도 해답을 찾을 수 없다는 것을 알고 있었다. 그는 그곳에 아무 이상이 없으면 안심하고 방으로 되돌아갈 수 있음을 알았다. 조종실에 아무 이상이 없으면 배는 아무리 난폭한 환경도 감당할 수 있기 때문이다.

괜찮다면 바다에서 일어난 사건을 또 하나 이야기하려고 한다. 내가 가장 좋아하는 성경 이야기 중 하나는 어느 날 오후 갈릴리 바다에서 큰 폭풍을 만난 제자들에 관한 이야기다. 제자들은 순식간에 공포에 질려 마음의 평정을 잃었다. 그들은 오랜 세월 그 바다에서 고기를 잡았던 숙련된 어부로서, 모든 장비를 갖추었고, 그런 폭풍을 한두 번 겪어 본 것이 아니었다. 그런데 어찌된 영문인지 이번에는 그런 상황을 감당할 수 없었다. 한편 예수님은 배 뒤편에서 주무시고 계셨다. 제자들은 씩씩거리며 생명을 잃을 수도 있는 위기에도 개의치 않고 주무시는 그분에게 달려갔다. 그런 상황에서 어디로 가야 하는지 정도는 알고 있었다는 점에서 제자들에게 점수를 조금 주는 게 옳지 않을까?

그리스도께서는 폭풍에게 잠잠하라고 명하신 후에 제자들에게 질문을 던지셨는데, 그것은 그들이 영적 지도자로서 개인적으로 성장하고 성숙하는 데 필요한 핵심 질문이었다. "너희의 믿음이 어디 있느냐?"(눅 8:25) 내 방식대로 표현하자면 다음과 같이 물으신 셈이다. "왜 너희 내면세계의 조종실은 질서정연하지 못한 것이냐?"

삶에 개인적으로 긴장과 압박이 가중될 때, 왜 우리는 삶의 조종실로 가는 대신 더 빨리 뛰고, 더 강력하게 저항하고, 더 많이 쌓고, 더 많은 정보를 모으고, 더 나은 전문가가 되려 하는 것일까? 우리 시대는 내면세계**보다는** 외적 영역의 온갖 소소한 데 더 많은 관심을 쏟고 있다. 내면세계만이 우리가 그 어떤 외부의 광풍이라도 헤치고 극복할 수 있는 힘을 얻을 수 있는 유일한 장소인데도 말이다.

성경 기자들은 조종실의 원칙을 믿었다. 그들은 내면세계를 잘 가꾸고 유지하는 일이 최우선임을 알았고 또 그렇게 가르쳤다. 따라서 그들이 이룩한 업적이 시대와 문화를 초월하여 전수되고 있는 것이다. 그들이 기록한 것은 창조주로부터 받은 것으로, **그분은 우리를 내면세계로부터 외부 세계를 지향할 때 가장 잘 살 수 있도록 만드셨다**.

스티븐 코비(Stephen Covey)는 『성공하는 사람들의 일곱 가지 습관』 (*The 7 Habits of Highly Effective People*, 김영사)에서 이것을 '내면으로부터 외부로 향하는 접근'(inside-out approach)이라 부른다.

잠언 기자는 내면세계의 원칙에 대하여 다음과 같이 썼다. "그 무엇보다도 너는 네 마음을 지켜라. 그 마음이 바로 생명의 근원이기 때문이다"(잠 4:23).

이 간단한 문장으로 기자는 가장 놀라운 통찰 하나를 우리에게 선사했다. 내가 '조종실'이라고 부르는 곳을 그는 '마음'이라 부른다. 그는 마음을 근원(spring)으로 비유했고, 거기로부터 에너지와 통찰과 힘이 흘러나와 외부의 격변에 굴복하지 않고 오히려 그것을 극복할 수 있다고 암시한다. 마음을 지켜라. 그러면 그것은 당신과 남들이 마실 수 있는 생명의 샘이 될 것이라고 말하고 있다.

그러면 마음을 '지킨다'는 것은 무엇을 의미하는가? 한 가지 분명한 것은 이 잠언 기자가 마음의 순전함을 위협할 수 있는 외부의 영향력으로부터 마음을 보호해야 한다고 생각한다는 점이다. 또한 기자는 삶에 질서를 부여하는 마음의 역량을 증대시키기 위해 마음을 강하게 하고 계발하는 데 초점을 맞춘다.

그러나 기자의 생각은 이 두 가지를 넘어선다. 그가 독자에게 깨우쳐 주기 원하는 바는, 마음을 지키거나 보호하는 일, 곧 내가 인간의 경험상 '조종실'이라고 언급한 것은 **여자든 남자든 반드시 의도적이고도 훈련된 선택을 해야 된다는 말이다**. 무슨 말인지 알겠는가? 우리는 반드시 마음을 지키기로 **선택해야** 한다는 것이다. 그렇게 선택하라! 마음의 건강과 생산성을 당연시해서는 안 되며, 지속적으로 보호하고 유지해야 한다는 말이다.

잠수함의 함장이 무언가 심상치 않은 일이 일어나고 있다고 느꼈을 때 어떻게 행동했는지 다시 한 번 생각해 보자. 그는 곧바로 조종실로 향했다. 왜 그랬을까? 그것은 위험에 대처하는 데 필요한 모든 역량이 거기에 있다는 것을 잘 알았기 때문이다. 그가 지휘하던 잠수함은 외부 도색이나 속력, 승무원들의 결속력 등을 볼 때 미 해군에서 가장 탁월한 잠수함일 수도 있다. 그러나 조종실이 무질서한 상태에 있다면 도색, 속력, 훌륭한 승무원 등 그 모든 것이 전혀 무의미할 것이다.

신약성경에서 바울도 같은 관점에서 그리스도를 따르는 이들에게 이렇게 도전했다. "여러분은 이 시대의 풍조[외부 세계]를 본받지 말고, 마음을 새롭게 함으로 변화를 받아…"(롬 12:2). 그는 여기서 마음에 대해 얘기하고 있다. 이 구절에 대해 나는 언제나 필립스 역을 선호한다. "너희를 둘러싼 세상이 너희를 쥐어짜 그 틀에 끼워 맞추지 못하게 하라."

위대한 사도 바울은 시대를 초월한 진리를 말한 것이다. 그는 독자들에게 올바른 선택을 하라고 가르친다. 우리는 내면세계 곧 마음을 정비함으로써 외부 세계에 영향을 미치고자 하는가? 아니면 내면세계를 무시함으로써 외부 세계가 우리를 빚어 가도록 할 것인가? 이

두 가지는 삶 가운데 매일 우리가 선택해야만 하는 것이다.

이 놀라운 생각은 성경의 핵심 주제를 설명해 준다. 〈월 스트리트 저널〉 기사에 실렸던 그 실패한 기업가가 무시한 것도 바로 이런 유의 통찰이었다. 이렇게 말하는 근거는 무엇인가? 주변 세계가 엄청난 압력으로 돌진해 왔을 때 그는 붕괴되고 말았다. 그에게는 비축해 놓은 내면의 힘도 내면세계의 질서도 없었다.

메리 슬레서(Mary Slessor)는 현대 선교사 전기에 등장하는 위대한 이름 중 하나다. 슬레서는 미혼의 젊은 여성으로 19세기 말경 스코틀랜드를 떠나 말로 표현하기 어려운 위험과 질병이 들끓는 아프리카의 어느 지역으로 갔다. 불굴의 정신을 지녔던 그녀는 여자든 남자든 다른 사람들이 엄청난 압박에 굴복하여 무너지고 도망가서 다시는 돌아오지 않을 때에도 계속 전진해 갔다. 유난히 지치고 힘든 하루를 보낸 어느 날 밤 그녀는 밀림의 허름한 오두막에서 어렵게 잠을 청했다. 그날 밤을 회상하며 다음과 같은 글을 썼다.

요즈음 나는 잠자리가 어떻든 별로 신경 쓰지 않는다. 만약 나뭇가지 몇 개를 얼기설기 엮어서 침대를 삼고 지저분한 옥수수 껍질을 이불 삼아 덮고 쥐와 벌레들이 우글거리는 방에 세 여자와, 태어난 지 사흘 된 아기와 나란히 누워, 밖에는 양과 염소, 소들이 떼 지어 모여 있는 곳에서 잠을 잘 때, 그날 밤 내가 잠을 설쳤다면 여러분은 그게 당연하다고 생각할 것이다. 그런데 **나는 정말 아주 편안하고 조용한 밤을 지냈다**.[2]

이것이야말로 우리가 내면세계의 질서에 관한 문제를 다룰 때 어느 정도 떠올리는 것이다. 당신이 그것을 해군 용어로 '조종실'이라 부르든지, 성경 용어로 '마음'이라 하든지 요점은 같다. 즉 **모든 것이 질서정연한 고요한 장소가 필요하다.** 거기서 외부의 격동을 극복하고 그에 위축되지 않는 힘이 나오기 때문이다.

랄프 왈도 에머슨(Ralph Waldo Emerson)은 독보적인 기독교적 관점을 개진하지는 않지만 내게는 상당한 도전을 준 다음과 같은 글을 썼다. "세상에서 세상의 의견을 좇아 사는 것은 쉽다. 홀로 살면서 스스로의 의견을 좇는 것도 쉽다. 그러나 위대한 사람은 군중의 한복판에서 고독 가운데 독자성을 완벽하게 유지하는 사람이다."[3]

여기서 에머슨은 마음의 언어를 말하고 있다.

견고한 내면세계를 계발하고 유지하는 것이 우리 존재 가운데 가장 중요하면서도 유일한 과제가 되는 지점에 이를 때에야 비로소 우리는 이 중대한 원칙을 배웠다는 것을 깨닫게 될 것이다. 그렇게 되면 압박이 일어나고 긴장이 고조될 때 우리 내면을 들여다보면서 "이상 없나?" 하고 물을 수 있다. 그리고 아무런 이상이 없음을 확인한 뒤 "내가 보기에도 괜찮아 보이는군" 하고 말할 수 있게 될 것이다.

❖ **더 깊이 생각해 보기**

1. 이 장 서두에 나오는 잠수함 함장의 이야기를 읽어 보라. 그 내용과 사도행전 27:21-25에 묘사된 '조종실'을 비교해 보라. 사도 바울의 확신에 찬 말에서 우리는 무엇을 배울 수 있는가?

2. 당신이 상담가라면 제럴드 맥스웰과 같은 사람이 왔을 때 그에게 무슨 말을 해주겠는가? 갈릴리 호수에서 태풍을 만난 제자들에게 예수님이 하신 대답에 기초하여 생각해 보라.

3. 우리를 둘러싼 주변 세계로부터 가중되는 압박을 견디기 위해서는 어디에 자원을 쌓아 두어야 하는가? 로마서 12:2을 보라.

4. 메리 슬레서가 동시대인들과 다른 삶을 살 수 있었던 비결은 무엇인가?

5. 당신의 친구나 책에서 만난 인물 가운데 내면의 질서에 관해 가장 좋은 모델이 되는 사람은 누구인가? 그 이유는 무엇인가?

6. 당신이 이런 유의 내적 '조종실'을 얻기 위해 할 수 있는 가장 중요한 선택 두 가지는 무엇인가?

1부 동기 부여

3장
황금 새장에 갇힌 인생

한 조직의 리더로서 나는 초반에 이사회나 당회의 역할을 인정하지 못했다. 나는 기본적으로 당회란 리더에게 장애물 코스 같은 것이라는 시각을 가지고 있었다. 당회원들은 나를 힘들게 하려고 존재하며, 나는 내 생각이 다 옳으니 그들의 승인을 받아 마땅함을 납득시키기 위해 존재한다고 생각했다.

조직의 무지함에 동의하다 보면 리더십을 충분히 누리지 못할 가능성이 있다. 그러다 어느 밤 한 모임에서 나는 나 자신과 내가 일하는 조직에 관해 무언가를 배웠다.

우리 사역자들이 새롭게 시작하고자 하는 주요 사역 계획에 관한 나의 최종 발표를 듣기 위해 교회의 당회가 한자리에 모였다. 당회가 그 계획을 승인한다는 것은 예산을 늘리고, 새로운 사역자를 한두 명 뽑고, 교회 사역의 우선순위를 바꾼다는 의미였다.

한 시간여 동안 나는 유인물과 도표를 나누어 주고 화이트보드에 써 가며 그 제안의 개요를 설명했다. 내가 가진 소중하고도 영향력 있는 자산을 다 동원하여 온갖 매력을 발산했다. 발표를 마치자 질문들이 쏟아졌다. 상당한 질문들, 실제로 너무 많은 질문들이 있었다. 어떤 질문들은 나를 방어적으로 만들었고, 자신감을 무너뜨렸다. 어떤 질문들은 적대적으로 보였다. 대체 나를 지지해 줄 질문들은 어디에 있는 거지?

그러고 나서 내 제안에 대한 표결 시간이 다가왔고, 당회는 그 안을 부결했다. 어찌 이런 일이! 당회가 부결하다니! 내 제안을. 부결하다니. 나에게. 그러고 나서 그들은 다른 안건으로 넘어갔다.

나는 화가 났다. 내가 졌다. 버림받은 느낌이었다. 나는 집에 갈 채비를 하고 가방을 싸기 시작했다.

그 행동이 다른 사람들에게 어떻게 보일지는 생각하지 않은 채, 의자를 탁자에서 멀찌감치 뒤로 뺀 다음 바닥만 뚫어져라 처다보고 고개를 들지 않았다. 그 후론 계속 별 관심을 보이지 않으며 의장이 모임을 마무리하자마자 가장 먼저 출입구 쪽으로 가려 했다. 나중에 내 가장 친한 친구가 된 한 사람만 없었다면 그렇게 했을 것이다.

앨(Al)은 나보다 먼저 문 앞에 와 있었다. 앨이 나보다 덩치가 훨씬 컸기 때문에, 나를 쉽게 구석으로 몰고 갔다. 그가 하는 말을 아무도 들을 수 없는 곳이었다.

앨이 말했다. "이번 회의에서 목사님이 보이신 행동은 정말 세련되지 않았습니다. 목사님은 저격을 했는데 과녁을 빗나갔습니다. 당회원들은 목사님의 의견을 받아들이지 않았지요. 저도 이번 건은 거절당할 만했다고 생각합니다. 목사님은 준비가 미흡했고 저들은 그 사실을 알았으니까요."

앨은 계속해서 이렇게 말했다. "목사님이 원하는 것들을 그들이 모두 승인하기를 바라신다면, 그것은 괜찮습니다. 그러나 일이 뜻대로 되지 않으면 혼자서 결과를 다 감수하셔야 할 겁니다. 당회가 목사님의 성공을 돕기 위해 존재한다는 것을 깨달으신다면 그렇게까지 낙심하실 필요는 없을 겁니다. 그리고 그 말은 때로 그들이 목사님께 거부 의사를 표할 수도 있다는 뜻이지요."

앨이 그날 밤 내게 한 말은, 자기 안에 '쫓겨다니는 증상'이 조금이라도 있는 사람은 모두 귀 기울여야 할 말이다. 그는 내 태도를 나무랄 만큼 통찰력이(그리고 용기도) 있었다. 그리고 그것은 그 이후 리더로서의 내 삶에 영향을 미쳤다. 앨은 내가 거절을 인정하는 법을 배워야 한다고 말하고 있었다. 나보다 더 나은 생각을 하는 이들이 내게 진실을 말할 때 감사하는 법을 배워야 한다고 말하고 있었다.

앨은 내가 이겨야만 한다는 생각에서 나를 구해 주었다. 자기 생각대로 하는 것이 좋은 결정, 아니 하나님의 뜻을 아는 것보다 더 중요하다고 생각하는 사고방식에서 나를 구해 주었다.

쫓겨다니는 많은 사람들이 굉장히 선한 일들을 한다. 쫓겨다니는 사람의 욕구가 너무 지나쳐 불행한 결과가 초래되기도 하지만 그들이 반드시 나쁜 사람들인 것은 아니다. 사실상 쫓겨다니는 사람들은 가끔 지대한 공헌을 하기도 한다. 그들은 조직을 시작하고 일자리와 많은 기회를 제공한다. 종종 그들은 아주 명석해서 수많은 사람에게 유익을 주는 새로운 방법과 수단을 만들어 내기도 한다. 그러나 어쨌건 그들은 쫓겨다니고 있기에 과연 그들이 스스로를 해치지 않고도 그런 속도를 계속 유지할 수 있을지는 의심스럽다.

나는 그날 밤 내가 지독한 리더가 될 정도로 쫓겨다니고 있었음을 깨닫고 집으로 돌아왔다. 그 이후 며칠, 몇 주 동안 나는 다른 사람들에게서 그리고 슬프게도 나 자신에게서 발견한 쫓겨다니는 증상에 대해 연구하며 수많은 과제를 수행했다.

다음 내용이 내가 배운 것들이다.

1. 쫓겨다니는 사람은 오직 무엇인가를 성취했을 때에만 만족감을 느낀다(그리고 일시적으로만 만족감을 느낀다). "내가 이룬 이 모든 일을 봐. 나는 특별해야 해. 모르겠어? 나는 특별해!" 성장 과정의 어떤 지점에서 쫓겨다니는 사람은 자신과 자신의 세계에 대해 좋은 기분을 느낄 수 있는 유일한 길은 오직 어마어마한 성취 목록을 만들어 내는 것뿐이라고 결론짓는다. 이러한 발견은 어린 시절에 받은 영향 때문일 수 있다. 어린 시절, 부모나 영향력 있는 사람으로부터 무언가를 제대로 끝냈을 때에만 칭찬이나 인정을 받았을 것이다. 어떤 임무를 완수하기 전에는 전혀 가치를 인정받지 못한 채, 오직 성취를 통해서만 사랑과 용납을 받을 수 있었을 것이다.

불행히도 쫓겨다니는 상태에 있을 때에는 성과 목록이 아무리 길어도 충분하지 않다. 그 목록은 최대한 길어야 하며 좀더 인상적이어야 한다. 쫓겨다니는 사람은 "분명 사람들은[아버지를 포함하여] 내가 얼마나 해낼 수 있느냐를 보고 나를 좋아할 거야"라고 추론한다.

손녀가 실내 축구를 하는 경기장 입구에 서 있다가 목격한 장면이다. 아홉 살도 안 되어 보이는 남자아이가 아빠를 보고 "제가 한 골 넣었어요, 아빠" 하고 흥분해서 소리쳤다. 그런데 그 아버지는 "그래, 그런데 너는 두 번이나 찬스를 놓쳤잖아" 하고 대답하는 것이었다.

이 대화를 떠올리면서 나는 그 아버지가 아들에게 인생과 인간의 가치는 오로지 성취에 달려 있다고 주입시키는 것 같다는 생각이 들었다. 너는 한 골을 넣었구나. **하지만 좀더 성취할 수 있지 않았니**. 그런 식으로 지속적인 메시지가 그 소년의 영혼에 각인되는 것이다. 그것도 아주 중요한 권위를 지닌 인물에 의해서 말이다.

성취 중심의 심리는 때로 그러한 상황에서 마음을 사로잡게 된다. 만약 한 번의 성취를 통해서 쾌감과 타인의 칭찬을 얻을 수 있다면, 더 많은 성취는 더 많은 쾌감과 칭찬을 가져다줄 것이라고 추론하게 된다. 혹은 하나의 성취(이 경우는 한 골)로 충분하지 않다면, 세 개를 더하면 내게 가장 필요한 것, 즉 인정을 얻게 되리라 생각한다.

그리하여 쫓겨다니는 사람은 점점 더 많은 업적을 이루기 위해 이런저런 길을 모색하기 시작한다. 얼마 지나지 않아 이 사람은 동시에 두세 가지 일을 하게 된다. 그래야만 이처럼 이상한 쾌락을 더 많이 누릴 수 있기 때문이다. 그는 항상 책을 읽거나 세미나에 참석하는 부류가 된다. 거기서 시간을 좀더 효과적으로 활용하는 법을 배우기 위해서다. 왜 그럴까? 그렇게 함으로써 좀더 많은 업적을 이루고 그 결과 더 큰 만족감을 얻게 될 것이기 때문이다.

이러한 사람은 삶을 오직 결과 면에서 본다. 그렇기 때문에 결과에 이르는 **과정**에 대해서는 관심을 기울이지 않는다.

2. 쫓겨다니는 사람은 성취를 나타내는 상징을 과시하는 데 재빠르다. 직함, 학위, 집의 크기, 고급 사무실, 소위 매력적인 배우자, 슈퍼볼 경기 특석 초대장, 친구처럼 이름을 불러도 좋을 유명 인사 등 이 모든 것이 쫓겨다니는 사람이 사용하는 수단이다. 이런 것들이 다른 사람들의 부러움과 존경을 불러일으킨다. 보통 자신의 평판에 상당한 관심을 갖게 된다. 쫓겨다니는 사람은 "내가 하고 있는 일을 누가 알아줄까? 어떻게 하면 내 분야의 '저명인사'와 연줄을 맺을까?" 하고 고민한다. 이런 질문들이 쫓겨다니는 사람의 마음을 자주 사로잡는다.

3. 쫓겨다니는 사람은 보통 통제되지 않는 확대욕에 사로잡혀 있다. 그런 사람은 항상 더욱 성장하고 성공하는 무언가의 일부가 되기를 좋아한다. 그들은 가장 크고 좋은 기회를 잡기 위해 끊임없이 움직인다. 그들에게는 지금까지 이루어 놓은 성취를 음미할 시간적 여유조차 없다.

4. 쫓겨다니는 사람은 온전한 인격에는 별 관심이 없는 경향이 있다. 그들은 성공과 성취에 몰두해 있기 때문에 잠깐 멈추어서 내면의

인격이 외적 활동과 보조를 맞추고 있는지 자문해 볼 시간조차 없다. 대개는 보조를 맞추지 못하고, 간격이 점차 벌어지기 일쑤며, 스티븐 코비가 원칙 중심의 삶이라 불렀던 것의[1] 붕괴가 따르곤 한다. 이러한 사람은 갈수록 허세가 심해져 남을 기만할 뿐 아니라 스스로를 기만하게 된다. 끊임없이 앞으로 치닫다 보니 스스로 자신의 동기를 속이고 가치관과 도덕 영역에서도 현실과 적당히 타협한다. 성공을 향한 지름길이 곧 삶의 방식이 된다. 목표를 너무 중시한 나머지 자기도 모르는 사이에 윤리적 타락에 빠져든다. 쫓겨다니는 사람은 무서울 정도로 실용주의적인 사람이 되어 버린다.

5. 쫓겨다니는 사람은 사람을 조종하거나 위협하는 능력이 아닌 한, 대인관계 기술이 풍부하지 않을 가능성이 높다. 그들은 타인이 기쁘게 일할 수 있는 환경을 잘 만들지 못한다. 그들에게는 사람보다 프로그램, 과업, 업무가 더 중요하기 때문이다. 그들의 시선은 목적과 목표에 맞추어져 있기 때문에, 목표를 달성하는 데 쓸모가 없다면 주위 사람들에 거의 신경을 쓰지 않는다. 별로 쓸모없어 보이는 사람이 있다면 과업을 완수하는 데 방해되는 장애물이나 경쟁상대로 여기기 일쑤다.

쫓겨다니는 사람이 지나간 자리에는 '희생자의 행렬'이 있기 마련이다. 한때 탁월한 지도자라고 칭송받던 자가 금방 불만과 적개심의 대상이 되는 경우가 있다. 그런 인물은 인간 존재의 건강과 성장에 대해서는 무관심하기 때문이다. 아울러 마음속에는 어떠한 협상도 불가한 계획이 숨어 있음이 분명해지는데, 그 계획은 다른 어떤 것보다 중요한 절대적 위치에 군림하고 있다. 쫓겨다니는 사람 주위에서 일하던 동료나 부하 직원은 지치고 혹사당하여 환멸을 느낀 채 하나둘 떠나 버린다. 그에 대해서 이렇게 평하면서 말이다. "같이 일하는 건 정말 죽을 노릇이지만, 그 사람은 일 하나는 끝내주게 잘해."

바로 여기에 문제가 있다. 쫓겨다니는 사람은 어떤 일이든 해내고야 마는 성격이지만 그 과정에서 사람을 파괴할 수 있다는 것이다. 그리 보기 좋은 모습은 아니다. 그런데 한 가지 무시 못할 아이러니는, 종교 단체건 일반 단체건 큰 조직에서는 한결같이 이런 유의 사람들이 요직을 차지하고 있다는 점이다. 그들은 비록 대인관계를 파괴하는 폭탄을 안고 있지만, 업무상 없어서는 안 될 인물인 것이다.

나는 우리 교회의 교역자 한 분과 교회 로비에서 대화를 나누었던 때의 이야기를 자주 하곤 한다. 그때 메를린이라는 성도가 앞문으로 들어왔는데 그녀는 정신 질환 때문에 여러 가지 약을 복용하고 있었다. 그녀는 피곤한 상태에서는 사람들의 진을 빼는 경우가 많았다. 아주 천천히 말하는데다가 바쁜 사람(말하기 창피하지만 나 같은 사람을 포함해서)에게 시시콜콜한 주제를 줄줄이 늘어놓기 때문이었다.

나는 메를린을 본 순간 "안녕하세요, 메를린. 잘 지내세요?" 하고 로비 건너편을 향해 인사하고는 재빨리 동료와 대화를 계속했다. 내가 바쁘다는 것을 알아채고 방해하지 않기를 은근히 바라서였다.

그러나 일은 마음대로 되지 않았다. 어느새 메를린이 우리 대화에 끼어들면서 다가오고 있었다. 키가 아주 작은 그녀는 나를 올려다보면서 약 기운으로 느리고 단조로워진 목소리로 말했다. "맥 목사님, '안녕하세요, 메를린. 잘 지내세요?'라고 말로는 인사하지만 실은 어떻게 지내는지 궁금하지 않으시겠죠. 목사님은 너무 바빠서 저 같은 사람에게 관심을 가질 수 없는 분이에요. 저는 그럴 만큼 중요한 인물이 아니니까요."

메를린이 정곡을 찔렀다! 메를린은 내 속에 있는 쫓겨다니는 모습을 알아차린 것이다. 내가 그녀를 계속 의식할 만큼 중요하게 여기지 않았음을 그녀는 알았다. 아마 그와 똑같이 느꼈을 사람이 많았겠지만 그녀처럼 단도직입적으로 말할 용기가 없었을 뿐이리라. 메를린은 약 기운 덕분에, 보통 속생각을 입 밖으로 내지 못하게 하는 사회적 '억제제'를 잊어버렸던 것이다. 나는 그녀에게 사과를 할 수밖에 없었고, 그날 주님의 딸에게 상처를 입히게 한 쫓겨다니는 증상을 깊이 반성하게 되었다.

6. **쫓겨다니는 사람은 보통 경쟁심이 강하다. 그들은 모든 일을 승패를 가르는 게임으로 본다.** 쫓겨다니는 사람은 자기가 꼭 이겨야 하고 다른 사람들의 눈에 멋있게 보여야 하며, 항상 더 나아 보여야 한다고 생각한다. 더 많이 쫓기는 사람일수록 더 큰 점수 차로 이기려고 한다. 이기는 것은 자신이 옳고 귀하고 중요한 인물임을 증명할 뿐더러 그렇게 인정받고 싶은 절실한 욕구를 충족시켜 준다. 그래서 그는 경쟁하는 과정에서 상대방을 타도할, 심지어는 수치스럽게 만들

경쟁자나 적으로 여기기 십상이다.

소년 시절 이따금 보드게임을 함께 했던 사람이 생각난다. 그에게는 게임에서 이기는 것, 그것도 크게 이기는 것이 중요했다. 부동산을 사고파는 모노폴리 게임을 할 때면 나를 파산시키고 나서도 (규칙을 새로 만들어서) 내게 돈을 '빌려준다'고 고집하여 자기가 두 번이나 더 이기도록 게임을 계속하곤 했다. 단어 맞추기 게임을 할 때면, 나보다 훨씬 뛰어난 어휘 실력을 갖고 크게 이기고 있으면서도 게임을 계속하자는 식이었다(나는 한참 전에 낙심하고 흥미를 잃었는데도). 이것이 오늘까지 내가 보드게임만은 무슨 수를 써서라도 피하게 된 연유다(아내의 원성에도 불구하고 말이다). 과거에 반복해서 창피를 당했던 경험이 지금까지 메아리처럼 남아 있는 것이다. 쫓겨다니는 사람은 남에게 이런 해를 끼친다.

7. 쫓겨다니는 사람은 화산처럼 격렬한 분노를 품고 있다. 그래서 반대나 불충성을 감지할 경우 언제든지 폭발할 수 있다. 사람들이 자기 의견에 동의하지 않거나 어떤 문제에 대한 다른 안을 내거나 혹은 비판의 빛이 조금이라도 보이면 분노가 언제라도 격발될 수 있다.

이러한 분노는 신체적 폭력으로 나타나지 않을 수도 있다. 그러나 인격을 모독하거나 수치스러운 모욕감을 주는 것과 같은 잔인한 언어폭력의 형태를 취할 수 있다. 분노는 사람들을 해고하는 것, 동료들 앞에서 비방하는 것, 사람들이 기대하는 호의나 돈 혹은 우정을 거부하는 것과 같은 복수로 나타날 수도 있다.

다음 이야기는 내가 신뢰하는 사람이 들려주지만 않았어도 정말 믿기 어려운 사건이다. 여러 직원이 큰 사무실에서 함께 일하는 작은 회사가 있었다. 거기서 15년 동안 일하던 한 여직원이 아기가 아파서 한 주간 휴가를 사장에게 요청했다고 한다. 사장이 거절하자 그녀는 눈물을 흘리면서 다시 한 번 생각해 달라고 부탁했다. 그러나 그건 대단한 실수였다! 사장은 그녀의 눈물을 보더니 이렇게 고함쳤다. "책상을 정리하고 여기서 당장 나가요. 당신 같은 사람은 이제 필요 없어요." 그녀가 나가버리자 사장은 공포에 질려 쳐다보는 직원들에게 얼굴을 돌리더니 이렇게 말했다. "한 가지만 확실히 해 둡시다. 이 회사에 돈을 벌어 주는 것, 그것만이 당신들이 여기에 있는 이유의 전부요. 그러니, 싫으면 지금 당장 나가세요."

안타까운 현실은, 쫓겨다니는 사람 주위에 있는 많은 선량한 사람들이 심한 상처를 받으면서도 그 충격을 그대로 감수한다는 것이다. 사장이나 지도자가 일을 잘하는 유능한 인물이기 때문이라는 것이다. 때로는 아무도 그들과 맞설 용기나 능력이 없기 때문에 분노와 그로 인한 심각한 피해가 묵인되고 있다.

언젠가 주요 기독교 단체의 이사 한 사람이 그 단체의 이사장과 부딪친 사건을 얘기해 주었다. 이사장이 지나칠 정도로 모욕적이고 저속한 언사를 쓰면서 격노했다는 것이었다. 변명할 여지도 없는 언행을 보이는 사람을 이사들이 왜 용납했는지 묻자 그는 이렇게 대답했다. "우리는 모두 하나님이 그를 공적 사역에 그렇게 크게 쓰시는 것을 보고 깊은 감명을 받았기 때문에 그에게 대항하기를 주저했던 것 같습니다. 우리는 그를 잃을 수 없다고 생각한 것이지요."

8. **쫓겨다니는 사람은 자기가 바쁜 것을 자랑한다. 그들은 노는 법을 잊어버렸다. 영적 활동도 시간 낭비로 보인다.** 그들은 항상 너무 바빠서 부부, 가족, 친구와의 일상적 관계 그리고 그들 자신과의 관계마저 신경 쓸 겨를이 없다. 하나님과의 관계는 말할 필요도 없다. 쫓겨다니는 사람은 만족할 만큼 성취했다고 생각하지 않기 때문에 1분이라도 놓치지 않고 더 많은 회의에 참석하고 더 많은 자료를 연구하고 더 많은 일을 벌인다. 그들은 늘 바쁜 사람이라는 평판이야말로 성공의 상징이자 중요 인물임을 입증하는 증거라고 생각한다. 그래서 빈틈없이 짜인 스케줄로 사람들을 감동시키려 한다. 그들은 자기 연민을 강하게 표출하기도 한다. 자신이 너무 많은 책임에 '매여' 있으며 조금이라도 자유로웠으면 좋겠다고 한탄하면서 말이다. 그러나 막상 그들에게 빠져나갈 출구를 보여 준다면 어떻게 될까!

사실 그들에게 일어날 수 있는 최악의 사태가 있다면 그건 누군가가 출구를 마련해 주는 것이다. 갑자기 할 일이 줄어들면 그들은 어찌할 바를 모른다. 쫓겨다니는 이에게는 바쁜 것이 습관화되어서 그들의 삶과 사고를 지배하는 방식이 되어 버렸기 때문이다. 바쁘다고 투정하면서 동정 받기를 즐기면서도 변화를 결코 원치 않는다. 그들에게 그 점을 지적한다면 버럭 화를 낼 것이다.

이것이 바로 쫓겨다니는 사람의 모습으로 이는 결코 매력적이지 않다. 이러한 광경을 볼 때마다 우리가 살고 있는 세상의 상당 부분이 바로 이런 인물들에 의해 움직이고 있는 현실이 떠올라 마음이 괴롭다. 우리는 그들에게 의존할 수밖에 없는 체제를 만들었다. 따라서 그러한 체제에 기초한 사업체, 교회, 가정에서는 성취와 축재 때문에 종종 사람들의 성장이 희생을 당하는 것이다.

우리가 알고 있듯이, 쫓겨다니는 유형의 목사들은 가장 크고 유명한 최고 조직의 수장이 되려는 욕구 때문에 수많은 교역자와 평신도 지도자를 혹사시킨다. 그리스도인임을 자처하는 사업가 중에는 교회에서는 신실한 장로로 평판이 높지만 회사에서는 인정머리 없는 이들이 있다. 그들은 이기고 모으고 유명해지는 데서 얻는 만족 때문에 직원의 마지막 남은 기력까지 쥐어짜고야 마는 인물이다.

내 삶 가운데 고통스럽게 직면해야 했던 것들 중 하나는 나도 원래 쫓겨다니는 인물이라는 점이었다. 몇 가지 경험을 통해서 내게도 지금까지 열거한 특징이 대부분 있다는 사실을 알게 되었다. 쫓겨다니는 성향은 상당 기간 내게 위기의 순간들을 초래했다. 그럴 때마다 나는 예수님께 순종하거나 하나님께 영광 돌리는 것과는 거리가 먼 이유들로 성취와 달성을 꾀하는 은밀한 욕망이 내 안에 서서히 차오르는 것을 거듭 발견할 수 있었다. 따라서 매번 그 문제와 씨름할 수밖에 없었다.

내가 배워야 했던 교훈은 그런 성향은 날마다 깨끗이 성화되어야 한다는 것이었다. 아내를 비롯한 가까운 사람들에게 귀 기울여 내게 통제 불능의 쫓기는 성향이 나타나는지 살펴봐야 했다. 또한 정기적으로 나 자신을 점검하면서 내가 세우는 계획, 발휘하는 리더십, 설정하는 목표 등이 쫓겨다니는 자보다는 '부름 받은 자'의 모습을 반영하도록 애써야 했다. 하나님의 말씀에 귀 기울임으로써 나 중심의 계획이 아니라 하나님의 계획에 따라 움직이는 법을 배워야 했다. 삶이 언제든지 쫓김의 정신에 지배당할 수 있음을 간과한다는 것은 참으로 위험하기 그지없는 일이다.

얼마 전에 한 사업가가 평신도인 내 친구의 전도를 받아 그리스도를 따르는 사람이 되었다. 예수 그리스도를 따르기로 작정한 지 얼마 안 되어 그는 자기를 전도한 친구에게 긴 편지를 썼다. 그 편지에는 그가 쫓겨다니는 삶으로 인해 겪게 된 갈등이 담겨 있었다. 나는 쫓겨다니는 이의 모습을 생생하게 보여 주는 그 편지의 일부를 공개할 수 있게 해 달라고 청했다. 그는 이렇게 썼다.

수년 전 나는 인생의 큰 좌절을 맛보았어. 내게는 훌륭한 아내와 사랑스런 세 아들이 있었지만 내가 하던 일은 내리막길을 걷고 있었지. 친구가 별로 없었고, 큰아들은 학교에서 낙제를 하며 문제를 일으키기 시작했으며, 내가 극심한 우울증에 시달리면서 가정에는 엄청난 긴장과 불행이 몰려왔어. 그런데 그때쯤 해외로 파견되어 외국 회사에 근무할 기회가 왔어. 이 새로운 기회는 경제적으로나 경력상으로나 아주 좋은 기회였기 때문에 다른 모든 가치를 제쳐 두고 나는 그것을 인생의 최우선 과제로 삼았단다. 승진과 출세를 위해서 온갖 나쁜(즉, 죄된) 짓을 저질렀지. 나는 가족에게 좋은 것(돈을 많이 벌어 준다는 등)을 선사한다는 이유로 그러한 잘못을 정당화했는데, 결과적으로 나 자신과 가족을 속이고 나쁜 짓을 많이 한 거야.

이런 상황을 견딜 수 없던 아내는 아이들을 데리고 미국으로 가 버렸어. 그런데도 여전히 나는 내 안에 있는 문제들을 보지 못하고 있었어. 성공, 봉급, 경력 등 모든 것이 상승기류를 타고 있었기 때문이지. **나는 그만 황금 새장에 갇히고 말았어.**

외적으로는 굉장한 일들이 많이 일어나고 있었지만 내적으로는 모든 것을 잃고 있었어. 판단력과 결단력이 모두 약해졌지. 나는 여러 대안을 앞에 놓고 이리저리 저울질하기 일쑤였으나 한결같이 출세와 경력을 극대화시키는 방안을 택하곤 했어. 마음속으로는 무엇인가 크게 잘못되어 가고 있음을 알고 있었지. 교회도 다녔지만 어떤 말씀도 귀에 들어오지 않았어. 온통 나 자신의 세계에 갇혀 있었던 거야.

가족이 떠난 후 몇 주 뒤, 나는 지금까지의 사고방식을 완전히 포기하고 호텔 방에 9일이나 틀어 박혀 있으면서 어떻게 할 것인지 궁리해 보았어. 생각하면 할수록 괴로움이 커졌지. 나는 정말 죽은 거나 다름없는 삶을 살아왔으며, 내 인생이 암흑 속에 파묻혀 있었음을 깨닫기 시작했단다. 그런데 설상가상 빠져나갈 길을 찾을 수 없었어. 유일한 방안은 어디론가 도망가서 지금까지의 모든 관계를 끊고 다른 곳에서 새 출발을 하는 것뿐이었단다.

밑바닥까지 떨어진 인생에 관한 이 처참한 이야기는 다행히 행복한 결말에 이른다. 9일 동안 호텔 방에서 지낸 지 얼마 안 되어, 그는 하나님의 사랑과 자신의 삶을 극적으로 바꿀 수 있는 그 능력을 발견하게 되었다. 그리고 이 쫓겨다니던 사람은 다음 장에서 다루게 될 주제인 **부름 받은** 사람으로 바뀌게 되었다. 그는 마침내 '황금 새장'을 탈출한 것이다.

성경에서 이스라엘의 첫 왕인 사울만큼 쫓겨다니는 자의 전형을 잘 보여 주는 경우는 드물다. 앞의 이야기가 행복한 결말에 이른 것과 달리 이 이야기는 비극으로 끝난다. 사울은 결코 황금 새장 밖으로 빠져 나오지 못했기 때문이다. 그는 스스로 스트레스를 계속 쌓는 일밖에 하지 않았다. 그것이 마침내 그를 파괴시키고 만 것이다.

성경이 사울을 소개하는 대목은, 누구든 자신이 갖고 있는 몇 가지 결함을 내면세계에서 잘 다루지 않으면 곧 자제력을 잃게 된다는 점을 크게 경고해 준다.

베냐민 지파에 기스라고 하는 유력한 사람이 있었다. 그의 아버지는 아비엘이고, 할아버지는 스롤이고, 그 윗대는 베고랏이고, 그 윗대는 아비아인데, 베냐민 사람이다. 그에게는 사울이라고 하는 아들이 있었는데, 잘생긴 젊은이였다. 이스라엘 사람들 가운데 그보다 더 잘생긴 사람이 없었고, 키도 보통 사람들보다 어깨 위만큼은 더 컸다. (삼상 9:1-2)

사울은 공적 생애 초기에, 자산이 될 수도 있고 혹은 막중한 부채가 될 수도 있는 천부적인 세 가지 특징을 가지고 있었다. 어느 편이 될지는 그의 선택에 달려 있었다. 또 그러한 선택은 그의 내면세계의 일상적인 질서에 달려 있었다.

그 세 가지는 무엇인가? 첫째는 부, 둘째는 매력적인 외모, 셋째는 건장하고 잘 발달한 체격이었다. 이 모두는 한 인간의 공적 세계에 기여할 만한 특징이다. 달리 말하면, 사울은 첫인상으로는 주변에 있는 그 누구보다 뛰어났다. 세 가지 외적 특징은 모두 사람들의 관심을 끌었고, 그에게 아주 유리하게 작용했다. (사울의 타고난 자질을 생각할 때마다 수년 전 어떤 은행장이 내게 이렇게 말했던 기억이 떠오른다. "맥도날드, 당신은 키가 15센티미터만 더 컸어도 사업계에서 크게 성공했을 겁니다.") 무엇보다도, 그 특징들은 사울에게 일종의 카리스마를 부여하여 굳이 지혜로운 마음이나 영성을 계발하지 않더라도 그로 하여금 일찌감치 성공을 거두게 만들었다. 한마디로 그는 빠른 출발을 한 것이다.

성경에서 사울 이야기를 따라가 보면, 그의 성공에 기여할 수도 있고 종국적 파멸의 원인이 될 수도 있는, 그에 관한 몇 가지 사실을 더 알게 된다. 예를 들면, 그는 달변가였다고 한다. 군중 앞에서 매우 유창하게 연설을 하는 사람이었다. 견고한 내면세계를 계발할 필요를 느끼기도 전에 권력을 공고히 하고 명망을 얻을 수 있는 기회를 얻은 것이다. 그런데 바로 거기에 위험이 도사리고 있었다.

사울이 이스라엘의 왕이 되자마자 성공은 너무 빨리 찾아왔다. 그래서 그는 인생의 한계를 깨닫지 못했다. 자기에게도 타인의 도움이 필요하고 하나님과의 관계를 가질 필요가 있다는 것과 심지어 자기 백성에 대한 책임을 생각하는 데조차 시간을 들이지 않았다. 쫓겨다니는 자의 표징이 나타나기 시작한 것이다.

사울은 바쁜 사람이 되었다. 그는 세상을 정복해야 할 대상으로 보았다. 그리하여 사울은 이스라엘의 큰 원수인 블레셋과의 전쟁이 임박했을 때, 제사를 드리러 올 선지자 사무엘을 기다리다가 그가 제 시간에 오지 않자 안달이 나서 견딜 수 없었다. 그는 자신의 계획대로 일이 풀려 나가지 않는다고 느꼈다. 그는 일을 진행시켜야만 했다. 그가 택한 해결책은 희생 제사를 자신이 직접 드리는 것이었다. 그리고 실제 그렇게 했다.

그 결과는? 그는 하나님과의 언약을 크게 파기했다. 희생 제사를 드리는 것은 사무엘 같은 선지자들의 책무이지 사울 같은 왕이 해서는 안 되는 일이었다. 그러나 사울은 자신을 몹시 중요한 인물로 여긴 나머지 그 사실을 잊어버린 것이다.

이제 사울은 내리막길로 접어들게 되었다. "그러나 이제는 임금님의 왕조가 더 이상 계속되지 못할 것입니다. 주님께서 임금님께 명하신 것을 임금님이 지키지 않으셨기 때문에, 주님께서는 달리 마음에 맞는 사람을 찾아서, 그를, 당신의 백성을 다스릴 영도자로 세우셨습니다"(삼상 13:14). 이것이 바로 쫓겨다니는 사람의 마지막이다.

하나님이 자기에게 내리셨던 축복과 도움이 사라지자 사울의 쫓겨다니는 증세는 더욱 심해졌다. 곧 그는 이스라엘 백성의 신망을 얻은 젊은 다윗과 끊임없이 경쟁하면서 왕위에 집착하는 데 모든 에너지를 소모했다.

성경에는 사울의 분노가 폭발하는 장면이 여러 번 나오는데 그는 그로 인하여 난폭한 행동을 하고 나서는 곧 비통한 자기 연민에 빠지곤 했다. 말년에는 원수를 찾느라 온 숲속을 뒤지며 자제력을 상실한 인간이 되었다. 왜 그렇게 되었을까? 그는 애초부터 쫓겨다니는 사람이었고, 단 한 번도 내면세계의 질서를 가꾸지 않았기 때문이다.

사울은 그처럼 쫓겨다니는 본성을 해결하고자 전혀 노력하지 않았다. 사울은 예수님이 선택하신 열두 제자 안에 들었더라도 오래가지 못했을 것이다. 매우 충동적인 사람이었기 때문이다. 그 충동은 그로 하여금 권력을 움켜쥐고 놓지 못하게 만들었고, 가장 가까운 부하들마저 등 돌리게 했으며, 계속해서 어리석은 결정을 하게 만들었고, 결국 수치스러운 죽음에까지 이르게 만들었다. 그는 쫓겨다니는 인물의 전형이었다.

우리 안에 사울 같은 면모가 보인다면, 그만큼 내면세계에서 해야 할 작업이 많다는 말이다. 해결되지 않은 충동들로 내면이 가득 차 있으면, 주님이 부르시는 음성을 잘 듣지 못하기 때문이다. 스트레스의 소음과 고통이 너무 커서 그러하리라.

안타깝게도 우리 사회는 수많은 사울들, 즉 재산을 쌓고 인정받고 성취하기 위해 쫓겨다니다가 황금 새장에 갇힌 사람들로 가득 차 있다. 불행하게도 교회마저 이처럼 쫓겨다니는 사람들로 가득하다. 많은 교회들이 메마른 샘으로 변했다. 사람들을 성장시키고 하나님의 도를 기뻐하는 생명의 샘이 되기는커녕 스트레스의 원천이 되어 버렸다. 쫓겨다니는 자의 내면세계는 무질서하다. 그의 새장은 빛나는 황금으로 만들었을지 모르지만 그것은 어디까지나 덫에 불과하다. 그 덫 안에서는 아무것도 오래가지 못하기 때문이다.

❖ 더 깊이 생각해 보기

1. 쫓겨다니는 것과 그에 따른 증상에 대한 저자의 논의를 살펴보라. 당신이나 당신과 가까운 누군가의 삶에서 이런 것들을 발견한 적이 있는가?

2. 당신이 활동적인 그리스도인이 되도록 힘을 주는 여러 가지 동기를 열거해 보고 나름대로 분류해 보라. 먼저 시간을 내어 성령의 고요한 음성을 들은 후 그것들을 적어 보라.

3. 현재 당신이 받는 스트레스 중 부정적인 스트레스는 어떤 것들인가?

4. 고린도후서 11:24-28을 읽고, 사도 바울이 사역을 하면서 경험한 스트레스가 무엇인지 열거해 보라. 이것을 3번 질문에서 열거한 당신의 부정적인 스트레스와 비교하면서 느낀 점을 써 보라.

5. 바울은 어떻게 스트레스의 정도에 걸맞는 내적 탄력성을 얻었는가? 성구 사전을 사용하여 고린도후서에서 '기도' 혹은 '기도하다'라는 단어가 들어간 구절을 모두 찾아보고 바울의 내면세계의 질서에 기도가 어떤 역할을 했을지 생각해 보라.

6. 당신의 삶에 뚜렷이 나타나는 쫓겨다니는 자의 특징을 열거해 보고, 당신의 가족이나 가장 가까운 친구에게 가서 당신에게 그런 특징이 나타날 때 말해 달라고 부탁해 보라.

7. 사울이 왕이 되었을 때 하나님이 그에게 주신 세 가지 자산은 무엇이었는가? 그것들은 그에게 어떤 유익을 가져다주었는가?

8. 사울의 경험에 관한 성경 기사를 읽고 당신의 삶 가운데서 그와 비슷한 모습이 있는지 살펴보라.

9. 이제 그것들을 주님 앞에 내려놓고 당신이 황금 새장으로부터 빠져나올 수 있도록 통찰력을 달라고 기도하라. 그리고 이를 위한 행동 지침을 말해 보라.

10. 황금 새장 증후군의 덫에 걸린 그리스도인 지도자가 있다면 어떻게 도울 수 있겠는가?

4장
어느 성공한 실패자 이야기

이 글을 쓰고 있는 방의 탁자 위에는, 뱃사람들이 스쿠너라 부르는 꽤 큰 19세기 범선 모형이 있다.

폴란드의 어느 뱃사람이 단단한 나무덩어리를 깎아서 만든 그 배는 거의 40년 전에 받은 것이다.

내게 그 배를 준 남자는 자신의 무너진 삶에 대해 나와 이야기를 나누고 싶다고 했다. 그는 건강도 좋지 않았고, 가족들은 그에게 화가 나 있었으며, 친구는 단 한 명도 없었고, 취미라곤 하나도 찾아볼 수 없었다.

대체 그가 왜 나를 찾아왔을까?

그는 내가 쓴 글들을 읽고, 나라면 자신을 도와줄 비결이 있을 것이라 생각하고 충동적으로 내게 전화를 걸었던 것이다.

우리는 몇 주에 걸쳐 수차례 대화를 나누었다. 한번은 대화를 나

눈 후 그가 자기 집에 있는 배 모형을 언급하면서, 그 배가 내 사무실 장식에 '뉴잉글랜드'의 정취를 더해 줄 것이라고 제안했다.

나는 배를 즐기는 사람이 아니지만 관심을 표할 수밖에 없었다. 다음번 만남에 그가 그 배를 가져왔기 때문이다. 나는 그 배를 맘에 들어 했고 이후로 그것은 내 소유가 되었다. [어느 밤 이런 꿈을 꾼 적도 있다. 그 배를 TV 골동품 쇼에 가져갔는데, 모형 배 전문가가 내 배는 러시아 황제의 소유품으로 시가가 54만 달러(약 5억8천만 원)에 달한다고 한 것이다.]

그 배는 내 사무실에서 눈에 잘 띄는 자리에 있었다. 내가 눈길을 주지 않은 날은 거의 없기에 볼 때마다 그 배를 선물로 준 사람에게 일어난 일을 생각하게 된다. 우리는 오래전에 연락이 끊겼다.

그렇다면 그의 삶은 왜 무너지고 있었을까? 대화를 하는 동안 그 남자가 일에 중독되어 있음이 드러났다. 자신이 운영하는 사업이 그의 종교요 애인이요 존재 이유였던 것이다.

그에게서 일중독 증상을 끄집어냈던 기억이 난다. 그는 하루에 열 시간에서 열두 시간, 일주일에 7일을 사무실에 있었다. 집에 오면(보통 저녁 늦게) 식은 저녁밥을 게걸스럽게 먹으면서 전화로 고객을 응대했다. 텔레비전이라도 볼 시간이 있으면, 가끔씩 화면을 쳐다보며 서류가방에서 꺼낸 도표들을 손으로 넘기며(아직 노트북이 유행하지 않았던 때였다), 한꺼번에 여러 가지 일을 했다.

휴가도 없었고, 버몬트의 한 호텔에서 아내와 함께 보내는 낭만적인 주말도 없었으며, 동성 친구도, 교회 생활이나 공동체 생활도 없는 것이 분명했다.

나는 왜 사람들이 그처럼 살고 싶어 하는지 물었고, 그때 우리 대화에서 가장 많은 것이 드러나는 순간이 다가왔다. 그의 일은 어떻게 우상이 되었을까?

그는 이렇게 고백했다. "일은 항상 우상이었습니다. 내가 한 행동 중에 아버지를 기쁘게 한 것은 일뿐이었지요. 아주 기쁘시게 하지는 못했지만요."

나는 "아버지는 어떤 분이셨나요?" 하고 말했다.

그가 대답했다. "전 아버지를 경멸했습니다. 지금도 그렇고요."

내가 그런 격한 감정에 관해 묻자 그는 이렇게 말했다. "아버지는 인생에서 할 만한 가치가 있는 것은 일하는 것뿐이라고 믿으셨습니다. 아버지는 어머니도 피했고, 친구도 없었습니다. 휴가, 놀이, 취미는 아버지에게 시간 낭비였습니다. 그러면 뭐가 남느냐고요? 일이죠!

아버지는 저를 그렇게 키우셨어요. 아버지가 하셨던 만큼 많이 일하도록 말이죠. 아버지는 제가 하는 일은 뭐든 거의 흡족해하지 않으셨어요. 한 번만 더 들으면 천 번은 들은 말이에요. 차고를 청소하든, 세차를 하든, 잔디를 깎든, 내가 무슨 일을 마치든 아버지는 그걸 보시고 나서 내가 실수한 부분을 지적하셨어요. 그러고는 이렇게 말씀하셨지요. '아들, 너는 실패자야. 앞으로도 항상 실패자일 거야.'

믿기 힘드시겠지만 제겐 평생 매일 이 말이 들립니다.…그 사람이 죽은 지 몇 년이 지났는데도 말입니다. '애야, 너는 실패자야. 앞으로도 항상 실패자일 거야.'"

시간이 다 되어 그가 말을 멈췄다.

내가 말했다. "그럼 제가 들은 내용을 정리해 볼게요. 그러니까 당신이 일찍 사무실 문을 닫으려는 마음이 들거나, 야구 경기를 보러 가려는 충동이 생기거나, 앉아서 저녁을 먹거나 텔레비전을 보려 하거나, 아이의 축구 경기를 보러 가야 한다거나 아내와 데이트를 해야 한다고 생각하면, 아버지가 뒷통수에 대고 '안 돼, 안 돼. 실패자로 살 거야?'라고 외치는 소리가 들리신다는 말씀이죠?"

"네, 정확해요! 내가 듣는 게 바로 그거예요."

그는 그 대신, 아버지로부터 "아들, 너는 실패자가 아니야. 내가 완전히 틀렸어"라는 말을 듣고 싶었던 것이다.

참으로 이상한 것은, 그의 아버지는 이미 **수년** 전에 돌아가셔서 더 이상 기쁘게 해 드릴 수 없다는 점이었다. 그런데 이제 중년이 된 아들은 아버지의 인정을 받기 위해 아직까지도 기를 쓰고 살고 있는 것이다. 처음엔 그저 하나의 목표에 불과했던 것이 이제는 고칠 수 없는 생활 습관이 되어 버린 셈이다.

이런 종류의 이력이 있는 대부분의 사람들은 우리를 비난하는 사람들이 틀렸음을 입증하는 데 평생을 보낸다. 언젠가는 아버지나 어머니 혹은 우리가 신경 쓰는 어떤 목소리가 우리에게 "음, 이런 말을 한 적은 한 번도 없지만, 나는 항상 네가 한 일이 다 자랑스러웠어. 내가 널 너무 밀어붙인 것 같구나. 정말 미안하다"라고 얘기해 주길 바라며 계속 더 열심히, 더욱더 열심히 애쓰고 있다.

나는 적잖은 대화에서 누군가가 이런 과거를 이야기하는 것을 들은 적이 있다. 내가 그런 이야기들을 하는 이들 각자에게 귀 기울이며 주목하는 까닭은, 나 역시 아버지가 자식을 별로 흡족해하지 않았던 가정에서 자랐기 때문이다. 나도 그러한 아버지들의 말과 비슷한 말들을 듣곤 했다.

성인이 된 초기에 나는 여러 차례 편두통 같은 통증을 꽤 오랫동안 경험했다. 그래서 이 분야의 전문가인 의사에게 문의했다. 그는 나를 진찰하더니 자기 사무실로 오라고 했다.

그는 내게 이렇게 말했다. "저는 환자분과 같은 두통 증상을 가진 남성분들 다수 그리고 그보다는 적은 수의 여성분들을 치료했습니다. 그분들은 필요한 건 진통제뿐이라고 생각하며 제게 오셨는데, 제가 장기간 그런 강한 약물을 처방할 수는 없다고 하면 이내 실망하십니다."

내가 어떻게 해야 하는지 묻자 그가 말했다. "음, 제가 틀릴 수도 있습니다만, 환자분은 누군가와의 관계에, 아버지라든가…아니면 혹 어머니나…아니면 과거에 중요했던 누군가와의 관계에 어려움이 있다는 생각이 듭니다. 그분들이 환자분께 어떤 기대에 부응하지 못했다고, 이런저런 일을 더 잘했어야 한다는 말을 하셨을 것 같습니다. 그래서 환자분은 그들의 인정을 받으려고 노력하는 습관을 기른 것이죠. 이런 겁니다. 환자분이 원하는 것을 얻고 있지 못하기 때문에 아마도 마음속 깊이 엄청난 분노를 품고 계신 것 같습니다. 분노와 두통은 적잖은 사람들 속에서 함께 가는 경향이 있죠. 환자분도 비슷한 경우가 아닐까 싶습니다."

그전에는 이런 식으로 생각해 본 적이 한 번도 없었다.

그가 말했다. "슬픈 소식이 있습니다. 그런 인정을 받을 가능성은 거의 없다는 겁니다. 특히 그분이 이미 돌아가셨다면 말입니다. 아직 살아 계신다 해도, 그분들은 **절대** 환자분이 원하는 바를 해주지 **않**을 겁니다. 그러니 잊어버리세요. 그런 일은 일어나지 않을 겁니다."

그는 계속해서 이렇게 말했다. "제게 더 좋은 생각이 있습니다. 이 영역에서 당신을 실망시키고 있는 사람이 누구든 용서하는 데 주력하는 것이 어떨까요? 이 문제를 넘어서십시오. 그것이야말로 환자분의 두통 문제에 대한 최상의 답일 겁니다. 덜 비싸기도 하고요."

집으로 돌아오자 의사가 뭐라고 했는지 게일이 물었다.

"아버지를 용서해야 한다고 하네요."

"우리가 그 조언을 따라야 할까요?" 하고 게일이 물었다. 나는 그래야 할 것 같다고 말했다.

그 의사와 대화를 한 이후 몇 달 동안 나는 나 자신을 세심하게 관찰하려고 노력했다. 그러고 나서 그 의사가 무언가를 알고 있는 것 같다는 결론을 내렸다. 나는 마음 한구석에서 아버지가 한쪽에 서서 내가 이루어 낸 일을 얼마나 기뻐하시는지 이야기하고 계시는 상상을 자주 한다는 사실을 깨닫게 되었다. 또 그 일은 아마 절대 일어나지 않을 것이라는 그 의사의 말이 전적으로 옳다는 것을 깨달았다. 아버지는 **자신에 대해서도 기뻐하지 못하는데** 어떻게 나를 기뻐하실 수 있겠는가?

어느 날 문득 영화 〈불의 전차〉(*Chariots of Fire*)에서 에릭 리델(Eric Liddell)이 여동생에게 한 말이 기억났다. "나는 뛸 때 하나님의 기쁨이 느껴져." 내가 찾고 있었던 것 그리고 내게 모형 배를 주었던 그 남자가 그토록 애타게 원했던 것을 묘사해 주는 말이었다. 우리 아버지들의 기쁨.

이러한 통찰을 통해 **쫓겨다니다**라는 단어가 내게 무언가를 의미하는지 깨닫게 되었다. 나는 내 아버지의 기쁨을 얻기 위해 **쫓겨다니**는 사람이었고, 그것은 거기서 멈추지 않았다. 그것은 나처럼 권위 있는 자리에 있는 **누군가** 즉 상사, 이사회, 영향력 있는 사람, 성공한 사람, 요구가 많은 사람의 인정을 얻어야 한다는 욕구의 기반이 되었다.

나는 날마다 용서 의식이라고 부를 수 있는 것을 시작했다. 매일 아침 무릎을 꿇고 기도했다. 무릎을 꿇는 과정이 내가 하려 하는 일에 진실성을 더해 줄 것이라 생각했다. 이 순간 나는 아버지와 함께 예수님께 다가가고 있다고 상상했다. 또 다른 날에는, 내가 아버지를 향한 분노를 버리기로 결단했음을, 우리 관계가 평화로워지기를 바라는 마음을 예수님께 선포했다.

나는 내 행동을 돌아보며, 비결은 아버지를 용서하는 일이 매일의 체험이 되도록 하는 것임을 깨달았다. 심지어 때로는 하루에 한 번 이상 해야 했다. 한 차례 "네, 아버지를 용서해요"라고 말하는 것으로 절대 충분하지 않았다. 적어도 6개월 동안 날마다 아버지를 용서하고 또 용서해야 했다. 그리고 그때 이후로 가끔씩 그 과정을 반복해야 했다.

이제 혹자가 이 이야기의 신뢰성을 두고 고심할 수도 있는 말을 해야겠다. **그때 이후로 다시는 두통이 생기지 않았다.**

다른 사람들도 다 똑같이 해야 한다는 생각으로 내 경험을 말하는 것이 아님을 확실히 하고 싶다. 이것은 내 이야기다. 이것은 하나님이 나를 다루시려고 택하신 방식이었다.

여기서 요점은 쫓겨다니는 습관에 주목하는 것이다. 쫓겨다니는 것은 훨씬 장기적인 관점이 필요한 중독과 비슷하다.

쫓겨다니는 증상에 민감해지니 나 자신뿐만 아니라 주변의 수많은 사람들에게서도 그 증상을 발견하기 시작했다. 어떤 형태의 삶에서든(교수, 학자, 운동선수, 정치인, 사업가 그리고 심지어 종교 지도자들도) 고위층에 있는 사람들은 아마도 **쫓겨다니는** 사람들이 아닌가 하는 생각이 들었다. (대부분의 시간은) 고귀한 일들을 하지만 종종 최선이 아닌 이유로 그렇게 쫓겨다니는 것이 아닌가 싶기도 했다. 바로 나처럼 말이다.

왜 쫓겨다니는가

왜 수많은 사람들이 쫓겨다니는 것처럼 보이는가? 내게 그 배 모형을 준 친구는 그 이유를 잘 보여 주는 극단적인 실례다. 그는 **결코 '잘했다'는 말을 해주지 않는 환경**에서 자라난 사람의 전형이다. 인정과 칭찬이 결핍된 환경에서 관심에 굶주린 사람들은 더 많이 일하고 성공을 상징하는 부를 더 많이 쌓거나 세상 사람들의 선망의 대상이 됨으로써, 자기를 인정하지 않았던 (부모와 같이) 중요한 사람에게 마침내 "내 아들(딸)아, 너는 결코 실패자가 아니야. 내가 네 아버지라는 것이 정말 자랑스럽구나"라는 말을 듣고 싶어 한다. 이는 결코 이상한 일이 아니다.

지도자 위치에 있는 많은 사람들이 이러한 성장 배경과 불안감을 공통적으로 가지고 있다. 어떤 지도자는 선한 일을 하여 대단히 자애로운 사람으로 비치거나 헌신적이고 이타적인 활동으로 칭송받기도 한다. 그러나 실상 그들은 과거에 중요한 단 한 사람으로부터 용납과 인정을 얻고 싶은 소원에 이끌린 것일 수도 있다. 만약 그들이 그것을 끝내 얻지 못한다면 다른 데서라도 사람들의 박수갈채와 부와 권력에 대한 그칠 줄 모르는 탐욕을 키워 가게 된다. 그 결핍을 보상받기 위해서 말이다. 그러나 만족을 얻게 되는 경우는 거의 없다. 이러한 추구는 외부 세계에 국한된 것으로서 내면세계는 텅 비고 결핍된 채로 남아 있기 때문이다. 따라서 거기에 진짜 고통이 있는 것이다.

쫓겨다니는 삶의 또 다른 원인은 어린 시절 체험한 심각한 상실감이나 수치감에 있다. 『고통보다 깊은』(Creative Suffering, IVP)에서 폴 투르니에(Paul Tournier)는 지난 수세기 동안 수많은 세계적인 정치 지도자들이 고아였음을 지적했다. 그들은 부모의 친밀한 사랑과 정서적 애착이 결핍된 환경에서 자랐기 때문에 많은 군중의 포옹에서 보상적 경험을 추구했을 수도 있다. 그들의 권력을 향한 큰 욕망의 배후에는 단순히 사랑에 대한 욕구가 있을 수도 있다. 그들은 내면세계의 질서를 통해 사랑의 욕구를 충족시키려고 하지 않고, 외적 차원에서 그것을 추구하기로 선택한 것이다.[1]

쫓겨다니는 사람은 또한 극도의 수치감과 불안정한 정서 속에서 보냈던 성장 배경을 갖고 있을 수 있다. 내 책장에는 찰스 블레어(Charles Blair) 목사가 쓴 『완벽한 사람』(The Man Who Could Do No Wrong)이라는 너무나 솔직한 책이 있다. 그는 이 책에서 대공황 시절 오클라호마에서 살았던 자신의 어린 시절을 잘 묘사했다. 그는 날마다 정부에서 무상 배급하는 우유를 지역 소방서에서 받아 집까지 날라야 했던 일을 고통스럽게 회상한다. 우유통을 들고 큰길을 걸어갈 때면 또래 아이들의 비웃음을 견뎌야만 했다. 그때 당한 고통 때문에 그는 하찮은 존재라는 느낌을 자아내던 상징인 우유통 따위를 들고 다녀야 하는 인생은 결코 살지 않으리라고 다짐했다.

블레어는 결코 잊을 수 없는 사건 하나를 들려준다. 하루는 방과 후 그가 아주 좋아했던 한 소녀와 같이 집으로 걸어가고 있었다. 그런데 갑자기 한 녀석이 번쩍거리는 새 자전거를 타고 다가와서는 그 소녀에게 태워 주겠다고 말한 것이다. 소녀는 망설임 없이 자전거 위에 사뿐히 올라앉더니 블레어를 남겨 두고 떠나가 버렸다. 그 순간의 모멸감 때문에 블레어는 언젠가는 번쩍거리는 자전거 못지않은 것을 갖고야 말겠다고, 다른 사람들의 관심과 충성을 받을 만한 인물이 되고야 말겠다고 굳게 결심했다.

그리고 그러한 결심들은 그의 삶 속에서 계속 불타올랐다. 그 결심들은 모든 의욕의 근원이 되었지만, 결과적으로 그 의욕은 그 자신의 표현대로 그를 배신하고 말았다. 후에 그는 가장 멋진 자동차를 타고 가장 아름답고 큰 교회를 인도하며 최신 유행하는 옷을 입게 될 것이었다. 그리고 이러한 것들은 블레어가 오클라호마의 대공황 시절의 결심을 마침내 이루었다는 것을 증명하게 될 것이었다. 그는 보잘것없는 사람이 아니었으며 가난하지도 않았다. 그는 그것을 증명해 보일 수 있었다. 이제 그의 삶을 살펴보자.

찰스 블레어는 무언가로부터 도망치고 있었으며, 그것은 곧 또 다른 무언가를 향해 뛰어야만 한다는 것을 의미했다. 그의 욕구는 온갖 유의 그럴듯한 영적 동기로 치장되어 있었고 그의 사역 또한 놀랄 만큼 성공했다 하더라도, 마음 중심의 깊은 곳에는 아직 치유되지 않은 과거의 상처가 도사리고 있었다. 이 상처들은 그의 내면세계에 무질서의 파편으로 남아서 끊임없이 그를 따라다니며 괴롭혔다. 그것들은 그의 선택과 가치관에 영향을 미쳤고, 인생의 결정적 순간에 실제로 무슨 일이 벌어지고 있는지를 깨닫지 못하도록 했다. 그 결과는 무엇이었는가? 크나큰 파멸이었다. 실패, 곤혹감, 사회적 망신이었다.

하지만 그의 삶이 완전히 바뀌었다는 말을 덧붙여야겠다. 이것만 보더라도 쫓겨다니는 사람에게도 소망이 있음을 알 수 있다. 인생 초기에 수치심으로부터 도망쳤던, **쫓겨다니던** 사람 찰스 블레어가 이제는 **부름 받은** 사람이 되어 친구들의 존경을 받고 있는 것이다. 나는 그의 책을 지금껏 내가 읽은 가장 감명 깊은 책 중 하나로 손꼽는다. 지도자 위치에 있는 남녀라면 꼭 읽어야 할 필독서다.

끝으로, **어떤 사람들은 쫓기는 것이 아예 생활 방식이 된 환경에서 자라났다.**『부 중독자』(Wealth Addiction, 어마마마)라는 책에서 필립 슬레이터(Philip Slater)는 지금 생존하는 여러 억만장자들의 배경을 자세히 설명해 준다. 거의 모든 경우에 이 억만장자들은 어린 시절부터 물건을 모으고 사람들을 지배하는 것을 즐기는 경향이 있었다. 단순한 재미나 운동을 목적으로 하는 놀이는 거의 하지 않았다. 그들은 오직 이기고 모으는 것만 알고 있었다. 그들의 부모가 그러했고 그들 역시 그렇게 하는 것만이 유일한 삶의 방식이라고 생각했다. 이와 같이 더 부유하고 더 강해지려는 욕구가 아주 어린 시절부터 자라나기 시작했다.

그러한 사람들에게는 질서 잡힌 내면세계 같은 것은 아무 의미가 없다. 주의를 기울일 만한 것이 있다면 그것은 오직 외부 세계뿐이다. 그 영역에서는 어떤 것에 대한 비교 평가가 가능하고 공적이 치하되고 실용성이 증명되기 때문이다.

　물론 쫓겨다니는 사람은 이 밖에도 다른 여러 배경을 가지고 있으며, 앞에 열거한 것은 단지 몇 가지 예에 불과하다. 그러나 언제나 이 한 가지는 분명하다. 즉, 쫓겨다니는 사람은 정비된 내면세계의 평온함을 결코 누릴 수 없다는 것이다. 그들의 주된 목표는 모두 외형적이고 물질적이며 비교 평가가 가능한 것이다. 그 밖의 다른 모든 것들은 비현실적인 것으로 취급된다. 다른 것은 모두 의미가 없다. 다윗과의 진실한 관계보다 권력을 더욱 중요시했던 사울이 그러했듯이, 그들은 자신이 추구하는 모든 것을 반드시 차지하여야 직성이 풀린다.

　쫓겨다니는 사람에 대하여 말할 때, 단지 극도로 경쟁적인 사업가나 전문 운동선수만 말하는 것이 아님을 분명히 해야 한다. 일중독보다 훨씬 더 광범위한 무언가에 대하여 고찰하는 것이다. 우리 중 누구라도 스스로의 내면을 들여다본다면 이렇듯 **쫓겨다니는 것이 바로 자신의 생활 방식임을** 문득 발견하게 될 것이다. 탁월한 그리스도인이라는 명성을 얻기 위해, 아니면 어떤 극적인 영적 체험을 얻기 위해, 또는 섬기는 사람이 되기보다는 사람들 위에 군림하는 지도자가 되기 위해 쫓겨다니고 있을지 모른다. 전업주부도 쫓겨다니는 사람일 수 있고 학생도 그럴 수 있다. 우리 중 누구라도 쫓겨다니는 사람일 가능성이 있다는 말이다.

쫓겨다니는 사람의 희망

쫓겨다니는 사람도 과연 변화될 수 있을까? 물론이다. 그러한 변화는, 쫓겨다니는 사람 스스로가 자신이 부르심에 의해서가 아니라 충동에 따라 움직이고 있다는 사실을 직시하는 데서부터 시작된다. 그런 발견은 그리스도를 만나 눈부실 정도로 강력한 빛을 받는 데서 비롯된다. 열두 제자들도 발견했듯이 인생에서 한동안 예수님의 말씀을 듣게 되면 쫓기는 삶의 기저와 양상이 모두 폭로되고야 만다.

쫓겨다니는 삶을 해결하려면 먼저 우리 자신의 동기와 가치관을 가차 없이 파헤치기 시작해야 한다. 마치 베드로가 예수님과 몇 차례 만나면서 그래야 했던 것처럼 말이다. 쫓겨다니는 삶으로부터 자유로워지고 싶은 사람은 그리스도의 말씀을 따르는 성숙한 이들의 조언과 비판에 귀 기울이는 것이 현명할 것이다.

쫓겨다니는 사람은 겸허하게 자기를 낮추고 지금까지 추구해 왔던 것들을 포기하는 자기 훈련의 자세를 가져야 한다. 그것들이 꼭 나빠서가 아니라 잘못된 이유로 중요시해 왔기 때문이다. 그는 과거에 자기에게 마땅한 애정과 칭찬을 주지 않았던 사람을 용서해야 할 수도 있다. 이 모든 것은 진정 시작에 불과하다.

사도 바울도 그리스도인이 되기 전에는 쫓겨다니는 인물이었다. 그는 쫓기다시피 공부하고, 조직에 참여하고, 성취하고, 방어하고, 박수갈채도 받았다. 회심 직전 그의 모습은 거의 광적이었다. 바울은 막연한 목표에 끌려 쫓겨다녔다. 훗날 그는 온갖 강박 충동에 끌려다니던 당시의 생활 방식을 돌아보면서 "모든 것이 내게 무익했노라"고 말했다.

바울은 그리스도께서 그를 부르실 때까지 쫓겨다니던 사람이었다. 바울이 다메섹 도상에서 주님 앞에 무릎을 꿇었을 때 그는 내면세계로부터 극적 해방감을 맛보았을 것이다. 그는 기독교를 박해하러 다메섹으로 가게 한 충동에서 벗어나 완전히 굴복한 상태로 "주여, 제가 어찌해야 합니까?"라고 말했다. 예수 그리스도께 매달리는 이 극적인 순간에 이른 것은 얼마나 굉장한 변화였던가! 쫓겨다니는 사람이 부름 받은 사람으로 변화된 것이다.

나는 자기 아버지에 대해 나와 이야기를 나눈 그 남자에게도 이와 같은 일이 일어나기를 바랐다. 우리는 수차례의 대화를 통해 이기고 돈을 벌고 유명해지려는 그의 그칠 줄 모르는 욕망에 관한 이야기를 나누었다. 나는 몇 번이나 그가 내 말뜻을 제대로 이해하여 상당한 진전이 있었다고 생각했다. 나는 그가 삶의 중심을 외부 세계에서 내면세계로 옮기려 한다고 믿었다.

나는 그가 자신의 내면세계에 실패자라는 생각을 심어 준 아버지에 대한 쓰라린 기억을 모두 씻고, 과도한 성취욕을 내어놓고 주님 앞에 무릎 꿇는 모습을 곧 보게 되리라고 생각했다. 그 성공한 실패자가 무언가를 증명하기 위해 성공을 찾아 쫓겨다니는 사람이 아니라 그리스도께 부름 받은 제자가 되기를 마음속으로 얼마나 바랐던가!

"아버지를 용서하려고 노력해 보면 어떨까요?" 나는 내게 그 배를 준 남자에게 한 번 더 요청했다.

그는 "할 수 없어요. 그건 상상할 수조차 없는 일이에요" 하고 대답했다.

"그렇다면 지금 가고 있는 길을 택하시는 겁니다. 형제님의 결혼 생활, 자녀, 미래의 손자손녀들을 잃게 될 길이죠. 외로움, 심장마비, 버림받는 영혼을 택하겠다는 겁니까?"

"생각해 보겠습니다."

나는 내게 그 배를 준 그 남자를 다시 보지 못했다.

그러고 나서 내 차례가 왔다. 나는 아버지를 용서할 돌파구를 찾았지만, 아버지는 그에 화답하실 수 없었다. 우리의 말년은 귀를 막고 있는 듯한 침묵으로 일관되어 있었다. 아버지는 손주들을 전혀 알아보지 못하셨고, 하나님의 기쁨을 알고자 하는 가족들과 함께 즐거워하실 수 없었다.

마침내 마지막 순간이 찾아왔다. 아버지를 보러 가도 되냐고 묻자 아버지는 나를 보고 싶다는 표현을 하셨다. 아버지의 병실에 갔을 때 죽음이 가까웠음을 확실히 알 수 있었다. "누구냐?" 아버지가 침대에서 올려다보며 물으셨다.

나는 "고든이에요. 아버지 아들이요"라고 말했다.

"왜 온 거냐?" 아버지가 물으셨다.

"우리가 화목한 관계임을 한 번 더 말씀드리려고 왔어요. 제가 아버지를 사랑한다는 것 그리고 아버지가 제 아버지셔서 감사하다는 말도요."

아버지가 내게 마지막으로 하신 말씀이 뭐였을까? "내가 미안하다. 미안해, 미안해."

아버지는 이틀 후에 돌아가셨다.

❖ 더 깊이 생각해 보기

1. 이 장 맨 처음에 나오는, 그 배를 가지고 있던 남자의 이야기를 생각하면서, 현재 당신의 태도를 형성한 과거 어린 시절의 경험들을 떠올려 보라. 각각의 경험에 담긴 핵심 문제를 찾아 한 문장으로 표현해 보라. 긍정적 영향을 미친 경험들에 대해서 하나님께 감사하는 시간을 가지라.

2. 쫓겨다니는 사람의 외적 목표는 무엇인지 살펴본 뒤 당신의 삶에서 그와 유사한 목표들이 발견되는지 점검해 보라.

3. 당신 주위에는 쫓겨다니는 자라고 생각되는 사람이 있는가? 그들의 근본 동기가 무엇이라고 생각하는가?

4. 이러한 동기 가운데 당신의 내면세계를 형성한 것이 있다면 무엇인가? 그것들이 어떻게 당신의 행동에 영향을 미치는지 설명해 보라.

5. 저자는 쫓겨다니는 사람의 삶의 방식을 바꾸는 데 어떤 경험들이 결정적이라고 생각하는가?

6. 베드로의 인생은 예수님과의 상호 관계를 통해 변화되었다. 그 상호 관계에서 발견할 수 있는 핵심 요소들은 무엇인가? 여러 본문 중 특히 마태복음 14:25-30; 16:13-17; 26:31-35; 요한복음 21:15-22 등을 참조하라.

7. 삶 가운데 쫓겨다니는 경향을 없애기 위해 당신이 용서해야 할 사람은 누구인가? 용서가 당신에게 안도감을 줄 것이라고 믿는가? 결국 용서는 당신을 자유롭게 할 것이다. 이를 위해 구체적으로 어떤 행동을 취할 것인가?

8. 쫓겨다니는 사람에서 부름 받은 사람으로 변화되기 위해서는 반드시 바울처럼 예수님을 직접 만나야 하는가? 그렇다면 그 이유는 무엇이며, 그렇지 않다면 그 이유는 무엇이라고 생각하는가?

5장
부름 받은 사람의 삶

뉴욕 시에서 보스턴까지 기차를 타고 가다 보면, 승객이나 화물을 운송하기 위해 수백 대의 철도 차량이 주차되어 있는 아주 큰 기차역 광장을 지나칠 것이다.

여섯 살인가 일곱 살 때쯤 할머니는 기차 승무원이 일하는 모습을 보여 주시려고 이 기차역 광장으로 나를 데리고 가신 적이 있었다. 우리가 몇 시간 동안 본 것은, 승객과 화물을 실을 차량들이 분류되고 선로에서 선로로 오간 다음, 전국을 누비기 위해 거대한 증기 기관차 뒤에 연결되는 모습이었다.

기차역 광장 한쪽 끝에는 라운드 테이블이라는 커다란 기계 장치가 있었다. 그 장치는 그 큰 기관차들을 다양한 방향으로 돌리기 위해 만든 것이었다. 그날 우리가 본 다른 무엇보다도 라운드 테이블이 가장 기억에 남는다. 아마도 할머니가 그것에 관해 들려주신 이야기 때문이리라.

할머니는 이렇게 말씀하셨다. "내 생각에는 하나님에게도 라운드 테이블이 있으신 것 같단다. 하나님은 그분을 섬기도록 부르신 사람들의 진로를 바꾸기 위해 그것을 사용하시지. 하나님은 언젠가 너도 그분의 라운드 테이블에 두실 거야. 너는 네가 어떤 길로 가고 있다고 생각할 테지만, 그분의 라운드 테이블이 너를 다른 방향으로 보내실 거란다."

최근에 나는 보스턴행 기차를 타고 가다가, 기차가 할머니와 내가 오래전 가 보았던 그 기차역 광장을 지날 때쯤 우연히 창문 밖을 보게 되었다. 옛날 그 라운드 테이블이 아직도 있을까 궁금했는데, 기쁘게도 잠시 후에 그것을 보았다. 하지만 지금은 사용하지 않아 녹슬어 허물어져 가고 있었다.

그때 할머니가 그 라운드 테이블을 통해 어린 시절 내 마음에 어떤 생각을 심어 주셨던 것이 기억났다. "하나님에게도 라운드 테이블이 있단다. 하나님은 그분을 섬기도록 **부르신** 사람들의 진로를 바꾸기 위해 그것을 사용하시지."

***

나는 대학원 마지막 학기에 기업인 모임을 대상으로 기독교 제자도 강의를 하기 위해 미국 전역을 다닌 적이 있다. 주말에는 보통 호텔보다는 개인 집들에 머물곤 했다.

개인 집에서 접대를 받을 때는 예상치 못한 은혜가 있었다. 그것은 바로 삶의 현장에서 매주 엄청난 시간을 보내는 사람들과 나눈 대화를 통해서였다. 이 대화들을 교회 건물 안에서 했다면, 교회의 프로그램과 정치 같은 주제들로 국한되었을 것 같다.

그러나 내가 가정집들에 있을 때면, 사람들은 그들의 가정이나 일터에서 그리스도를 따르는 자의 자리에 관해 훨씬 더 솔직하게 이야기하려 했다. 나는 기회, 낙담, 혼란, 성공 수단 등에 관해 들었다.

우리의 대화는 종종 거대한 한 가지 질문으로 이어졌다. '월요일 아침부터 토요일 밤까지 예수님의 발자취를 따라 살려면 어떤 준비를 해야 할까요?'

종종 이런 말을 듣는다. "우리는 우리 목사님을 아주 좋아해요. 정말 잘 돌보시는 분이죠. 하지만 목사님은 우리가 일하는 세상에 대해서는 전혀 모르십니다. 설교는 아주 훌륭하지만, 주로 교회 안에서 어떻게 해야 할지에 관한 것으로 보여요. 우리가 직장에서 갖고 있는 문제들에 대해서는 무슨 말을 해야 할지 전혀 모르시는 것 같아요."

나는 월요일 오전에 시간이 날 때면, 주말에 내가 머문 집 주인들이 일하는 곳을 찾아가 보곤 했다. 그들의 상사도 만나고 비서, 직장 동료들도 만났다. 나는 공장 노동자, 판매원, 학교 선생님, 트럭 운전기사들이 돈을 버는 곳들을 돌아다녔다. 건설 현장, 공항, 창고에도 갔었다. 그것은 대학원 교수들이 절대 해줄 수 없었던 교육이었다.

자기 일의 장단점을 말하는 사람들에게 귀 기울였고, 의외로 많은 사람들이 자기가 하는 일을 싫어한다는 것도 알게 되었다. 도덕적·윤리적 문제들, 지루함, 두려움, 심각한 불평등에 관해서도 들었다. 승진을 위한 과열 경쟁, 인종과 성 문제, 성희롱 그리고 그리스도를 따르는 삶에서 마주하는 야망의 의미에 관한 대화들도 있었다.

사적인 공간이 허락되는 경우 나는 종종, 하나님이 매일 그들이 일하는 곳에 함께하시도록 기도하고 떠났다.

월요일 저녁에 집으로 돌아올 때면 게일이 공항에 마중을 나왔는데, 차에서는 내가 지난 주말에 만나서 시간을 보낸 사람들에 관한 대화가 쉼없이 이어졌다.

나는 이렇게 말하곤 했다. "내가 담당 목사라면, 그들이 일하는 곳에 가능한 한 자주 갈 거예요. 이런저런 문제들에 관해 설교할 거예요. 예수님이 그들을 통해 그들의 직장에 어떻게 임재하실 수 있는지에 대해 생각하도록 그들에게 동기를 부여하려고 애쓸 거예요."

이러한 월요일 중 어느 날, 그러한 대화 중간에 게일이 내 말을 중단시키면서 말했다. "당신 자신에게 귀 기울여 보면, 하나님이 당신에게 원하시는 일을 말씀하고 계신다는 것을 알게 될 거예요. 하나님은 당신을 새로운 유형의 목사가 되도록 부르고 계신 것 같아요. 사람들이 살고 일하는 곳에서 그리스도인이 되는 것의 의미를 깨닫도록 돕기 위해 최선을 다하는 목사 말이에요."

이렇게 나는 목사가 되라는 하나님의 부르심을 들었다.

부름 받은 사람

쫓겨다니는 사람이 항상 끝을 잘 맺는 것은 아닌 것 같다. 이스라엘 왕 사울이 떠오른다. 그러나 하나님의 부르심 가운데 사는 사람은 다른 이야기를 전해 준다.

성경에는 부름 받은 사람들의 이야기가 아주 많다. 인생길을 가다가 어디에선가 하나님이 라운드 테이블을 작동시키셨다. 그 결과는 전혀 다른, 예기치 않은 방향으로 가는 것이었다.

구약의 예언자 예레미야가 그 탁월한 예다. 그는 처음 예언자가 되라는 하나님의 부르심을 들었을 때 저항했다. "저는 말을 잘 할 줄 모릅니다. 저는 아직 너무나 어립니다"(렘 1:6).

하나님이 라운드 테이블의 속도를 올리시며 말씀하셨다. "오늘 내가 뭇 민족과 나라들 위에 너를 세우고, 네가 그것들을 뽑으며 허물며, 멸망시키며 파괴하며, 세우며 심게 하였다"(10절).

이것이 부르심이다. 이것은 쇠퇴하는 제사장의 삶에서, 왕과 유력 인사들과 대면하여 그들에게 하나님의 음성이 되는 어마어마한 예언자의 삶으로 방향을 바꾸는 것이다.

나는 부름 받은 사람들의 특징을 살펴보며, 먼저 예수님이 3년 동안 곁에 두기로 택하신 이들, 곧 제자들에게로 향했다. 그들 중에 종교 조직이나 대기업의 높은 위치에 뽑힐 만한 인물은 거의 없는 것 같다. 그들이 유별나게 못난 사람들이었기 때문이 아니다. 지극히 평범한 사람들이었기 때문이다. 우리는 다음 사실을 항상 유념해야 한다. 어떤 헤드헌터도 맨 정신으로 그들을 하나님 나라의 지도자로 뽑지는 않았을 것이라는 점을. 그러나 주님께서는 다른 누구도 알아채지 못한 그들의 자질을 발견하셨다. 그분은 그들 각자를 아주 익숙한 말로 부르셨다. 랍비들이 자기에게 오라고 제자들을 초청할 때 사용했던 말 "나를 따르라!"라는 말이었다.

3년간의 집중 훈련 기간 후에 그들은 승리자로 변하기 시작했다. 사람들은 점점 그들 안에서 예수님의 영향력을 볼 수 있었다. 라운드 테이블이 돌아갔고 새로운 방향을 가리켰다.

성경에는 물론 부름 받은 남자와 여자가 곳곳에 등장한다. 예수님의 어머니 마리아도 그 명단의 꼭대기쯤에 이름이 올라야 하리라. 마리아는 시골 출신의 꽤 어린 소녀였던 것 같다. 그런데 갑자기 천사가 그 소녀에게 찾아왔다. 마리아는 바로 소위 부르심, 메시아 곧 그리스도의 어머니가 되라는 하나님의 소환을 받게 되었다. 라운드 테이블이 작동된 것이다.

(여호수아와 갈렙의 유명한 이야기에 나오는) 갈렙도 자격이 충분하다. 그는 자신의 인생을 "나는 주 나의 하나님을 충성스럽게 따랐습니다"(수 14:8)라고 요약한 사람이었다. 혹은 최초의 그리스도인 순교자로 손꼽히는 스데반을 보라. 그는 "믿음과 성령이 충만한 사람"(행 6:5)이다. 얼마나 훌륭한 인물들인가!

아브라함도 본토를 떠나 새로운 민족의 조상이 되라는 부르심을 받았다. 모세는 애굽의 노예 생활에서 히브리인들을 해방하도록 부르심을 받았다. 이사야는 세례 요한과 예수님과 바울이 하는 말의 핵심을 이룰 메시지를 전하도록 부르심을 받았다. 느헤미야는 예루살렘 재건을 주도하라는 부르심을 들었다. 라운드 테이블이 작동된 이들, 부름 받은 이들의 목록은 계속 이어진다.

부름 받은 이들 중에서 내가 가장 좋아하는 사람은 누굴까? 나는 세례 요한을 꼽는다. 그는 내가 가장 잘 나갈 때 그리고 인생 밑바닥으로 떨어졌을 때 큰 영감을 준 인물임을 말해야겠다. 요한은 내게 새로운 관점과 재정비가 필요했을 때 나를 위해 항상 그곳에 있어 준 사람이라는 느낌이 든다. 그의 이야기가 종종 내게 엄습했듯이 당신에게도 엄습하길 바란다.

직업을 잃은 남자

용기라는 주제로부터 시작해 보자. 세례 요한은 용기로 가득 찬 사람이었다. 군중이 그가 어떤 사람인지 보려고 요단강 골짜기에 줄지어 몰려왔을 때, 요한은 그들에게 인종적 혹은 종교적 우월함을 근거로 자신을 정당화하기를 그치라고 권위 있게 도전하였다. 그는 그들에게 죄를 자복하라고 말했다. 그 죄들을 진정으로 슬퍼하라고 말했다. 인종적 혹은 종교적으로 우월하다는 주장을 버리라고 했다. 다른 민족들처럼 그들도 영적·도덕적 갱신이 필요함을 인식하라고 말했다. 놀랍게도 그들은 (어쨌든 대부분) 그 말을 들었다.

그는 (보통 이방인에게 필요하다고 생각되었던) 세례가 그들에게도 유효하다고 선언했다. 세례는 그들이 오래 기다려 온 참회가 진실임을 증거하는 표시라고 말했다. 그의 언사는 거룩한 체하는 사람들의 속을 뒤집어 놓았을 것임이 틀림없다.

그러므로 누구도 요한에 대하여 중립적일 수 없었던 것도 이상하지 않다. 그는 쓸데없는 말을 결코 하지 않았고 아첨을 한 적도 없다. 그에 대한 사람들의 반응은 사랑이나 미움 둘 중 하나였다. 그를 미워한 사람들이 마침내 그를 죽였음을 당신도 알고 있을 것이다. 하지만 그 사건은 요한이 자기 임무를 완성한 후에 일어났다.

인간적으로 말하자면, 공적 세계에서 요한은 그리 매력적인 사람은 아니었다. 그가 아주 어렸을 때 부모님이 돌아가신 것 같다. 그는 광야에서 성장했고 소박한 음식을 먹고 보잘것없는 옷을 입고 살았다. 그러나 내면에는 아주 특별한 힘과 동기를 지녔던 사람이라는 결론을 내려도 좋다.

부름 받은 사람인 요한은 처음부터 쫓겨다니는 사람이었던 사울과 뚜렷한 대조를 보인다. 요한은 애초부터 자신의 궁극 목표에 대한 명확한 인식이 있었던 것 같다. 그것은 그가 이사야의 글에 깊이 몰입하면서 내면 깊은 곳에서 발견한 하나님의 소명이었다.

사울과 요한의 대조점을 가장 생생하게 볼 수 있는 것은 바로 그들의 개인적 정체성과 직업적 안정이 위협을 받을 때였다. 당신도 기억하겠지만, 사울은 자기보다 어린 다윗을 죽이려고 온 광야를 쏘다 녔다. 맹렬히 그를 뒤쫓으며 포악스럽게 행동했다. 그리고 그는 다윗을 만날 때마다 이전보다 더욱 어리석은 모습을 보였다.

그러나 요한의 경우는 달랐다. 자신의 인기가 급격히 하락하고 있다는 소식이 들려왔을 때 그가 어떻게 반응했는지 잘 살펴보라. 달리 표현하자면, 일자리를 잃을 지경에 처했을 때 그의 반응을 연구해 보라는 말이다.

나는 요한이 예수를 군중에게 소개하자 군중의 마음이 "하나님의 어린양"(요 1:36)에게로 향한 후의 순간을 떠올려 본다. 요한은 군중 심지어 자신의 몇몇 제자들까지 예수님께 나아가서 그의 가르침을 듣고 예수의 제자들에게서 세례를 받는다는 보고를 받았다. 요한의 인기가 하락한다는 소식을 전해 준 이들은 그가 조금은 부정적으로 반응하리라고 예상했을 (어쩌면 내심 바랐을) 것이다. 그러나 그들의 기대는 어그러졌다.

"하늘이 주시지 않으면, 사람은 아무것도 받을 수 없다. 너희야말로 내가 말한 바 '나는 그리스도가 아니고, 그분보다 앞서서 보내심을 받은 사람이다' 한 말을 증언할 사람들이다. 신부를 차지하는 사람은 신랑이다. 신랑의 친구는 신랑이 오는 소리를 들으려고 서 있다가, 신랑의 음성을 들으면 크게 기뻐한다. 나는 이런 기쁨으로 가득 차 있다. 그는 흥하여야 하고 나는 쇠하여야 한다." (요 3:27-30)

요한은 대체 무슨 말을 하고 있는가? 그는 우리에게 **부름 받는다**는 것이 무슨 뜻인지 가르쳐 주고 있다.

부름 받은 사람은 자신이 청지기임을 알고 있다

먼저, 요한의 반응은 **청지기직** 원리를 시발점으로 삼고 있다. 이 대화를 촉발한 자들은, 요한이 군중을 사로잡는 시대는 이제 끝났다는 소문을 듣고 그가 크게 동요할 것이라고 믿었다. 하지만 실상 요한은 전혀 동요하지 않았다. 오히려 무척 기뻐하는 것 같았다. 요한이 자신을 떠나 예수님에게로 가는 무리를 바라보며 기뻐하는 모습을 상상해 본다. 그가 이렇게 말하는 소리가 들린다. "저들은 절대 내 사람들이 아니었습니다. 하나님이 내게 빌려주신 이들이었을 뿐입니다." 부름 받은 사람들은 **절대** 그들의 일이나 그 일로 함께한 사람들을 자신의 소유라 여기지 **않는다**.

이는 쫓기듯 살아가던 사울의 모습과 얼마나 다른가! 사울은 자신이 이스라엘의 왕권을 소유했으며 그 왕권으로 원하는 것은 무엇이든 할 수 있다고 믿었다. 우리는 일단 무엇인가를 소유하면 그것을 꼭 쥐고 지켜야만 한다고 여긴다. 그러나 요한은 그런 식으로 생각하지 않았다. 그래서 그리스도께서 오셔서 무리를 사로잡았을 때, 요한은 그들을 그분께 돌려드리는 것이 몹시 기쁠 뿐이었다.

요한의 청지기 의식은 오늘날 우리에게 중요한 원리를 제공해 준다. 그에게 군중에 해당한 바가 우리에게는 직업이나 재산, 타고난 재능, 영적 은사, 건강 등일 수 있다. 그렇다면 이러한 것들은 우리 소유물인가 아니면 그것들을 우리에게 주신 분의 이름으로 관리할 대상인가? 바로 대답하지 말고 먼저 깊이 생각하는 시간을 가지라. 쫓겨다니는 사람은 그러한 것들을 자신이 소유했다고 여기고, 부름 받은 사람은 그렇게 생각하지 않는다. 쫓겨다니는 사람은 그것들을 잃으면 곧 심각한 위기에 빠지게 된다. 그러나 부름 받은 사람은 그렇게 되어도 크게 달라지는 것이 없다. 그의 내면세계는 여전히 그대로이거나 오히려 더욱 강해진다.

나는 브뤼셀의 다닐스 추기경(Cardinal Danneels)이 한 말을 좋아한다.

> 나는 기나긴 하루를 보내고 돌아오면 예배당에 가서 기도한다. "오늘 할 일을 이제 마쳤습니다. 주님, 심각한 질문이 하나 있습니다. 이 교구가 저의 것입니까, 당신의 것입니까?" 하고 주님께 묻는다. 그러면 "너는 어떻게 생각하느냐?" 하고 주님이 말씀하신다. "당신 것이라고 생각합니다"라고 나는 답한다. "그래 맞다. 내 것이다" 하고 주님이 말씀하신다. 그러면 나는 "주님, 이제 이 교구를 책임지고 지도하는 일은 당신 차례입니다. 저는 잠자리에 들렵니다" 하고 말한다.[1]

부름 받은 사람은 자신이 누구인지를 정확히 알고 있다

부름 받은 자의 둘째 특징은 요한의 자기 인식에서 잘 나타난다. 그의 말을 쉽게 풀어쓰면 이렇다. 자기를 찾아온 방문객들에게 요한이, **"나는 그리스도가 아니라고** 너희에게 몇 번이나 말하지 않았더냐" 하고 말했던 것을 당신도 기억할 것이다. 자신이 어떤 존재가 아니라는 것을 아는 것은, 자신이 누구인지를 아는 출발점이다. 그리고 요한은 자신의 정체성에 대해 어떤 환상에도 빠져 있지 않았다. 그러한 자기 인식은 이미 그의 내면세계 안에 구축되어 있었다. '너는 사가랴와 엘리사벳의 아들 요한이다. 너는 위대한 예언자, 눈부신 설교자가 될 것이다. 그러나 너는 그리스도가 아니다!'

이와는 대조적으로 내면세계가 무질서한 사람들은 자기 정체성에 대하여 혼동하는 경향이 있다. 그들은 점점 역할과 사람을 분리해서 생각하지 못하게 된다. 자신이 **하는 일**과 자신이 **누구인가** 하는 것을 구별하지 못하는 것이다. 그렇기 때문에 막강한 권력을 휘두르면서 특권을 누리던 자가 그것을 내려놓기가 그토록 어려운 것이며, 그 권력을 고수하기 위해 죽기까지 싸우는 것이다. 또한 그러기에 적지 않은 사람이 은퇴를 힘들어하는 것이다. 그리고 이것은 막내마저 가정을 떠날 때 어머니가 심한 우울증에 빠지게 되는 이유를 설명해 주기도 한다. 나 또한 자녀들이 집을 떠날 때 우울감을 느꼈다. 당신은 이에 대해 어떻게 생각하는가? 떠나보내는 자나 떠나는 자 모두 그러한 경험을 하게 된다.

이러한 정체성 문제를 신중하게 숙고할 필요가 있는데, 이는 오늘날에도 중요하게 대두되는 문제이기 때문이다. 요한은 사역 초기에 인기가 한창 높았을 때 순진한 군중을 쉽게 이용할 수도 있었다. 혹은 군중의 박수갈채에 유혹받을 수도 있었다. 군중이 이제 예루살렘의 제사장들을 따르지 않고 자신을 따른다는 사실로 인해 교만과 야심으로 가득 찰 수도 있었다. 그가 메시아인지 아닌지 묻는 사람들에게 그렇다고 고개를 끄덕이는 편이 차라리 더 쉬웠을 것이다.

요한이 자신에 대해 조금 지나친 주장을 할 수도 있었던 순간이 없지 않았을 것이다. 조금 덜 정직한 사람이 요한의 입장에 있었다면 마음이 약해지는 순간 다음과 같이 말하리라고 상상할 수 있다. "내가 메시아라고? 글쎄, 사람들이 말하는 것처럼 그렇게 생각해 본 적은 없지만, 내게 메시아와 비슷한 점이 있으니까 어쩌면 그들의 말이 옳을지도 몰라. 그러면 어디 한동안 나를 그리스도라고 한번 가정해 보고, 무슨 일이 일어나는지 두고 볼까?"

요한이 이러한 사람이었다면 아마 잠시 동안은 감쪽같이 속이는 데 성공할 수도 있었을 것이다. 그러나 요한은 정말 그렇게 해 보려는 생각조차 하지 않았다. 그의 내면세계는 매우 잘 정비되어 있었기 때문에 그는 그릇된 자기 인식이 초래할 무시무시한 결과를 예측할 수 있었다.

만약 군중의 우레 같은 박수갈채를 받을 순간이 있었다면 그때 요한의 내면에서 들리는 하나님의 목소리는 그보다 더 컸으리라. 그리고 요한은 일찍이 광야 시절에 내면세계의 질서를 정비했기 때문에 그분의 음성이 훨씬 더 확실하게 들렸을 것이다.

이 원칙을 과소평가하지 말기를 바란다. 요즘처럼 대중매체가 판치는 세상에서는 우수하고 재능 있는 많은 지도자들이 자신에 대한 평판을 믿으려는 유혹을 끊임없이 받는다. 일단 그렇게 되면 메시아적 환상이 서서히 그들의 인격과 리더십을 오염시키기 시작한다. 자신이 그런 존재가 아니라는 사실은 망각한 채, 자기 정체성에 대해 위험한 생각을 품기 시작한다. 2008년 뉴욕 시장도 2회로 한정된 임기 제도를 무시한 채 3선에 도전하고 싶다는 유혹을 받지 않았는가?

사도 바울은 디모데에게 쓴 편지에서, 자신이 유대교에서 기독교 신앙과 사도직으로 부름 받은 것을 간증하면서 귀중한 전례를 남겼다. 그는 자신이 죄인 중 괴수였다고 고백하면서, "내가 전에는 훼방자요, 박해자요, 폭행자였습니다.…우리 주님께서 나에게 은혜를 넘치게 부어 주셔서…"(딤전 1:13-14)라고 썼다. 이처럼 과거를 잊지 않고 수시로 돌이켜 보는 자라면 스스로 마땅히 생각해야 하는 것 이상으로 높아질 가능성은 거의 없다.

부름 받은 사람은 흔들리지 않는 목적의식을 지닌다

질문자들에 대한 요한의 범상치 않은 반응을 통해 살펴볼 세 번째 특징은, 이 광야의 선지자가 그리스도의 길을 예비하는 존재로서 목적의식을 분명히 지니고 있었다는 점이다. 이것은 소명 받은 자의 또 다른 측면이다. 나사렛에서 온 사람의 인기가 날로 높아가고 있는 것을 어떻게 생각하느냐고 묻는 사람들에게, 세례 요한은 자신을 신랑의 들러리 역할을 하는 친구에 비유했다. "신부를 차지하는 사람은 신랑이다. 신랑의 친구[요한 자신을 가리킴]는 신랑이 오는 소리를 들으려고 서 있다가, 신랑의 음성을 들으면 크게 기뻐한다. 나는 이런 기쁨으로 가득 차 있다"(요 3:29). 들러리의 존재 이유는 신랑 옆에 서서 모든 관심이 신랑에게만 집중되도록 하는 데 있다. 만약 결혼식 중에 들러리를 선 친구가 갑자기 하객을 향해서 노래하거나 웃기는 말을 한다면 그는 바보 취급을 당할 것이다. 들러리는 자신에게는 시선을 전혀 모으지 않는 대신, 모든 시선이 신랑과 신부에게만 집중되도록 할 때 자기 소임을 가장 훌륭하게 감당하는 것이다.

요한이 바로 그렇게 했다. 요한의 비유대로 만약 그리스도가 신랑이라면, 그는 그저 그분의 들러리가 되기로 헌신했을 뿐이지 **다른 어떤 존재도 되려 하지 않았다**. 바로 그것이 요한이 부름 받은 목적이었고, 요한에게 그것을 넘어서려는 욕구는 전혀 없었다. 많은 무리가 그리스도께 향하는 것을 보는 것이야말로 요한이 받을 보상의 전부였다. 그의 목적이 달성된 셈이다. 하지만 이 사람처럼 부름 받은 자라야 그러한 상황에서도 느긋할 수 있다.

나는 로버트 브라우닝의 시 "블로람 주교의 사과"(Bishop Blough-ram's Apology)에 나오는 다음 대목을 좋아한다.

모든 사람의 인생 역정에는
감히 무관심해서는 안 되는 지점이 있나니

세상은 과연 우리가 어떻게 하나 두 눈 뜨고 살피네.
게임에 실패하고 생명을 잃지나 않았는지를.

우리는 요한에 대해 이렇게 말할 수 있을 것이다. 그는 결코 실패하지 않았으며 생명을 잃지도 않았다고. 만일 당신의 목적이 매우 높고 이상적이라면, 만일 그것이 당신이 가진 도덕적·영적 에너지의 마지막 한 방울까지 요구한다면, 만일 그것이 당신 자신보다 크다면, 그것은 무척 힘겨운 도전일 것이다.

9·11 테러로 뉴욕 세계 무역 센터가 무너졌을 때, 아내와 나는 구세군 사역을 돕기 위해 거기로 갔다. 모든 것이 혼란스러웠던 첫 주 동안 우리는 수천 명에 달하는 일꾼과 구조단 속에 있었는데 다 함께 혹시나 생존자가 있지 않을까 하는 마음으로 폐허를 파헤쳤다.

내가 속한 팀은 한 시간 단위로 냉수부터 새 장화에 이르기까지 생필품을 생존자를 구조하는 팀에게 전달하는 일을 했다. 아주 가끔씩 콘크리트와 강철 아래에서 어떤 목소리나 두드리는 소리가 들렸다는 암시가 있을 때에는 "조용히 하라"는 신호를 받곤 했다.

어느 날 밤늦은 시간에 나는 소방대원들 틈에 있었는데, 그들은 잠시도 쉬지 않고서 일주일 내내 하루 스물네 시간씩 일해 온 사람들이었다.

"여러분, 이곳을 떠나 잠시 두어 시간이라도 쉬는 게 좋지 않을까요?" 하고 내가 물었다.

"그럴 생각은 전혀 없어요. 저 더미 속에 우리 형제들이 우리의 손길을 기다리고 있을 겁니다" 하고 팀장이 말했다. 이 말에 **부르심**에 대한 확고한 의식이 있었다.

바로 이런 순간이 찾아오면 나는 감동한 나머지, 다른 쪽에서 봉사하고 있는 아내 게일을 찾아가서 끌어안으며 "나는 바로 이 일을 위해 태어난 사람이야!" 하고 종종 속삭이곤 했다.

우리 둘 다 동의했다. 어떤 나쁜 일이 생긴다 해도, 건물이 무너지거나 대기가 위험한 화학 물질로 오염된다 해도 우리는 도망가지 않으리라고. 우리는 그 자리에서 우리가 하던 일을 할 것이다. 그때가 우리가 죽을 때라면 그 사명에, 우리보다 훨씬 더 큰 부르심에 참여한 대가로 그것을 받아들일 것이다.

이제야 나는 세례 요한을 포함한 위대한 성인들이 고상한 목적의식에 사로잡혀 수세기를 살아오면서 줄곧 어떻게 느꼈을지 조금이나마 이해된다.

부름 받은 사람은 변함없는 헌신을 몸소 실천한다
마지막으로, 요한은 부름 받은 사람으로서 자기 수중에 있는 무언가를 떠나보내야 한다는 것을 잘 알고 있었다. 어머니들은 자녀들이 좀 더 독립적인 삶을 살도록 결국 떠나보내야 한다는 것을 알고 있다. 멘토는 적절한 시기에 수하생을 떠나보내야 함을 알고 있다.

요한은 그의 마음가짐이 어떤지 캐묻는 사람들에게 "그는 흥하여야 하고 나는 쇠하여야 한다"(요 3:30)고 응답했다. 요한의 말은 계획된 떠나보냄의 원리를 보여 준다. 부름 받은 자는 자신이 청지기이며 자기가 누구인지 알 뿐만 아니라 목적의식이 투철하기 때문에, 뒤로 한 발자국 물러나 손을 놓아야 할 때를 미리 내다보면서 산다. 이 경우에는 그것이 군중, 일시적 명망, 예수의 영향권으로 떠나보내야 할 제자들 등이었다.

쫓겨다니는 사람은 요한처럼 말할 수 없다. 그는 계속해서 더 많은 주목을 받고, 더 많은 권력과 물질을 모아야 하기 때문이다. 그저 꼭 붙들고 있어야 한다. 놓을 수 없다. 그들은 자기가 하고 있는 일에 스스로를 너무 많이 묶어 놓고 있다.

우리는 종종 어떤 조직에서 강력한 리더십을 발휘했던 지도자에 대한 안타까운 소식을 듣는다. 은퇴할 때가 되었는데도 리더십을 다음 세대에게 넘겨주지 않고 계속 붙들고 있다는 것이다. 아니면 리더십을 자기 아들이나 딸에게 물려주어 지속적으로 영향력을 발휘하려 한다는 것이다.

내 서재 어딘가에는 45세의 나이에 어느 영국 학교의 교장으로 임명받은 사람의 이야기를 다룬 책이 있다. 그가 맨 처음 한 일은 65세 생일에 뜯어 보도록 스스로에게 편지를 보낸 것이었다. 거기에는 이런 내용이 담겨 있었다(내가 풀어 쓴 것이다). "오늘로 당신은 65세가 되어서, 이제 교장의 직무를 더 젊은 사람에게 넘겨줄 때에 이르렀다. 당신은 스스로에게 당신을 대치할 만한 인물이 없다고 말할 것이다.

당신 없이는 안 된다고 말하리라. 그러나 그것은 자기를 과대평가하는 선전에 불과하니 절대 믿어서는 안 된다."

실제로 그는 65세가 되었을 때 그 편지를 뜯어 보았고, 스스로 없어서는 안 될 존재라고 생각하고 있는 자신을 발견했다. 하지만 그는 자기 자신의 충고를 그대로 받아들여 리더십을 다른 이에게 넘겨주었다. 그것은 바로 요한이 실천했던 일이기도 하다.

부름 받은 사람의 특징은 바로 이러한 속성들, 즉 요한의 청지기 의식, 정체성 인식, 자신의 역할에 대한 올바른 관점, 떠나보냄의 원리에 헌신하는 것이다. 그리고 그들은 이런 자질을 내면세계에 잘 쌓아 올려 그로부터 생명 샘물이 흘러나오는 것을 경험한다.

사울왕의 생애와 세례 요한의 생애는 달라도 얼마나 달랐는지 모른다! 전자는 자기 것이 아닌 것을 붙잡고 있으려 했고, 후자는 자신이 빌린 것을 사용한 뒤 때가 되었을 때 그것을 기꺼이 돌려주었다.

우리는 요한의 사고에서 흔치 않은 성숙한 면모를 감지할 수 있다. 그에게는 **평온함**이 깃들어 있다. 그는 외부 세계가 변했다고 해서 평안을 잃고 요란을 떠는 인물이 아니었다.

우리는 또한 요한이 느꼈던 **기쁨**을 하나의 자질로 들 수 있는데, 이 기쁨을 만사형통할 때 느끼는 기분 좋은 상태인 소위 현대판 행복과 혼동해서는 안 된다. 다른 사람들은 요한이 실패자로 인생을 끝낼까 봐 초조해할 것이라고 생각했으나, 실제로는 자신을 따르던 군중이 떠나고 있음에도 불구하고 요한이 진정 만족해하는 것을 보게 되였다. 요한 시대의 다른 이들은 그렇게 생각하지 않았겠지만 요한은 깊은 확신에 차 있었다. 그의 자기 평가는 일차적으로 자신의 내면세계, 곧 하나님과 연계하여 참된 가치관이 형성되는 곳에 기초해 이루어졌기 때문이다.

부름 받은 사람이 되는 길

동경의 눈길로 세례 요한을 보면서 떠오르게 마련인 질문은, 어떻게 그럴 수 있었는가 하는 점이다. 그러한 결단력과 정열, 다른 사람과는 전혀 다른 관점에서 사건을 볼 수 있는 능력 등은 어디서 왔을까? 요한의 배경을 살펴보면 그의 내면생활의 구조와 실체를 파악하는 데 필요한 통찰을 얻을 수 있다.

요한에 대하여 설명하려면 우선 어린 시절 그의 삶에 큰 영향을 끼친 그의 부모가 어떤 사람들이었는지를 살펴보아야 한다. 그는 신체적으로나 영적으로 좋은 유전자를 물려받았다.

성경을 보면 사가랴와 엘리사벳이 요한의 소명에 대하여 특별히 민감했던 경건한 사람들이었음을 분명히 알 수 있다. 그것은 다양한 모습으로 나타난 천사의 환상을 통해 그들에게 계시되었다. 그리고 요한의 부모는 그가 어릴 때부터 그의 영혼에 계속해서 하나님의 뜻을 주입시키기 시작했다. 요한이 태어난 후 그의 가정생활에 대해서는 알 도리가 없지만, 우리는 그의 부모가 고결함과 경건함, 인내심을 두루 갖춘 이들이었음을 알고 있다.

요한의 부모는 그가 어렸을 때 세상을 떠났음이 분명하다. 요한이 그 상실감을 어떻게 해결했는지는 알 수 없다. 그러나 다시 성경 전면에 등장한 요한은 자신이 앞으로 예언자로서 외치게 될 그 사회로부터 격리된 채 광야에서 홀로 살고 있는 모습이었다.

> 디베료 황제가 왕위에 오른 지 열다섯째 해에, 곧 본디오 빌라도가 유대 총독으로 유대를 통치하고, 헤롯이 분봉왕으로 갈릴리를 다스리고, 그의 동생 빌립이 분봉왕으로 이두래와 드라고닛 지방을 다스리고, 루사니아가 분봉왕으로 아빌레네를 다스리고, 안나스와 가야바가 대제사장으로 있을 때에, 하나님의 말씀이 광야에 있는 사가랴의 아들 요한에게 내렸다. 요한은 요단 강 주변 온 지역을 찾아가서, 죄사함을 받게 하는 회개의 세례를 선포하였다. (눅 3:1-3)

이 진술은 중요한 통찰을 담고 있다. 시저는 로마에서 황제가 통상적으로 하는 중요한 일을 하고 있었다. 실세였던 안나스와 가야바는 예루살렘 성전에서 조직화된 종교 활동에 몸담고 있었다. 그리고 다른 여러 정치적 인물들은 공적 영역에서 뉴스거리가 될 만한 사건에 관여하면서 나타났다가 사라지곤 했다. 그들이 몸담고 있던 세계는 권력과 평판, 연줄 등으로 이루어진 눈에 띄는 공적 세계였다.

그런데 가장 보잘것없는 광야에 있던 미미한 존재 **요한에게 하나**

님의 말씀이 임한 것이다. 왜 하필이면 요한이었는가? 그것도 광야에서 말이다. 한번 생각해 보라!

허버트 버터필드(Herbert Butterfield)의 말이 떠오른다. 그의 말은 내게 언제나 겸손하라고 도전한다.

역사를 통해서나 인생을 살면서, 교육 수준은 비교적 낮지만 심오한 영적 깊이를 지니고 있는 사람을 만나게 되는 경우가 결코 드물지 않다.…반면에, 고등 교육을 받은 사람 중에는 내면의 텅 빈 구멍을 감추기 위해 영리한 머리를 사용해서 그럴듯하게 연기하는 이들이 많다.[2]

그런데 왜 요한에게 하나님의 말씀이 임하였을까? 첫 번째 대답은 오직 라운드 테이블에 있는 하나님만이 아신다는 것이다. 그다음에는 요한이 응답했기 때문이라고 말하는 수밖에 없다. 그 부르심은 성공에 대한 하나님의 길, 하나님의 방법 그리고 하나님의 기준에 순복할 것을 요구했다. 그리고 요한은 고통이나 고독을 비롯하여 어떠한 대가를 지불하더라도 이런 조건을 기꺼이 수용하고자 했다.

왜 광야에서였을까? 그것은 아마 너무 분주하고 시끄럽고 자기중심주의에 사로잡혀 있는 도시에서는 쉽게 포착할 수 없는 것들을 광야에서는 듣고 깊이 생각할 수 있기 때문일 것이다. 때로 도시에서는 공적 생활의 날카로운 굉음에 밀려 하나님의 세미한 음성을 들을 수 없다. 그리고 도시에서는 때때로 사람들이 하늘을 찌를 듯한 고층 빌

딩과 화려한 극장가, 웅장하기 그지없는 교회 건물에 둘러싸여 교만해진 나머지 하나님께 귀 기울이지 않는다.

하나님은 요한을 광야로 이끌어 내시고 거기에서 그에게 말씀하셨다. 그렇게 그를 광야로 데려오신 후 요한의 내면세계에 그의 시대에 대한 전혀 새로운 관점을 각인시켜 주셨다. 광야에서 요한은 종교와 선악, 역사를 향한 하나님의 목적에 대해 새로운 관점을 갖게 되었다. 그리고 거기에서 자기 세대에게 그리스도를 소개하는 일, 즉 아주 특별한 과업을 수행하는 데 필요한 특별한 민감성과 용기를 계발하게 되었다. 광야는 그의 내면세계가 만들어지는 현장이었다.

하나님의 말씀은 광야에서 요한에게 임했다. 하필이면 그렇게 이상한 곳에서 말씀하시다니. 광야에서 도대체 무엇을 배울 수 있겠는가? 나는 멀리 돌아서 가더라도 가급적이면 광야를 피하려는 경향이 있다. 광야는 내게 고통과 고독, 고난을 의미한다. 누구라도 이러한 것들을 좋아하지 않는다. 광야는 영적으로나 육체적으로나 살기 힘든 곳이다. 하지만 이 사실은 피할 수 없다. 우리가 고통 가운데 하나님의 부르심에 귀 기울이기만 하면 위대한 교훈을 배울 수 있는 곳이 바로 광야라는 사실 말이다.

광야에서 우리는 **메마름**에 대해 배운다. 광야는 메마른 곳이기 때문이다. 요한은 광야의 메마름에 대처하는 법을 배웠을 뿐만 아니라, 그가 요단강에서 외칠 때 찾아왔던 사람들의 영적 고갈도 이해할 수 있게 되었음이 틀림없다.

광야에서 우리는 하나님께 **의지하는 법**을 배운다. 히브리인들이 수세기 전에 깨달았던 것처럼, 광야에서는 자비로운 하나님의 은혜 없이는 생명을 부지할 수 없다. 광야와 같은 고초를 겪어 본 사람만이 하나님께 전적으로 자신을 맡긴다는 것이 무엇인지 알게 된다. 광야에는 달리 의지할 것이 없기 때문이다.

한편 좀더 밝은 측면도 있다. 광야는 개개인이 자유롭게 생각하고 계획하고 준비할 수 있는 장소다. 그리고 때가 되면 요한처럼 그는 그 메마른 땅에서 새롭게 충전되어 메시지를 들고 나타난다. 그것은 사람들의 얄팍함과 위선을 적나라하게 폭로하는 메시지다. 그는 인간 영혼의 깊은 밑바닥까지 뚫고 들어가는 문제를 제기한다. 그리하여 그 시대의 사람들을 하나님의 그리스도께 이끌어 준다.

광야에서 우리는 부름 받을 수 있다. 요한은 먼저 자신을 비판하는 자들에게 맞섰으며, 부도덕한 생활 때문에 요한의 책망을 받고 수세에 몰려 광포해진 헤롯왕에게 대항할 때는, 부름 받은 사람의 특별한 자질을 나타내기 시작했다. 예언자적 사역을 수행하는 가운데 평온함을 잃지 않는 그의 모습에서 그것을 발견할 수 있다. 요한의 내면세계에 작동하는 특별한 무엇인가가 그에게 독립적 판단력과 지혜의 기초를 제공해 주었다. 그의 메시지에 맞설 수 있는 사람은 거의 없었다.

광야에서 형성된 그의 내면세계는 과연 어떻게 구성되어 있었을까? 솔직히 성경 기자는 그에 대하여 많은 답을 주지 않는다. 우리는 단지 정비된 내면세계가 겉으로 표출된 증거만 볼 수 있을 뿐이다. 요한이야말로 우리가 지금 찾고 있는 부름 받은 사람의 원형이다. 모든 것이 혼란스럽고 무질서해 보이는 공적 세계 안에서도 요한은 확고한 자세로 확신 있게 움직이고 있다.

사울과 요한 그리고 내 친구인 '성공한 실패자'가 우리에게 가르쳐 준 교훈은 무엇인가? 그들이 주는 메시지는 명백해 보인다. 당신을 움직이는 것은 무엇인가? 당신은 왜 그 모든 일을 하고 있는가? 그 일을 통해서 무엇을 얻기 원하는가? 그리고 그 모든 것을 전부 빼앗긴다면 어떻게 반응하겠는가?

내면세계를 들여다볼 때 나는 사울이 될 것인지 아니면 요한이 될 것인지는 거의 매일 씨름해야 하는 문제라는 것을 발견한다. 내가 살아온 세상은 거의 모든 것이 성취에 의해 평가되는 매우 경쟁적인 곳이었다. 이제 70대의 여정을 걷고 있는 나는 좀 다른 도전을 받고 있다. 나는 (감사하게도) 더 이상 한 조직의 리더가 아니다. 더 젊은 세대들이 더 훌륭한 생각과 더 큰 비전과 예수님에 대한 신선한 관점을 가지고 다가오고 있다. 그들로 하여금 조직의 지도자가 져야 할 짐을 지게 하라.

***

그리 오래전은 아닌 어느 날 나는 놀라운 통찰을 얻게 되었다. 내면

의 소리가 이렇게 말하는 것 같았다. '너는 오늘 어떤 부르심에 따라 살고 있니?'

나는 문득 성인이 된 후 삶의 대부분을 20대 초반에 주어진 부르심에 응답하여 살고 있음을 깨달았다. 그러나 내 나이를 볼 때 그 부르심은 더 이상 강렬하지 않았다.

나는 매일 기도하기 시작했다. "주님, 인생의 마지막 분기에 있는 사람을 위한 새로운 부르심이 있나요? 제게 주실 어떤 새로운 것이 있나요?"

나는 매일 그 기도를 드렸다. 몇 주가 지나고 나자 독일에서 몇몇 목사들과 함께 며칠을 보낼 기회가 생겼다. 시간이 지나면서 나는 독일의 여러 도시에서 설교를 했고, 젊은 사람들이 내게 다가와 "목사님이 오늘 말씀하실 때 아버지의 목소리를 들었습니다"와 같은 말들을 하곤 했다.

미국 집으로 돌아와서도 몇 번 더 똑같은 말을 들었다. "목사님이 우리에게 아버지처럼 말씀하십니다." 그리고 나서 강의 요청을 받은 수련회 주최 측으로부터 이런 말을 들었다. "고든 목사님이 우리에게 말씀하실 때 나는 자주 눈물이 나려 합니다. 그 눈물은 고든 목사님이 좋지 않은 강연자이기 때문이 아닙니다. 오히려 저는 아버지의 말씀을 듣고 있는 느낌이었습니다.…이 방에 있는 우리 대부분은 아버지의 부재를 느낍니다."

이 말을 들었을 때 나는 하나님의 영이 내 속 깊은 데서 말씀하시는 것을 감지했다. '새로운 부르심을 원한다고? 이제 알았지? 남은 생애를 아버지의 음성을 찾는 젊은이들에게 아버지가 되어 주어라.'

나는 최근 몇 년 동안 그 부르심을 따라 살고 있다. 그것은 나이 든 사람이 받을 수 있는 가장 놀라운 부르심 가운데 하나다. '경쟁하지 마라. 사람들이 들으려 하지 않는 이야기들로 그들을 지루하게 하지 마라. 너의 과거를 자랑하지 마라. 그냥 귀 기울이고, 격려하고, 힘을 북돋워 주고, (질문을 받을 때) 너의 의견을 제시해 주고, 복을 구하는 이들을 위해 기도할 준비를 하라.'

이런 말이 조금 고상하게 들릴지 모르겠으나 그러한 삶이 항상 그렇게 단순하지만은 않다. 나는 언제나 무슨 일이든 주관하는 것을 즐기는 편이다. 아직도 사울 편에 합류해서 하나님이 내게 굴복하기 원하시는 것을 붙잡으려는 유혹을 받는다. 하지만 나는 요한처럼 되고 싶다. 과거의 것들을 내려놓고, 미래에 새롭게 부름 받은 삶에 있는 것들을 끌어안고 싶다.

기억하는가? 다시 한 번 라운드 테이블이 움직였다.

❖ **더 깊이 생각해 보기**

1. 기차역 광장에 있던 라운드 테이블에 관한 저자의 기억을 돌아보라. 하나님이 당신을 위해 라운드 테이블을 움직이신 적이 있는가?

2. 쫓겨다니는 사람과 부름 받은 사람의 차이는 무엇인가? 자신의 부르심대로 사는 사람을 본 적이 있는가?

3. 예수님의 제자들은 어떤 면에서 바울이 고린도전서 1:26-31에서 묘사한 부름 받은 자의 모습에 부합하는가?

4. 세례 요한과 사울왕의 차이를 극명하게 볼 수 있는 경우는 언제인가?

5. 저자는 부름 받은 사람의 특징을 무엇이라 말하는가?

6. 위의 특징들에 비추어 당신 자신을 돌아볼 때 무엇이 가장 큰 약점인가? 시간을 떼어 놓고 주님께 나아가 성령께서 당신의 마음에 은혜를 베푸시도록 구하라. 일기를 쓰거나 당신이 경험한 바를 나누어 보라.

7. 그리스도의 제자로서 추구할 **당신 자신의** 일차적 목적은 무엇이라고 생각하는가?

8. 당신의 '광야' 경험을 떠올려 보라. 생각이 나지 않는다면 시간을 내어 홀로 하나님과 함께하면서 삶의 목적과 우선순위를 정할 시간을 계획해 보라. 그리고 그러한 계획을 정리해 보라.

9. 세례 요한이 광야에서 배운 교훈을 상기해 보라. 오늘날 어떤 상황에 처했을 때 그런 교훈이 값지게 다가오겠는가? 그런 상황을 두 가지 이상 이야기해 보라.

10. "당신을 움직이는 것은 무엇인가? 당신은 왜 그 모든 일을 하고 있는가? 그 일을 통해서 무엇을 얻기 원하는가? 그 모든 것을 다 빼앗긴다면 당신은 어떻게 반응하겠는가?"라고 저자는 묻는다. 이에 대해 깊이 생각한 다음 당신의 대답을 말해 보라.

2부 시간 사용

6장
누구 내 시간 본 사람 있나요?

어느 목회자 모임에서 강의를 한 적이 있다. 강의하면서 나는 그 즈음에 읽었던 책 몇 권을 언급했다. 강의가 끝나자마자 한 젊은 목사가 다가와서 물었다. "그렇게 많은 책을 볼 시간을 어떻게 내셨습니까? 저는 목회를 시작할 때만 해도 그 정도의 독서는 충분히 가능하리라고 믿었어요. 하지만 최근 몇 주 동안 아무것도 읽지 못했답니다. 너무 바빠서요!"

우리는 잠시 훈련에 대하여 이야기를 나누었고 대화는 그의 개인 생활의 다른 영역으로 이어졌다. 그는 영적 훈련에 대해 느끼는 죄책감을 토로하면서 자신의 영적 훈련이라고는 거의 전무하다고 말했다. 그는 또 아내와 함께 양질의 시간을 가져본 지도 꽤 오래되었다고 말했다. 더불어 자신의 설교는 스스로 평가하기에도 수준 이하라고 한탄했다. 대화가 끝날 때쯤 그는 책을 한 권도 읽지 않고 있다는 것은 더 큰 문제를 암시하는 것에 불과하다는 사실에 동의했다. "솔직히 말해서 저는 완전히 무질서한 상태입니다. 아무것도 제대로 돌아가는 게 없습니다." 그는 이렇게 고백했다.

나는 이 젊은 목사와 그의 고백을 충분히 이해한다. 나도 그와 똑같은 말을 할 수밖에 없었던 시절이 있었기 때문이다. 그리고 이것은 그 혼자만의 문제가 아니라 강의에 참석했던 모든 목사의 문제가 아니었을까 생각한다. 세상은 시간에 대한 통제력을 잃어버린 사람들로 가득 차 있다.

기독교는 말만 많은 종교가 되기 쉽다. 말만 그럴듯하게 늘어놓으면서 많은 사람에게 감명을 주고 영향력을 미칠 수 있다는 뜻이다. 사실 입으로 약속을 하고, 결심을 말로 표현하고, 열정적으로 자기의 확신을 밝히기란 쉽다. 하지만 그 말의 배후에는 엄청난 시간과 에너지가 소모될 수 있다. 따라서 우리는 약속을 지키지 않는 사람, 시작한 일을 끝내지 않는 사람, 열변을 토하지만 그대로 행하지 않는 사람을 종종 만난다. 그들은 자신의 시간과 적합한 실천을 서로 조화시킬 줄 모르기 때문이다.

윌리엄 바클레이는 새뮤얼 코울리지(Samuel Taylor Coleridge)의 훈련되지 않은 삶에 대하여 언급하면서 다음과 같이 쓰고 있다.

코울리지의 이야기는 훈련 없는 인생이 빚어 낸 최악의 비극이다. 그토록 탁월한 지성이 그렇게 보잘것없이 산 경우는 달리 찾아볼 수 없을 것이다. 그는 군에 입대하려고 케임브리지 대학을 그만두었다. 그리고 말에게 솔질을 해주기 싫어서 군대도 그만두었다. 옥스퍼드 대학에 다시 들어갔으나 학위도 받지 못한 채 그만두었다. 「파수꾼」(*The Watchman*)이라는 신문을 발간했지만 10호를 넘기지 못하고 폐간해 버렸다. 사람들은 그에 대해 이렇게 말한다. "그는 할 일을 보면 처음에는 정신없이 덤비지만 언제나 미완의 상태로 남겨둔다. 그는 꾸준히 노력하고 집중하는 능력만 빼고는 시인의 자질을 골고루 갖추고 있었다." 스스로 말했듯이 그의 머릿속에는 "온갖 책의 원고가 완성되어 있었지만 글로 옮기지 않았을 뿐이다. 이제 곧 8절판 두 권에 해당하는 원고를 인쇄소로 넘길 작정이다." 그러나 그 책들은 코울리지의 머릿속에 갇혀 있었을 뿐 실제로 만들어진 적은 없다. 앉아서 그것을 쓸 훈련이 되어 있지 않았기 때문이다. 자기 훈련 없이는 그 누구도 탁월한 인물이 된 적이 없으며, 그러한 인물이 되었다 해도 자기 훈련 없이 그 상태를 계속 유지한 경우는 없었다.[1]

코울리지야말로 다재다능하고 굉장한 지성과 뛰어난 의사소통 능력을 지녔음에도 불구하고 시간을 관리할 능력이 없어서 그 모든 것을 탕진해 버린 살아 있는 예다. 코울리지가 문학계에서 헛수고를 한 이야기는 가정이나 교회나 회사에서 부름 받은 사람들에게도 있을 법한 이야기다.

우리 중 누구도 그처럼 인생의 마지막에 이르러 뒤를 돌아보며, 과거에 성취할 수 있었음에도 결국 해내지 못한 일로 후회하고 싶은 사람은 없을 것이다. 그렇게 되지 않으려면 하나님이 우리에게 주신 시간을 다스리는 법을 배워야 한다.

무질서의 증상

먼저 시간 사용 습관에 대한 가차 없는 자기비판이 필요하다. 현재 우리의 상태는 무질서한가 그렇지 않은가? 무질서한 생활의 특징을 살펴보자. 이 가운데 일부는 좀 우습고 사소한 것처럼 보일지 모른다. 그런데 그것들은 대개 더 큰 그림의 일부일 뿐이다. 대표적인 몇 가지 증상을 들어 보면 이렇다.

내 경우를 예로 들자면, 내가 무질서한 상태에 접어드는 것은 책상이 흐트러져 있는 것만 봐도 알 수 있다. 침실 서랍장 위도 마찬가지다. 실은 내가 매일 지나가는 거의 모든 곳마다 처리하지 않은 서류, 메모지 그리고 하다 남은 일감이 널려 있다. 어떤 독자는 이 책을 읽다가 배우자에게 "여보, 이 대목을 좀 봐요. 최근에 당신 사무실을 다녀가셨나 봐요" 하고 말할지도 모르겠다. 여기서 내 책상은 다른 이에게는 부엌일 수도 있고, 작업실이나 창고일 수도 있다. 동일한 원리가 적용된다는 말이다.

무질서를 보여 주는 증상은 자동차의 상태에서도 나타난다. 차가 안팎으로 더러워진다. 또한 정비 일정을 잊어버리거나 스노타이어로

교체하는 것, 자동차 보험을 갱신하는 것 등을 마감일이 될 때까지 잊어버린다.

무질서 상태에 이르면, 나는 자존감이 낮아진 것을 깨닫게 된다. 사람들이 내가 하는 일의 대가로 지불한 돈을 아깝게 여기거나, 내 실상을 보고 그들의 기대 수준에 반도 못 미치는 인물이라고 폄하하지는 않을까 하는 단순한 두려움과 망상을 경험하기도 한다.

약속을 잊어버리는 일이 잦아지거나, 응답하지 못한 전화 메모가 쌓이고, 끝내야 할 일의 마감일을 놓치기 시작하는 등의 현상이 발생하면, 내가 무질서한 상태에 있다는 것을 깨닫게 된다. 그렇게 되면 그날은 온통 지키지 못한 약속과 어설픈 변명으로 채워지고 만다. (어쩔 수 없이 약속을 지키지 못할 경우를 얘기하는 것은 아니다. 우리 중 가장 질서정연한 사람이라도 그러한 경우에 처할 수 있는 법이다.)

또한 무질서한 상태가 되면 쓸데없는 일에 에너지를 낭비하는 경향이 생긴다. 그저 무엇이든 이루어야겠다는 생각으로 자질구레하고 지루한 일에 골몰하게 된다. 공상에 빠지거나 반드시 해야 할 결정을 피하거나 할 일을 뒤로 미루는 경향이 나타난다. 무질서는 꾸준히 탁월하게 일하고자 하는 의지에 나쁜 영향을 미치기 시작한다.

무질서한 사람은 자신이 한 일이 보잘것없다고 느낀다. 일을 끝내 놓긴 했어도 마음에 들어 하지 않는다. 사람들의 칭찬을 그대로 믿기가 어렵다. 최선을 다해서 한 일이 아니라는 것을 내심 알고 있기 때문이다.

주일 아침 설교 후에 이런 기분으로 자동차를 몰고 집으로 돌아간 적이 한두 번이 아니다. 주중에 효과적으로 시간을 사용해서 연구하고 준비했더라면 훨씬 더 나은 설교를 했을 것이라고 생각하며 좌절감에 주먹으로 핸들을 내려치곤 했다.

무질서한 상태에 있는 그리스도인은 하나님과의 친밀함을 거의 누리지 못한다. 친밀한 관계를 추구하는 마음은 분명히 있지만 제대로 되지 않는 것이다. 그들에게는 굳이 성경 공부와 묵상, 중보 기도, 예배 등을 위해서 따로 시간을 떼어 놓으라고 일러 줄 필요가 없다. 이미 너무 잘 알고 있기 때문이다. 문제는 실천하지 않는다는 점이다. 그들은 시간이 없다고 변명하지만 무엇보다도 의지와 자기 관리의 문제라는 것을 스스로 잘 알고 있다.

무질서한 상태에 있을 때에는 사적인 인간관계에서 그것이 드러나기 마련이다. 자녀들과 대화다운 대화를 하지 못하는 날이 며칠씩 계속된다. 아내와 같이 있긴 해도 피상적인 대화만 나눌 뿐 속마음을 내어놓지 않고 칭찬도 꺼린다. 못 다한 일이나 나로 인해 마음이 상한 사람들에 대해 아내가 무슨 말이라도 하면, 신경이 날카로워져서 버럭 화부터 낸다.

사실 시간 사용 면에서 무질서해질 때, 우리는 자기 자신뿐 아니라 자신의 일과 자신을 둘러싼 모든 것을 좋아하지 않게 된다. 또한 그렇게 파괴적인 생활 습관은 일단 고착화되면 깨뜨리기가 쉽지 않다.

이렇게 끔찍한 무질서의 습관은 깨어져야 마땅하다. 그러지 않으면 우리 내면세계는 총체적 무질서에 빠지고 말 것이다. 시간을 다스리는 법을 배우는 것은 우리가 굳게 결심해야만 가능한 일이다.

심리학자들은 사람이 무질서해지는 여러 가지 이유를 말하는데, 그중 몇 가지를 숙고해 보면 도움이 될 것이다. 시간 관리와 조직 관리에 관해서는 시중에 많은 책들이 나와 있다. 그러나 내면세계의 질서를 원하는 사람이라면 시간 관리법이나 요령을 배우기에 앞서, 너나 할 것 없이 진지하게 고려해야 할 근본 원칙이 있다. 이러한 원칙들을 실제 적용하는 것은 시간 통제의 중요성을 무시해 왔던 사람들에게는 상당한 도전이 될 것이다.

시간 예산 세우기

개인적인 시간 관리의 핵심 원리는 간단하다. **시간 사용에서도 예산을 세워야 한다**는 것이다!

돈에 대한 예산을 세우는 것은 이미 오래전에 배웠다. 하고 싶은 것을 다 할 만큼 충분한 돈이 없다는 것을 알게 되면, 우리는 차분히 앉아서 어디에 우선순위를 두고 돈을 써야 할지 숙고하게 된다.

돈에 관한 한 우선순위는 명백하다. 우리 부부는 하나님의 청지기답게 살기로 헌신하여 재정의 우선순위를 십일조와 헌금에 둔다. 그러고 나서 식비, 집세, 공공요금, 책값(우리는 책값을 경상비로 삼는다) 등의 경상비를 예상하여 따로 떼어 놓는다.

필수 지출을 위한 예산을 세운 뒤에야 갖고 싶은 것을 위한 임시비 예산을 재량껏 세울 수 있다. 좋아하는 식당에서 외식을 한다든가, 더 편리한 생활을 위해 전자 제품을 구입한다든가 아니면 특별히 좋은 겨울 코트를 산다든가 하는 문제가 이 항목에서 논의된다.

재정 관리에서 경상비와 임시비를 명확히 구분하지 않으면 결국 빚을 지기 십상인데, 이는 재정적인 면에서의 무질서에 해당한다.

한정된 수입에 맞춰 예산을 세우듯이, 한정된 시간에도 같은 원칙이 적용된다. 무질서한 사람은 먼저 예산 작성의 기본을 배워야 한다. 이 말은 꼭 써야 할 경상비와 **하고 싶은** 일에 소요되는 임시비를 철저히 구분해야 한다는 것을 의미한다.

바로 이러한 것들이, 한 젊은 목사가 자신이 하는 일이 왜 그렇게 성과가 없는지 토로했을 때 내가 제기한 문제다. 그것은 나도 매일 씨름하는 문제라고 했더니 그는 깜짝 놀라는 눈치였다.

"시간 관리가 목사님에게는 전혀 문제가 되지 않는 것 같은데요?" 하고 그가 물었다.

나는 단언컨대 "저는 제가 과연 시간을 제대로 다스려 본 적이 있었는지 가끔 의문이 듭니다"라고 대답했다. 무질서한 생활의 모든 증상이 한때 내게도 있었다. 단 1분이라도 더 이상 그렇게 무질서하게 살지 않겠다고 결심한 적이 한두 번이 아니었다.

시간의 주인

그 젊은 목사는 내면세계의 시간 사용 영역에 질서를 바로잡도록 내게 도전을 주었던 통찰을 조금이라도 나누어 주기를 간절히 바랐다. 내가 그 문제를 쉽게 풀어 줄 정답을 갖고 있을 거라고 생각했다면 그는 크게 실망했을 것이다. 대화가 진전되어 감에 따라 나는 단 한 순간도 시간을 낭비하지 않은 것처럼 보이는 한 사람을 유심히 관찰해 보라고 제안했다.

나는 성경을 살펴보면서 예수님의 생애와 사역에서 시간 관리에 대한 실제적 교훈을 발견하고는 깊은 감명을 받았다. 사복음서 기자는 모두 주님이 친구와 적에게 둘러싸인 채 끊임없이 압박을 받고 계시는 모습을 잘 보여 준다. 그분은 하시는 말씀마다 주시의 대상이 되었고, 하시는 행동마다 분석당했으며, 하시는 몸짓마다 사람들의 입에 오르내렸다. 사실상 예수님에게는 사생활이 없었다고 해도 과언이 아니다.

나는 오늘날의 예수님은 어떤 모습일지 상상해 보았다. 비행기를 타실까, 운전을 하실까 아니면 기차를 타실까? 광고에 매력을 느끼실까? 현대 기술 문명으로 가능하게 된 수많은 인간관계를 어떻게 유지하실까? 방금 한 말이 불과 몇 초 사이에 전 세계에 퍼져서 내일 아침 신문의 머리기사로 나오는 이러한 시대에 어떻게 적응하실까?

그분이 살았던 세계는 훨씬 규모가 작았지만, 그분에게도 우리에게 익숙한 방해거리와 요구가 많았던 것 같다. 하지만 예수님의 생애를 주의 깊게 살펴보면 그분이 서두르셨다거나 남을 따라잡아야 했다거나 불시에 기습을 당했다는 경우는 전혀 찾아볼 수 없다. 예수님은 개인 비서 없이도 공적인 시간을 잘 사용하셨을 뿐만 아니라, 기도와 묵상을 위한 자기만의 시간과 제자 훈련을 위해 소수의 제자들과 함께 보낼 시간도 적절히 할애하셨다. 다시 말하자면, 이 모든 것이 가능했던 것은 그분이 시간을 잘 다스렸기 때문이다.

우리 주님이 어떻게 시간을 다스렸는지 알아보는 것은 시간을 투자할 만한 가치 있는 일이다. 무엇이 주님을 그토록 질서정연한 분이 되게 하였을까?

내게 인상 깊은 첫 번째 요소는, **그분은 자신의 사명을 분명히 이해하고 계셨다**는 점이다. 그분에게는 이루어야 할 커다란 과업이 있었고, 그 사명에 맞추어 시간을 조정하셨다. 이것은 십자가에 달리시기 전에 예루살렘을 향하여 가시는 그분의 마지막 여정에서 분명히 나타난다. 누가는 예수님이 여리고에 이르셨을 때 한 시각장애인이 외치는 소리를 듣고 가던 걸음을 멈추셔서, 그분의 추종자들과 반대자들을 당황하게 했다고 썼다(18장). 예루살렘까지 가려면 아직도 예닐곱 시간을 더 가야 하며 그들이 가는 목적이 유월절 축제에 참여하기 위한 것임에도, 예수님이 개의치 않는 모습을 보고 짜증이 난 것이다.

사실 그들의 관심은 단지 그리스도께서 종교 축제에 맞춰 예루살렘에 도착하는 것에만 머물러 있었다. 그러나 우리가 바로 알게 되듯이 그것이 예수님의 주된 목적은 아니었다. 시각장애인처럼 불완전한 사람들을 어루만져 주는 것이 예수님에게는 시간을 투자할 만큼 더욱 의미 있는 일이었다.

이 일이 있은 지 얼마 지나지 않아 예수님은 다시 한 번 나무 밑에 멈춰 서셨다. 악명 높은 세리 삭개오를 내려오라고 부르시기 위해서였다. 삭개오의 집으로 가서 함께 대화를 나누고자 하신 것도 주님의 생각이었다. 또다시 예수님을 둘러싸고 있던 무리는 몹시 화를 냈다. 첫 번째 이유는 예루살렘으로 향하는 여정이 다시 방해를 받았기 때문이고, 다음으로는 삭개오의 평판 때문이었다.

군중의 관점에서는 예수님이 시간을 허투루 쓰고 계신 것으로 보였다. 하지만 예수님의 관점에서 그 시간은 제대로 사용된 것이었다. 그것이 그분의 사명에 적합한 것이었기 때문이다.

누가는 바로 이 사실을 언급한 예수님의 말씀 즉 "인자는 잃은 자를 찾아 구원하러 왔다"(눅 19:10)는 말씀을 기록했다. 제자들로서는 이것을 이해하기란 쉽지 않았고, 그래서 예수님은 그분의 사명에 담긴 구체적 사실들을 제자들에게 주지시키셨다. 그들도 그 사명을 직접 갖게 되기까지는 예수님이 어떤 기준과 방법으로 시간을 관리하셨는지 도무지 알지 못했다.

예수님의 시간 경영에서 발견할 수 있는 두 번째 통찰은, **그분은 자신의 한계를 잘 알고 계셨다**는 점이다. 예수님이 이 땅에 성육하신 하나님의 아들로 오셨을 때, 그분은 천국의 왕으로서의 일정한 권리를 포기하시고 한동안 우리와 완전히 동일시되기 위해서 인간적 제약을 그대로 수용하셨다. 그분도 우리와 똑같이 한계를 경험하셨으나 효과적으로 대처하셨다. 우리도 마땅히 그래야 하는 것처럼.

예수님이 공적 사역을 수행하시는 동안 모든 중요한 결정과 행동을 앞두고 홀로 하늘의 아버지와 함께하는 시간을 반드시 확보하셨다는 사실을 절대 과소평가해서는 안 된다.

예수님이 공생애를 시작하시기까지는 사실상 30년이라는 침묵의 기간이 있었다. 장차 영원한 세계에 살면서 그리스도의 말씀을 직접 들을 기회가 올 때에야 비로소 그 30년의 중요성을 완전히 이해할 수 있을 것이다. 지금으로서는 기껏해야 그 30년이 중요한 준비 기간이었다고 결론지을 뿐이다. 3년간의 중요한 활동을 위하여 30년 동안 무명의 준비 기간이 있었다는 것을 생각하면 놀라울 뿐이다.

마찬가지로 모세도 바로와 대면하기 전에 광야에서 40년을 보냈다는 사실에 놀랄 필요가 없다. 바울도 사도의 직분을 취하기 전에 광야에서 하나님의 음성을 들으면서 상당한 시간을 보냈다. 이들의 경험은 결코 예외적인 것이 아니었다.

예수님은 공적 사역을 시작하시기 직전에 광야에서 아버지와 교통하면서 40일을 보내셨다. 열두 제자를 선택하시기 전에도 기도로 밤을 새우셨던 것을 잊지 말라. 가버나움에서 바쁜 일정을 보내신 다음날도 산에서 밤을 지새우셨다. 물론 마지막 예루살렘 여행을 준비하기 위해서도 변화산으로 물러가셨다. 맨 나중에는 겟세마네 동산이 있었다.

예수님은 자신의 한계를 잘 알고 계셨다. 이상하게 들릴지 모르지만, 예수님은 우리가 쉽게 잊고 있는 다음 사실을 알고 계셨다. 즉, **영적 전쟁이 시작될 때는 우리의 연약함을 보강하기 위해 내적인 힘과 결의를 모으는 데 적절한 시간을 할애해야 한다는 것이다.** 그와 같은 사적인 시간은 예수님의 시간 예산에서 고정 항목이었는데, 그분은 자신의 한계를 잘 알고 계셨기 때문이다. 그런데 그 점은 그분과 가장 가까웠던 사람들조차 완전히 이해하고 받아들이기 어려운 부분이었다.

예수님이 시간 예산의 전략으로 포함시키신 세 번째 중요한 요소는 **열두 제자를 훈련하기 위한 시간을 따로 떼어 놓으셨다**는 점이다. 세상에는 복음을 전해야 할 대상이 수없이 많았지만 예수님은 그저 몇 명의 보통 사람들과 함께 있기 위해 대부분의 시간을 할애하셨다.

그분은 가장 귀중한 시간대를 그들에게 성경을 두루 가르치고 하늘의 지혜를 함께 나누는 데 쓰셨다. 그분은 소중한 순간들을 개개인과 함께 사역하시고 제자들로 하여금 자신의 모든 말씀과 행동을 자세히 관찰할 수 있게끔 하는 데 사용하셨다. 군중에게 하신 말씀의 깊은 의미를 그들에게 설명하시기 위해서 며칠을 따로 떼어 놓기도 하셨다. 주어진 임무를 마치고 돌아온 제자들의 보고를 듣기 위해, 잘못했을 때 제자들을 꾸짖기 위해, 일을 잘 해냈을 때 칭찬해 주기 위해 귀한 시간을 내셨다.

예수님은 자신의 신학적인 전문 지식의 진가를 충분히 이해할 만한 지성인을 가르치실 수도 있었을 텐데, 왜 그처럼 평범한 사람들과 그토록 귀중한 시간을 보내셨는지 캐묻고 싶은 적이 한두 번이 아니었을 것이다. 그렇지만 그분은 참으로 무엇이 중요하고 어디에 우선순위를 두어야 하는지 잘 알고 계셨다. 인간은 우선순위가 있는 곳에 시간을 쓰기 마련이다.

이상 열거한 이유들 때문에 예수님은 시간이 부족해서 쫓기는 법이 결코 없으셨다. 그분은 사명 의식이 뚜렷했고, 아버지와 단둘이 있는 순간들을 통해 영적으로 민감하셨으며, 하늘로 오르신 후에 자신의 사역을 계속 이어갈 사람들이 누구인지 꿰뚫고 계셨다. 우리가 보기에는 그럴듯하고 수락할 법한 어떤 초청이나 요구조차 그분은 단호하게 거절할 수 있었다.

예수님을 연구하면서 나도 이러한 역량을 간절히 사모하게 되었다. 시간 예산을 잘 세우겠다는 확고한 결심과 더불어 매일 쫓기듯 살아가는, 정신없이 분주한 생활 방식에서 벗어나고픈 심정이 간절했던 것이다. 그것이 과연 가능했던가? 내가 살던 방식으로는 어림없었다!

강의 후 나를 찾아왔던 젊은 목사는 상당한 흥미를 보였다. 나는 다음에 다시 한 번 만나자고 했다. 그때에는 그와 몇 가지 실제적 방법을 나눌 수 있을 것이다. 그렇지만 냉혹할 정도로 정직하게 얘기해야 할 것이다. 그러한 깨달음은 그만큼 어렵게 얻어진 것이기 때문이다.

❖ **더 깊이 생각해 보기**

1. 당신의 현재 상태는 어떠한지 다음 항목들에 비추어 대답해 보라.
1) 책상이 어지럽혀져 있다.
2) 자존감이 낮아진 것을 느낀다.
3) 잊어버린 약속, 응답하지 못한 전화 메모, 마감을 놓쳐 버린 일들이 즐비하다.
4) 쓸데없는 일에 에너지를 소모하는 경향이 있다.
5) 내가 해 놓은 일이 성에 차지 않는다.
6) 정기적으로 하나님과의 친밀한 교제를 갖지 못하고 있다.
7) 개인적 인간관계가 어렵다.
8) 나 자신과 직업, 그 밖의 모든 것이 정말로 싫다.

2. 어느 누구도 아주 많은 영역에서 한꺼번에 당장 개선되기를 기대할 수는 없다. 하나의 습관을 탈피하는 데는 최소 3주가 걸리고 새로운 습관을 익히려면 또 3주가 걸린다. 당신의 내면세계를 정비하기 위해 지금 가장 먼저 고쳐야 할 습관은 무엇인가? 그다음 고쳐야 할 습관은 언제 다룰지 달력에 표시하고 순서대로 정리해 보라.

3. 시간 예산을 제대로 세우려면 먼저 당신 삶의 소명 가운데 우선순위를 정해야 한다. 누가복음 18장을 읽으라. 예루살렘을 향해 가고 계신 예수님은 어떤 본을 보여 주시는가?

4. 당신의 일차적 사명이 무엇이라고 생각하는가? 그것은 당신의 시간 계획에 어떤 영향을 미치고 있는가(미쳐야 하는가)?

5. 저자는 예수님이 자신의 한계를 인식하고 계셨다고 말한다. 당신은 하나님이 당신의 삶에 주신 자연스러운 제약을 어떤 식으로 무시해 왔는가?

6. 모세는 광야에서 40년을 보냈고, 다윗은 사울의 궁전을 떠나 수년간 망명 생활을 했으며, 예수님은 사역을 시작하시기 전에 30년을 보내셨다. 당신의 삶에서도 이와 비슷하게 사명에 착수하기까지 설명하기 어렵게 연기되었던 적이 있는지 이야기해 보라. 그런 기간으로부터 얻은 유익이 있다면 말해 보라.

7. 예수님은 자신의 삶을 열두 제자에게 투자하셨다. 당신은 부모로서, 사업가로서, 교회 지도자로서 혹은 전문 직업인으로서 누구에게 삶을 투자하고 있는가? 그렇게 제자를 훈련하는 일을 통해 당신이 성취하고자 하는 바는 무엇인가?

8. 예수님이 하셨던 것처럼 당신의 사역을 배가시키기 위하여 당신이 할 수 있는 일은 무엇인가?

7장
잃어버린 시간을 찾아서

그 젊은 목사와 나는 며칠 후에 대화를 계속하기로 약속했다. 그 사이에 나는 지난 몇 년간 시간 영역에서 내 생활을 정비하도록 도와준 것이 무엇이었는지 곰곰이 생각해 보았다. 실패를 경험하면서 배운 것은 무엇이며, 그가 나를 찾아와서 얘기한 것처럼 내가 다른 이들과 대화하는 가운데 배운 것은 무엇인가?

내가 배운 교훈을 생각해 볼수록 가능한 한 인생 초기에 시간 관리 습관을 들이는 것이 얼마나 중요한지 더욱 실감하게 되었다. 나는 그 교훈들을 종이에 써 보면서 거기에 몇 가지 기본 원칙이 있음을 발견했다. 그런데 그 원칙들은 완전히 숙달되기까지는 시간 문제가 늘 부담으로 인식되고 낙심을 불러일으키기 쉽다. 다음 만남을 준비하면서 써 내려가다 발견한 것을 나는 "방치된 시간에 관한 맥도날드의 법칙"이라고 부르게 되었다.

방치된 시간에 관한 맥도날드의 법칙

제1법칙: 방치된 시간은 내 약점을 향해 흐른다

사역 초기에는 사명 의식이 정립되지 않았고, 내 약점에 대해서도 엄격하지 않았기 때문에, 나는 탁월하게 잘 해낼 수 있는 일은 제쳐놓고 잘 못하는 일을 하는 데 많은 시간을 무절제하게 사용했다.

내가 아는 그리스도인 지도자만 해도 시간의 60퍼센트까지(어쩌면 그 이상) 차선의 일에 사용하는 것 같다고 하는 경우가 많다. 예를 들면, 나는 아이디어가 풍부한 사람이다. 아무런 제약 없이 마음껏 상상하기를 좋아한다. 모호한 것이 있어도 개의치 않고 어떤 유형과 경향을 본능적으로 포착한다. 그 밖에도 나는 현재 상태에 도전하는 것을 즐긴다. 이런 은사는 설교자, 교사, 상담가 등에 적격이다. 또한 비전을 품고 조직의 리더십을 맡기에도 적합하다. 다른 이들보다 한두 발 앞서 내다보는 안목이 있기 때문이다.

그런데 이런 능력은 독서와 연구, 사색에 굉장히 많은 시간을 투자할 것을 요구한다. 폴라로이드 사의 초창기, 창설자인 에드윈 랜드 박사(Dr. Edwin Land)가 전성기를 구가하던 시절의 이야기다. 그 회사 직원들은 만일 그가 날마다 출근하여 회사를 운영하는 대신 연구실에 들어가서 뛰어난 재능을 활용하여 새로운 개념을 도출하고 신제품을 만들 수 있다면 회사에 굉장한 기여를 할 수 있을 것이라고 제안했다. 그것은 훌륭한 생각이었고 결과적으로 모두 유익을 얻었다.

내가 몸담았던 교회들은 내가 아이디어가 풍부한 사람으로서 그와 비슷한 가치가 있다고 생각하지 못했을 것이다. 따라서 나는 그리 잘할 수 없는 일에 많은 시간을 투자하도록 요구받곤 했다. 말하자면 나는 사람들을 관리하는 일과 행정적인 업무에 치중하게 된 것이다.

왜 나는 젊었을 때 행정 업무에 근무 시간의 75퍼센트 정도를 써 버리고 공부와 설교 준비에는 비교적 적은 시간만을 할애했던가? 방치된 시간은 상대적으로 약한 방향으로 흐를 것이다. 나는 최소한의 준비만으로도 설교를 어느 정도 할 수 있음을 스스로 알고 있었기 때문에 사실상 최선을 다하지 않았던 셈이다. 이 법칙을 곰곰이 평가하지 않고 무언가 근본 대책을 세우지 않으면 이런 현상이 곧잘 일어나게 된다.

그래서 나는 근본 대책을 세웠다. 현재 돌아가고 있는 현상을 파악할 만한 분별력 있는 성도 몇몇에게 내가 잠재력을 낭비하지 않으려면 어떻게 해야 하는지 알려 달라고 도움을 구했다. 그들의 도움으로 나는 교회 행정을 유능한 행정 목사에게 위임하기로 결정했다. 처음에는 모든 결정 과정에 의견을 제시하려는 습관 때문에 쉽지 않았다. 이제 나는 뒤로 물러서고 다른 이에게 맡겨야 했다. 그런데 그것은 효과가 있었다! 행정 목사를 완전히 신뢰할 수 있게 되자(알고 보니 쉬운 일이었다), 내가 가진 에너지의 대부분을 내가 가장 잘할 수 있는 일에 쏟을 수 있었다.

글쎄, 어떤 사람은 "내 약점을 보완해 줄 수 있는 사람을 고용할 돈만 있으면 문제없지" 하고 말할지 모르겠다. 이러한 제안들은 어떤 경우에는 시간이 우리를 피해 달아나는 듯할 때 우리가 **왜** 좌절하는지를 보여 주는 데 그칠 수도 있다. 그러나 우리가 흔히 생각하는 것보다 훨씬 창의적으로 다른 이들과 일을 분담하는 것이 가능하다는 말을 덧붙이고 싶다. 먼저 우리는 조용히 앉아서 누가 어떤 일에 가장 적합한지 깊이 생각해 보아야 한다. 이것은 가정과 직장, 교회에 모두 적용된다.

제2법칙: 방치된 시간은 자신의 세계에서 지배적 위치에 있는 사람의 영향력에 의해 좌우된다

"하나님은 당신을 사랑하시며 당신을 위한 계획을 갖고 계십니다"라고 선포하는 저 유명한 『사영리』가 있다. 자신의 시간을 제대로 관리하지 않는 사람들은 이 원리가 자기보다 우세한 사람에게도 그대로 적용됨을 알게 된다.

 그들은 스스로 시간 예산을 세우지 않았기 때문에 다른 이들이 자기 세계에 들어와서 시간 계획을 강요하고 우선순위를 설정하고 있음을 발견하게 된다. 나도 목사 초년병 시절에는 시간을 제대로 계획하지 않았던 까닭에, 갑작스러운 방문객, 커피 한 잔 하자는 사람 혹은 위원회에 참석하라고 요구하는 사람들에 의해 이리저리 끌려다니곤 했었다. 일정을 제대로 세우지 않은 상태에서 다른 이들의 부탁을 어떻게 거절할 수 있었겠는가? 더욱이 모두를 기쁘게 해주고 싶은 젊

은이라면 말이다.

이 같은 관리 부족으로 인해 나는 귀중한 시간을 빼앗겼을 뿐만 아니라 내 가족도 나와 함께해야 할 중요한 시간을 빼앗기고 말았다. 그런 날들은 계속되었다. 결국 나보다 우세한 자들이 내 시간을 좌지우지하게 되었다. 그것은 그들이 접근하기 전에 내가 시간 관리의 주도권을 쥐지 못했기 때문이었다. 그 결과 때로 그들에 대해 분개하기도 했고 나 자신을 우습게 여기기도 했다. 이는 결코 좋은 삶의 방식이 아니었다.

제3법칙: 방치된 시간은 온갖 긴급한 일에 소모된다

찰스 험멜(Charles Hummel)은 유명한 책 『늘 급한 일로 쫓기는 삶』(*Tyranny of the Urgent*, IVP)에서 이 법칙을 가장 잘 표현했다. 우리는 긴급한 일의 횡포에 지배당하고 있다는 것이다. 직장이나 가정 또는 교회에서 어떤 종류든 리더십의 책임을 맡고 있는 사람은 당장 자기를 주목해 달라고 아우성치는 사건들에 끊임없이 둘러싸여 있다.

어느 여름 부목사와 내가 휴가로 자리를 비웠을 때 우리 교회에서 있었던 일이다. 교회에 남아 있던 교역자 한 분이 어떤 교인의 전화를 받게 되었는데, 내용인즉 먼 친척의 장례 예배를 나한테 부탁하고 싶다는 것이었다. 내가 휴가중이라는 대답을 듣자 부목사는 계시냐고 하기에, 그 역시 부재중이라고 하자 실망하더란다. 다른 목사는 안 되겠느냐고 묻자, 그는 다음과 같이 말하면서 거절했다고 한다. "아닙니다. 서열 2순위 아래로는 내려가지 않겠습니다."

이런 유의 사고방식이 지도자들에게 긴급한 상황을 불러일으킨다. 누구나 일인자의 관심을 사고 싶어 한다. 각종 위원회나 당회 또한 일인자의 의견을 언제나 들으려 하지도 않으면서 그가 참석하기를 원한다. 어떤 종류의 문제든 어려움에 빠진 사람은 대부분 최고 지도자가 즉각적으로 관심을 보여 주기를 기대한다.

어느 토요일 오후였다. 집에 있는데 전화벨이 울렸다. 전화를 받자 어떤 여자 성도의 힘없는 목소리가 들려왔다. "지금 목사님을 당장 만나야 되겠습니다." 상대방의 이름을 묻고 보니 그녀는 내가 한 번도 만난 적이 없고, 우리 교회에도 어쩌다 가끔 나왔던 사람이었다.

"어떤 일로 지금 당장 만나고 싶으신가요?" 하고 내가 물었다. 이 중요한 질문은 내가 경험을 통하여 배운 것 중 하나였다. 오래전 내가 젊었을 때에 이런 요청을 받았다면, 황급한 분위기에 휩쓸려 10분 안에 내 사무실에서 만나자고 했을 것이다. 그때가 가족과 약속이 있거나 연구에 열중할 시간이었다고 할지라도 말이다.

"결혼 생활이 깨어질 위기에 놓였습니다." 그녀가 대답했다. "그렇게 느끼신 지는 얼마나 되었습니까?" 내가 물었다.

"지난 화요일이에요." 그녀의 대답이었다. 나는 또 다른 질문을 던졌다. "언제부터 그런 상태가 시작됐다고 생각하십니까?" 그녀의 대답을 나는 결코 잊을 수 없다.

"몇 년 되었습니다." 나는 감정을 겨우 억누르고 다음과 같이 대답했다. "그런 상태가 지속된 지 여러 해 되었고 파경의 위기를 느낀 것이 지난 화요일이라면 지금 당장 저를 만나야 할 중요한 이유가 있는지요? 그것을 알고 싶습니다."

"아, 그건 오늘 오후에 시간이 나서 목사님과 상담했으면 좋겠다고 생각했기 때문이에요."라고 대답하는 것이었다.

제3법칙을 따랐다면 나를 즉시 만나고 싶어 하는 그 여자의 요청에 굴복했을 것이다. 하지만 그때는 내가 대부분의 시간을 계획적으로 사용하던 시기였다. 그래서 이렇게 말했다. "얼마나 어려운 처지에 계신지 잘 알겠습니다. 하지만 솔직히 말씀드리자면, 저는 내일 오전에 설교를 세 번 해야 되기 때문에 머릿속이 온통 그 생각으로 가득 차 있습니다. 자매님이 그런 처지에서 벌써 수년째 살아오셨고, 그 문제에 대해 벌써 며칠째 생각해 보셨다는 것은 잘 알겠습니다. 월요일에 다시 한 번 전화해 주셔서 제 마음에 여유가 있을 때 만나기로 하면 어떻겠습니까? 제가 최대한 집중해서 도와드릴 수 있도록 말입니다. 아무래도 오늘 오후는 어려울 것 같습니다. 어떠십니까?"

그녀는 좋은 생각이라고 하면서 내가 왜 그런 제안을 하는지 선뜻 이해해 주었다. 우리는 둘 다 기분 좋게 전화를 끊었다. 그녀는 결국 나를 만나 대화하게 될 것임을 알았고, 나는 나대로 토요일 오후에 해야 할 가장 중요한 일에 시간을 쓸 수 있게 된 것이다. 언뜻 보기에 긴급해 보이던 일이 정해진 시간 예산을 깨뜨리지 못한 경우였다. 가장 큰소리를 치는 일이라고 해서 반드시 가장 급한 일은 아니다.

엘튼 트루블러드(Elton Trueblood)는 내가 가장 좋아하는 책 중 하나인 그의 영적 자서전 『아직 낮일 때』(*While It Is Day*)에서 다음과 같이 말했다.

공인은 많은 경우 언제든 사람들을 만날 여유가 있어야 하지만 숨는 법도 배워야 한다. 언제나 필요에 응할 수 있다면, 그만큼 가치 있는 존재가 되지 못한다. 언젠가 나는 신시내티 유니온 기차역에서 원고 한 장(章)을 쓴 적이 있는데, 그것은 나를 숨기는 방편이었다. 왜냐하면 아무도 노트에 글을 쓰고 있는 사람이 누구인지 몰랐기 때문이다. 리치몬드행 다음 기차를 기다리는 다섯 시간 동안 한 사람도 말을 걸지 않았다. **우리는 가진 시간을 잘 사용해야만 한다. 최선을 다해서 쓴다 하더라도 결코 충분치 않기 때문이다.**[1]

좀 구식인 것 같지만, 트루블러드의 말은 그의 시대 못지않게 오늘날에도 강력한 힘이 있다.

제4법칙: 방치된 시간은 대중의 갈채를 받는 일에 쓰이게 마련이다
달리 말하면, 우리가 예산에 넣지 않은 시간은 가장 즉각적으로 최대의 찬사를 받을 수 있는 일에 쓰일 가능성이 높다는 것이다.

결혼 초기에 우리 부부는 솔로나 듀엣을 할 의향만 있다면 큰 파티나 다양한 모임에 얼마든지 초대받을 수 있음을 알게 되었다. 사람들의 찬사를 받고 인기를 끄는 것은 기분 좋은 일이다. 그렇지만 노래하는 것은 우리의 소명이나 우선순위가 아니었다. 설교와 목회가 소명이었다. 그러나 불행하게도 이 젊은 목사는 설교 부탁을 받는 일이 별로 없었기 때문에 사람들의 인기를 끄는 일을 하고 싶은 유혹을 받게 되었다.

우리는 중대한 결정을 내려야 했다. 사람들이 좋아하는 일을 하는 데 시간을 쓸 것인가? 아니면 단단히 마음을 먹고 가장 중요한 일, 즉 '설교와 상담에 관해 배우는 데' 관심을 집중할 것인가? 다행스럽게도 우리는 전자의 유혹을 물리치고 후자를 선택했다. 그리고 보람이 있었다.

우리는 결혼 생활 내내 그와 같은 선택을 해야 했다. 잘못된 선택을 한 경우도 한두 번이 아니었다. 연회장에서 강연을 하기 위해 대륙을 가로질러 날아가는 것이 멋지게 보인 적도 있었다. 그러나 그것은 시간을 잘못 쓴 것이었다. "설교를 하기 위해서는 대륙을 가로지르는 것도 불사하지만 설교를 듣기 위해서는 길도 건너지 않는다"는 옛말은 너무 꼭 들어맞는 말이라 맘에 걸릴 정도다. 한때는 유명 정치인을 위한 조찬 기도회의 상석에 앉거나 기독교 라디오 프로그램에서 인터뷰하는 것이 화려하게 보인 적도 있었으나, 그것은 시간 사용에서 우선순위를 차지할 만한 일이 아니었을 것이다.

이처럼 방치된 시간에 관한 법칙은, 타인이나 다른 행사에 주도권을 빼앗기지 않겠다고 단단히 결심하지 않으면 무질서한 사람에게 계속 붙어 다니게 될 것이다.

잃어버린 시간을 찾아서

나는 그 젊은 목사와의 만남을 위해 자료를 준비하면서 내면세계의 질서를 잡는 데 유익했던 몇 가지 실제 원칙을 찾아보려고 과거 경험을 회고해 보았다. 지나온 과거를 찬찬히 되돌아보면서 시간을 성공적으로 되찾을 수 있는 세 가지 방법을 찾을 수 있었다.

1. 생산성이 최고로 높은 때를 비롯한 생활 리듬을 알아야 한다

내가 일하는 습관을 주의 깊게 살펴본 결과 아주 중요한 통찰을 얻게 되었다. 그것은 여러 다양한 일들이 특정 시간대에, 특정 조건하에서 가장 잘 성취된다는 점이다.

예를 들면, 주초에는 주일 예배 설교를 효과적으로 준비할 수 없다. 월요일에 두 시간 준비하는 것은 별로 쓸모가 없는 반면, 목요일이나 금요일에 한 시간 (바라건대 그 이상) 준비하는 것은 대단히 효과가 좋다. 한마디로 집중이 더 잘되기 때문이다. 다른 한편, 사람들을 만나는 것은 주일 설교에 대한 긴장감이 몰려오기 전인 주초가 좋다. 주일 설교에 대한 생각으로 머리가 꽉 차는 주말이 가까울수록 사람을 만나는 것은 효과적이지 못하다.

이에 대해 좀더 자세히 살펴보도록 하자. 연구 시간으로는 방해 없

이 한동안 홀로 보낼 수 있는 이른 아침이 가장 좋다. 그리고 사람을 만나는 시간으로는 사려 깊고 통찰력이 생기는 오후가 적합하다.

나 자신의 리듬에 대해 알게 된 후, 연구 시간은 주 후반부에, 사람을 만나는 일과 회의 시간은 가능한 한 전반부에 설정하게 되었다. 이런 식으로 시간 예산에 생활 리듬을 반영하고 활용하도록 한다.

또한 내가 아침에 더 활동적인 사람이라는 것을 알게 되었다. 전날 밤 적당한 시간에 잠자리에 들기만 하면 아침 일찍 맑은 정신으로 일어날 수 있다. 따라서 규칙적인 취침 시간을 유지하는 것이 내게는 매우 중요하다. 우리는 이 원칙을 아이들이 어릴 때부터 강요하다시피 해 왔다. 그런데 가능한 한 규칙적인 취침 시간을 갖는 것이 어른들에게도 현명한 일임을 왜 깨닫지 못했는지 모르겠다. 그 중요성을 알고 나서 나는 매일 저녁 같은 시간에 잠자리에 들려고 애썼다.

수면에 관해 쓴 한 전문가의 글을 읽고 난 뒤, 나는 도대체 얼마나 자야 충분한지 실험해 보기 시작했다. 그는 누구든지 자명종을 일정한 시간에 맞추어 놓고, 사흘 아침 연달아 같은 시간에 일어남으로써 수면량을 정할 수 있다고 썼다. 그리고 그다음 사흘 동안은 10분 일찍 시간을 맞춰 놓는다. 이렇게 계속해서 사흘 간격으로 10분씩 앞당겨 일어나다 보면, 언젠가 충분히 쉬지 못했다고 종일 느끼게 되는 자연적인 피로점(fatigue point)에 이르게 된다. 그러면 자연적으로 일찍 잠자리에 들지 않을 수 없다. 나는 그대로 실행해 보면서 내가 생각했던 것보다 훨씬 더 일찍 일어날 수 있음을 알게 되었다. 이렇게 해서 나는 아침에 두 시간 정도의 귀중한 시간을 벌게 되었다.

한 주의 리듬, 하루의 리듬 그리고 1년의 리듬이 있다. 나는 1년 중 어떤 달에는 사람과 책임들로부터 도망가고 싶을 정도로 비정상적인 정서적 피로를 느낀다는 점을 알게 되었다. 나는 이 문제를 직면하지 않을 수 없었다. 다른 한편, 1년 중 어떤 때는 주위의 많은 사람들이 너무 지쳐 있고 압박감을 느끼기 때문에 지도자로서 상대적으로 더 강해져야 할 필요가 있었다. 2월과 3월이 거기에 해당하는데, 미국 동북부 뉴잉글랜드에 사는 우리 모두는 긴 겨울을 나느라 신경이 날카로워져서 짜증을 잘 내고 트집을 잡는 경향이 나타난다. 나는 그 기간에 다른 사람들을 특히 더 잘 격려하기 위해서 준비를 갖추는 법을 배웠다. 그 후 봄이 되어 사람들이 활기를 찾으면 나는 속도를 늦추고 나만의 시간을 즐길 수 있는 것이다. 이 점을 알게 된 것은 내게 큰 도움이 되었다. 계획을 효율적으로 세울 수 있었기 때문이다.

여름이야말로 독서 시간을 늘리고 다음 해를 위해 영적으로 나 자신을 무장시키기에 좋은 계절임을 알게 되었다. 하지만 1월에서 3월까지는 위에서 언급한 이유 때문에, 또 급증하는 상담 요청 때문에 사람들과 시간을 보내도록 계획을 세운다. 내 책들은 모두 여름에 쓰인 것들이다. 겨울에는 책을 쓸 방도가 없기 때문이다.

내 리듬을 알게 된 후에는, 한동안 많은 설교와 강의를 한 후에 내적으로 공허한 느낌이 들더라도 놀라지 않게 되었다. 잃었던 힘을 회복하기 위해 정서적으로 침잠하는 시간을 갖지 않으면, 정서적인 정상 수준 이상의 상태로 하루하루 살아갈 수 없다. 그래서 여러 번의 설교를 한 다음 날인 월요일에는 중요한 결정을 내리지 않는 것이 현명하다는 것을 배웠다. 그리고 연말과 같은 휴가 기간에 계속해서 무리한 일정을 가졌을 경우에는 잠시 이완기를 갖는 것이 현명하다.

나는 구세군의 창설자인 윌리엄 부스(William Booth)가 긴 전도 여행 중 아내로부터 받은 편지의 한 대목을 아주 소중하게 생각한다.

당신이 화요일에 보낸 편지는 잘 받아 보았어요. 사역이 계속 성공하고 있다는 소식을 들으니 기쁩니다. 당신이 너무 지쳐 있는 것 같아 마음이 아프지만 말이에요. 당신이 너무 몰두한 나머지 건강을 돌보지 않아 무슨 일이 생기진 않을까 걱정됩니다. 당신을 꼭 필요로 하는 일에 열중하는 것 자체를 문제 삼는 것이 아니라, 당신의 힘을 분별없이 낭비하지 말라고 당부하고 싶어요. 일관성 있게 꾸준히 거룩한 수고를 다하는 긴 생애가, 돌발적으로 지나치게 힘을 써서 파괴되는 짧은 인생에 비해 갑절의 열매를 맺게 된다는 것을 기억하시길 바라요. 당신이 꼭 힘을 쓰지 않아도 될 때와 장소를 구별해서 힘을 아끼시길 당부드립니다.[2]

2. 시간 사용 방법에 대한 올바른 기준을 가져야 한다

오래전 우리 아버지는 인생 여정에서 만나는 많은 기회들 중에서 무엇을 취하고 무엇을 거절하는가는 인품을 드러내는 좋은 시험이라고 말씀하신 바 있다. 그분은 "좋은 기회와 나쁜 기회를 가리는 것이 문제가 아니라, 좋아 보이는 많은 것들 중에서 **최선의 것**을 택하는 것이 바로 너의 과제다"라고 말씀하셨다. 전적으로 옳은 말씀이었다. 나는 정말 최선의 것을 취하기 위하여 내가 실제 하고 싶은 것을 포기해야 한다는 점을 때로는 무척 어렵게 배워야 했다.

그 충고에 유의한다는 것은 토요일 저녁 파티나 운동 경기 등을 거절하고 주일 아침 정신적으로나 육체적으로 생기 넘치는 모습으로 강단에 서는 것을 의미했다. 그것은 또한 내가 꼭 승낙하고 싶은 설교 부탁에도 '아니오'라고 거절하는 것을 뜻했다.

그런 선택을 내리기란 때로는 몹시 어려웠다. 그 이유는 사람들로부터 인정받기를 좋아하기 때문이었다. 좋은 제안을 거절한다는 것은 때론 적을 만들고 비판받을 위험을 감수하는 셈이다. 누군들 그것을 환영하겠는가? 그래서 거절하기가 어려웠던 것이다.

지도자 위치에 있는 대다수의 사람들이 이런 문제를 안고 있음을 나는 알게 되었다. 그런데 아버지의 충고는 백번 옳은 말씀이다. 즉 우리가 시간을 다스리려 한다면, 이를 악물고 좋기는 하지만 최선이 아닌 기회들을 단호하고도 정중하게 거절해야만 하는 것이다.

다시 한 번 말하건대, 그렇게 하려면 우리 주님의 사역에서도 그랬듯이 사명에 대한 투철한 의식이 필요하다. 우리는 무엇을 위해 부름받았는가? 우리의 시간을 가지고 무엇을 하는 것이 최선인가? 꼭 하지 않으면 안 될 것은 무엇인가? 그 외의 모든 것은 꼭 필요하지 않은 것으로, 타협이 가능하고 선택적인 것이다.

이러한 선택의 중요성과 관련하여 나는 C. S. 루이스가 쓴 『루이스가 메리에게』(Letters to an American Lady, 홍성사)를 참 좋아한다.

하나님은 당신이 꼭 하지 않아도 될 온갖 일들을 전부 행하기를 원하신다고 너무 쉽게 확신하지 마십시오. 각자 "하나님이 자기를 부르신 삶의 정황 속에서" 맡겨진 일을 해야 합니다. 일을 위한 일을 하는 것이 미덕이라고 믿는 것은 성격상 여성적이고, 미국적이며, 현대적인 것임을 명심하길 바랍니다. 이 **세 가지** 베일이 당신으로 하여금 올바른 관점을 갖지 못하게 한다는 것을 기억하십시오! 술 마시는 것뿐만 아니라 일을 하는 데도 무절제가 있을 수 있습니다. 열정처럼 보이는 것이 실은 단지 조바심이나 자만심의 발로일 수도 있습니다.…"각자 처한 곳에서 주어진 임무"가 아닌 것들을 함으로써 그 처지에서 **꼭 해야 할** 임무를 소홀히 한다면 그것은 어느 정도 불의를 행하는 것과 다름없습니다. 마르다에게뿐 아니라 마리아에게도 조금 기회를 주시기 바랍니다.[3]

3. 시간 예산을 충분히 앞서 세울 때 시간을 통제하고 다스릴 수 있다

이 마지막 원칙이야말로 가장 중요한 것이다. 싸움에서 이기느냐 지느냐 하는 것이 이 원칙에 달려 있다.

나는 시간 예산이 8주 전에는 세워져서 달력에 표시되어야 한다는 기본 원칙을 아주 어렵게 터득했다. 적어도 8주 전에 말이다.

지금이 8월이라면 나는 벌써 10월 계획을 세우기 시작한다. 달력에는 어떤 것을 표시하는가? 내면세계에서 타협해서는 안 될 요소, 즉 영적 훈련, 지성 훈련, 안식일의 휴식 그리고 물론 가족과 특별한 친구를 위한 시간들을 기록한다. 이어서 그다음 우선순위를 달력에 적는다. 즉 설교 준비, 글쓰기, 리더십 계발, 제자 양육 등 내게 맡겨진 중요한 일에 대한 일정을 기록한다.

가능한 한 이 모든 것을 몇 주 전에 달력에 표시하도록 한다. 왜냐하면 그 주가 가까워질수록 사람들이 밀고 들어와 시간을 달라고 요구하기 때문이다. 어떤 요구들은 아주 정당한 것이라서 그 요구를 수용할 만한 자리를 비워 놓고 싶다.

그러나 어떤 이들은 부당한 요구를 해 올 수도 있다. 가족과 함께 보내기로 약속한 저녁 시간을 요구할 수도 있고, 설교 준비를 위해 계획한 오전 시간을 원할 수도 있다. 이런 요구들이 내가 정해 놓은 우선순위 주위를 돌다가 빈 구멍으로 **흘러 들어간다면**, 내 내면세계는 그 반대의 경우보다 훨씬 더 잘 정비된 상태일 것이다.

어느 날 나는 내가 가장 중요한 시간을 할애한 일들이 공통점을 지녔음을 깨닫게 되었다. 그것은 혹 무시된다 하더라도 절대로 즉시 고함치지는 않는 일이라는 점이다. 예를 들면, 내가 영적 훈련을 소홀히 한다고 해서 하나님은 당장 고함치시지는 않는다. 나는 얼마 동안은 그런 대로 버틸 수 있다. 그리고 가족을 위한 시간을 할애하지 않았을 때에도 게일과 아이들은 잘 이해하고 용서해 준다. 가끔 즉각적 반응과 관심을 요구하는 일부 교인들보다 더 관대한 편이다. 또 연구 시간을 우선순위에서 빼놓더라도 얼마간은 별 탈이 없는 듯하다. 이러한 것들은 큰 어려움 없이 한동안은 무시될 수 있다. 그러므로 미리 시간을 할당하지 않으면 다른 일에 밀려나기 쉽다. 즉, 덜 중요한 다른 것들이 그것들을 한 주 한 주 밀어내곤 하는 것이다. 비극적인 사실은, 그것들이 너무 오래 무시되면 마침내 가족 관계나 휴식, 영적 훈련 등이 심각한 지경에 처하여 그 결과를 모면하기에는 너무 늦었다는 것을 발견하게 된다는 점이다.

우리 아들 마크는 고등학교에 다닐 때 유능한 운동선수였고, 딸 크리스틴은 10대에 연극배우와 연주자로 활동했다. 둘 다 시합이나 연주회 등이 종종 있었는데, 몇 주 전에 미리 그 날짜들을 달력에 표시해 놓지 않았다면 그 행사들을 쉽사리 놓쳤을 것이다. 내 비서는 항상 사무실 달력에 행사 날짜들을 표시해 놓고 내게 그날 다른 약속을 하지 말라고 일러 주었다.

누군가가 행사가 있는 그 시간에 만나자고 하면 나는 달력을 보며 잠깐 생각하고는 "미안합니다만, 그날 만날 수가 없겠는데요. 선약이 있습니다. 다른 날은 어떨까요?"라고 진지하게 말한다. 그러면 문제가 거의 없다. 중요한 것은 몇 주 전에 미리 시간을 계획하고 예산을 세우는 것이다.

당신에게는 무엇이 타협해서는 안 될 일들인가? 자신이 무질서한 상태라고 불평하는 대부분의 사람들이 이 질문에 어떻게 대답할지 모른다. 그 결과, 효율적인 삶의 관건이 되는 중요한 일을 달력에 기록하지 못하고 때늦은 후회를 하는 것이다. 그 결과는 무엇인가? 혼란과 좌절감이다. 즉, 필수적이지 않은 일들이 필수적인 일들보다 앞서서 달력에 자리를 잡게 되는 것이다. 그리고 그로 말미암는 고통은 오래간다.

어느 날 한 사람이 나를 쫓아와서는 언제 한번 아침 일찍 식사를 함께할 수 있겠느냐고 물었다. "얼마나 일찍 말입니까?"라고 내가 되물었다.

"목사님은 일찍 일어나시니 여섯 시 정도면 어떨까요?"라고 그가 물었다. 나는 달력을 들여다보고 이렇게 대답했다. "미안하지만 그 시간에는 선약이 있습니다. 일곱 시는 어떨까요?" 그는 즉시 동의했지만, 내 달력에 그런 이른 시간에 이미 약속이 적혀 있다는 것에 놀란 눈치였다.

그날 아침 여섯 시에 약속이 있다는 말은 사실이었다. 실은 여섯 시보다 이른 시간이었다. 그것은 바로 하나님께 드리는 시간이었다. 하나님은 매일같이 내 달력에 기록되어 있는 첫 번째 약속 상대다. 그것은 타협해서는 안 될 약속이다. 시간을 붙잡아 통제할 수 있으려면 말이다. 그것이야말로 잘 정비된 하루, 잘 정비된 인생, 잘 정비된 내면세계의 출발점이다.

❖ **더 깊이 생각해 보기**

1. 해당하는 활동 영역을 넣어 다음 문장을 완성해 보라.
"시간 관리 면에서 내가 잘 못하고 있는 영역은 _____ 이다."

2. 당신의 경험에 비추어, 방치된 시간에 관한 맥도날드의 네 가지 법칙의 타당성을 검토해 보라. 당신의 삶 가운데 그 법칙이 작용했던 경우가 있는지 살펴보라.

3. 당신이 하고 있는 일 가운데 당신의 배우자, 동역자, 평신도 지도자(당신이 목사라면), 비서, 아들, 딸 등에게 맡길 수 있는 일을 두 가지 들어 보라. (물론 당신이 가장 잘할 수 있는 일은 제외하고, 당신이 즐길 수는 있을지 모르지만 당신의 핵심 사명이 아님을 알고 있는 일 중에서 찾자.)

4. 당신의 삶 가운데 '유력한 사람들'이 당신으로부터 가족과 함께 보낼 귀중한 시간을 앗아가는 이유는 무엇이라 생각하는가?

5. 사람들의 칭찬을 받기 위해 당신이 하고 있는 일은 무엇인가? 이 질문은 주님과 교제하는 특별한 시간에 그분 앞에서 대답할 필요가 있을 것이다.

6. 삶에서 요한복음 9:4을 실천한다면 어떤 일이 일어나겠는가?

7. 마태복음 16:21에 기록된 대로, 예수님은 예루살렘에 올라가시는 것에 대해 강렬한 감정을 느끼고 계셨다. 당신은 그러한 강렬한 감정을 느끼게 되는 일이 있는가?

8. 당신의 생활 리듬을 분석해 보라. 언제 일을 가장 잘할 수 있는가? 가장 중요한 일을 위해 가장 잘할 수 있는 시간대를 할애하려면 어떻게 해야 하겠는가?

9. 당신의 책임에 비추어 볼 때 좋은 것과 최선의 것을 구별할 수 있는 기준을 말해 보라.

10. 당신의 하루 혹은 일주일의 시간 중 어느 정도 예산을 세워야 불청객을 물리칠 수 있겠는가?

11. 다음 구절들을 보면 예수님은 어디에 시간의 우선순위를 두셨는가? (눅 4:16; 4:42-43; 5:27; 6:12; 9:21-22; 9:51; 18:16; 19:5)

3부 지혜와 지식

8장

더 뛰어난 사람이 패한 경기

내 글을 접해 본 사람이라면 내가 달리기와 크로스컨트리 경기에서 얻은 교훈을 종종 이야기한다는 것을 알 것이다. 스스로를 더 다그쳤다면 달리기 선수로서 더욱 성공했겠지만, 어쨌든 고등학교와 대학교 때 했던 몇 년간의 선수 생활은 훈련과 성품 계발에 더없는 배움의 시간이었다.

가장 기억에 남는 경험은 필라델피아에서 있었던 1600미터 릴레이 경기에서 있었다. 내가 여러 번 나누었던 이야기가 하나 있다.

나는 우리 학교 릴레이 팀의 선두 주자로 뽑혔다. 달리기 순서에서 전략적으로 중요한 자리였다. 목표는 내 구간을 다 뛸 때까지 선두를 지켜서 다음 주자에게 유리한 고지를 이어 주는 것이었다.

내가 바통 터치 구간에 다가갔을 때 선두에 서지 못한다는 것은, 우리 팀의 2번 주자가 다른 주자들과 뒤섞인 상황에서 바통을 받게 된다는 것을 의미한다. 그렇게 되면 어쩔 수 없이 선수들이 서로 부딪치거나 밀쳐서 페이스를 잃을 위험이 있었다. 귀중한 1-2초를 쉽게 잃을 수도 있는 상황이었다.

우리 팀이 2번 레인에 배정을 받았기 때문에 중심에 가장 가까운 안쪽 1번 레인에서 어느 팀이 뛸지 궁금했다. 1번 레인은 바로 오랫동안 우리의 전통적인 경쟁상대였던 폴리프랩 스쿨 팀이었다. 그 팀의 선두 주자는 100미터 선수로서 단거리에서 상당히 좋은 기록을 보유하고 있었다. 그 친구와 나는 몇 번 단거리 경주에서 겨룬 적이 있었는데, 그때마다 나는 번번이 참패를 당했었다. 과연 300미터가 더 긴 중거리 경기에서도 결과가 같을까?

그는 그렇게 생각했음이 분명하다. 출발선에서 악수를 나눌 때 그는 아주 자신만만해 보였다. 그는 나를 똑바로 쳐다보면서 이렇게 말했다. "결승점에서 널 기다리고 있을게." 요즈음에는 그런 말을 '트래쉬 토크'(trash talk)라고 부르는데 일종의 심리전 같은 것이다. 그 작전은 어느 정도 효과를 발휘해서 나는 평정심을 되찾느라 애써야 했다.

총소리가 나자 상대편 선수도 총알같이 튀어나갔다. 그가 첫 바퀴를 쏜살같이 돌 때 그의 발이 차 낸 흙이 내 뺨을 때리던 느낌을 기억한다. 그러는 동안 나머지 일곱 명의 선수들은 마치 2등에서 8등 사이의 경쟁을 하는 듯이 뛰기 시작했다. 채 45미터를 뛰기도 전에 내 머릿속에서는 2등이라도 했으면 좋겠다는 생각이 들었고 그렇게 끝낼 각오를 하고 있었다.

그것보다 더 짧은 경주였다면 분명히 내 생각대로 될 뻔했다. 그런데 300미터쯤 갔을 때 사태가 돌변했다. 훨씬 앞에서 뛰고 있던 폴리프랩 선수의 속도가 갑자기 느려지더니 마치 조깅을 하는 것처럼 보였다. 몇 초 후 내가 최고 속력을 내면서 그 옆에 다가섰을 때는 헉헉거리는 숨소리를 들을 수 있었다. 그는 거의 제자리걸음을 하고 있었다. 운동선수들이 하는 말로는 기름 떨어진 자동차였다. 그가 몇 등으로 들어왔는지는 기억나지 않지만, 내가 결승선에서 흐뭇한 표정으로 그를 기다리고 있었던 것이 기억난다.

그날 나는 그 폴리프랩 선수 덕분에 귀중한 교훈을 배웠다. 의도한 바는 아니었지만, 그는 아무리 뛰어난 재능과 힘을 가진 사람이라도 끝까지 경주를 **마치기** 전에는 승리를 장담할 수 없다는 것을 내게 가르쳐 주었다. 첫 구간을 선두로 뛰었다 해도 끝에서 잘하지 못하면 아무 의미가 없는 것이다. 경주는 마지막까지 꾸준한 속력으로 뛰어야 한다. 그리고 훌륭한 주자는 경주의 마지막 코스에서 최종 스퍼트를 낼 준비도 되어 있어야 한다. 운동선수로서 소질이 있다 해도 인내력을 겸비하지 못하면 좋은 결과를 얻지 못하는 것이다.

정신적 무기력의 대가

내가 이 이야기를 하는 것은 이것이 개인의 삶을 정비하는 과정에서 일관성을 유지해야 할 내면세계의 또 다른 부분을 잘 보여 주기 때문이다. 내면세계에 질서를 바로잡는 일은 강한 정신적 인내와 그러한 인내의 열매인 지적 성장이 없이는 이루어지지 않는다.

우리 사회처럼 스트레스가 많은 환경에서는, 정신적으로 잘 무장하지 않으면 대개 인간의 영혼과 인간관계를 파괴시키는 사상과 제도의 희생자가 되기 쉽다. 스스로 사고하는 훈련을 쌓지 않고, 또 평생 지속되어야 할 지적 성장에 신경을 쓰지 않아서 희생되고 마는 것이다. 강한 정신력이 없기 때문에 다른 사람들의 생각과 의견에 의존하게 된다. 어떤 사상이나 쟁점과 씨름하기보다는 규율과 규칙과 프로그램 등에 자신을 내맡기는 것이다.

버로스(V. W. Burroughs)는 "가장 서글픈 경험은 노년이 되어서야 정신을 차리고 이제까지 자아의 작은 부분밖에 사용하지 않았음을 발견하는 것이다"라고 썼다. 많은 이들이 하나님이 창조 시 인간에게 심어 주신 사고력이라는 엄청난 자산을 사장시키는 지경에 처해 있다. 그분은 우리에게 **지각없는**(mindless) 존재가 아니라 **지각 있는**(mindful) 존재가 되라고 하셨다. 그런데 지각 있는 삶에는 상당한 훈련과 고된 노력이 필요하다. 몰지각은 게으름과 두려움에서 기인한다.

좀더 나이가 있는 사람들은 1978년 가이아나에서 발생한 900명이 넘는 인민사원(Peoples' Temple) 교도들의 집단 자살 사건을 생생하게 기억할 것이다. 이는 지각없는 상태가 인간을 어디까지 몰고 갈 수 있는지를 보여 주는 극단적인 본보기다.

그들은 스스로 사고할 책임을 '구루이자 교주'였던 짐 존스(Jim

Jones)에게 떠맡김으로써 재앙을 맞이했다. 그들은 정신의 스위치를 꺼놓고 교주의 정신 활동에 전적으로 의존했다. 결국 짐 존스의 정신이 제대로 활동하지 못하게 되자 모든 사람이 그 결과로 고통당해야 했다. 한 지도자가 적대적이고 성난 세상에서 사람들을 인도해 주겠다고 약속했다. 그는 모든 해답을 주고 생계를 해결해 주었다. 사람들은 그러한 안전 보장의 대가로 독립적 판단을 할 수 있는 권리를 그에게 양도했던 것이다.

인내심을 발휘할 만큼 정신력이 강하지 않은 사람이라고 해서 반드시 비지성적인 것은 아니다. 그들은 지성을 사용하여 성장하는 것이 하나님을 기쁘시게 하는 생활 방식임을 생각해 본 적이 없을 뿐이다. 특히 주위에 영향력 있는 사람이 많아서 그들이 우리 대신 생각해 줄 수 있을 때에는 정신력이 약해지는 것을 방치하기가 쉽다.

이러한 몰지각은 불안정하고 신실하지 않은 가정에서 쉽게 볼 수 있다. 그런 가정에서는 한 사람이 다른 식구들을 위협해서 자기 혼자 모든 의사 결정과 의견 수립을 하게 된다. 많은 교회에서도 평신도들이 독재적인 목사에게 사고하는 책임을 맡겨 버리는 경우를 볼 수 있다. 요한삼서는 짐 존스처럼 모든 사람을 자신의 통제하에 두었던 평신도 지도자 디오드레베라는 사람에 대해서 경고한다. 당시의 그리스도인들은 무작정 그에게 사고하는 책임을 넘겼던 것이다.

빠른 출발이 지닌 위험

타고난 달리기 선수들이 경기를 할 때 출발점에서 화살같이 빠른 속도로 튀어 나가는 것과 마찬가지로, 사회생활에서도 유난히 빠른 출발을 즐기는 사람들이 있다. 그것은 그들이 위대한 사상가나 지적 거장이어서가 아니라 타고난 능력과 좋은 인맥이 있기 때문이다. 즉, 그가 자란 집안이 본래 의사소통이 잘되고 아이디어와 해결해야 할 문제를 잘 다루는 능력이 특출한 경우다. 그런 가정에서 자란 이들은 어린 시절부터 상당한 자신감을 갖게 되었을 것이다.

일찍이 그런 환경에 노출된 사람은 리더십을 발휘하는 법, 타인과 경쟁하는 법, 어려운 상황에서 처신하는 법을 어릴 때부터 익힐 수 있다. 그 결과는 '때이른 성공'이라 불릴 수 있다. 그런데 이러한 때이른 성공은 종종 도움이 되기보다는 장애물로 작용하는 경우가 많다.

때이른 성공을 하는 사람은 대개 학습 속도가 빠르고 최소한의 노력으로 전문성을 습득하는 능력이 있다. 보통은 아주 건강하며 에너지도 넘친다. 또한 무슨 주제가 나오든지 자기 생각을 기탄없이 말하고 설득하는 능력이 있다. 그리고 만사가 자기에게 유리하게 돌아가는 듯 보이기 때문에 마음만 먹으면 무엇이든지 해낼 수 있다고 생각하는 경향이 있다.

그런 식으로 그가 얼마나 갈 수 있을지는 그저 추측할 수밖에 없다. 글쎄, 평생을 두고 보자면 일부 특별한 경우는 있을 것이다. 그러나 내가 관찰한 바로는, 빠른 출발을 한 재능 있는 사람의 경우 30대 초반이 되면 어디에선가 문제의 소지가 나타나기 시작한다. 인생의 남은 경기는 재능이 아니라 인내와 자기 훈련으로 경주해야 한다는 첫 번째 암시가 나타날 수도 있다. 폴리프랩의 선수처럼 그 역시 자기보다 속도는 느리지만 컨디션이 더 좋은 선수가 자기를 따라잡는 모습을 보기 시작할지도 모른다.

나는 이러한 이유로 중년기에 갈등을 겪고 있는 사람들을 평생 많이 만나 보았다. 탈진하고 성장이 멈춘 채 그저 오락으로 인생을 소비하는 정신적으로 텅 빈 사람들을 무수히 보아 왔다.

나는 일부러 문자적 의미로 **오락**(amusement)이란 단어를 사용했다. 이 말은 '생각 없는 활동'을 의미한다(a는 '없다'는 뜻의 접두어고 muse는 '생각하다'라는 뜻이다). 생각 없는 활동은 개인을 무질서한 감정 상태로 몰아간다. 그러면 이렇게 생각 없이 행동하는 사람들은 누구인가? 그들은 20년 전에는 "그는 무엇이나 할 수 있는 사람이어서 실패할 리가 없다"고 소문났던 사람일 가능성이 높다. 21세의 나이로 단상에서 비상한 능력을 보였던 설교자, 기록에 남을 만한 판매 실적으로 시작한 외판원, 수석 졸업의 영광을 안았던 여학생일 수도 있다. 그들은 사고력이 제대로 작동하려면 계속 단련되고 채워지고 넓혀지고 강화되어야 한다는 것을 깨닫지 못한 사람들이다. 타고난 재능은 사람을 어느 정도까지는 끌고 가지만, 경주가 끝나기 훨씬 전에 주저앉게 하고 만다.

지성의 훈련

지성은 사고하고, 분석하고, 혁신할 수 있도록 **훈련되어야** 한다. 내면 세계의 질서가 바로잡힌 사람들은 사고하는 사람이 되기 위해 **노력한다**. 그들의 정신은 늘 깨어 있고 활발하게 활동하며 매일 새로운 정보를 입수하고 정기적으로 새로운 발견과 결론을 창출해 낸다. 그들은 매일같이 정신을 단련시키기로 다짐한다.

"내게 있는 것은 지식 없는 정보, 원칙 없는 의견, 신념 없는 본능이다." 이는 「뉴요커」(*New Yorker*)의 영화 평론가 데이비드 덴비(David Denby)가 젊은 시절의 자신을 성찰하면서 쓴 말이다.[1] 이는 한 사람이 할 수 있는 놀랄 만한 발견으로서 사물을 보는 방식을 재평가하라고 도전하는 소리다. 이는 바울이 다음 말씀을 기록할 때 염두에 두고 있던 것이기도 하다. "여러분은 이 시대의 풍조를 본받지 말고, 마음을 새롭게 함으로 변화를 받아서…"(롬 12:2).

바울은 우리가 갈 수 있는 두 가지 길을 분명히 알았다. 사고하는 법을 모르는 사람은 주변의 지배 문화에 영향을 받아 그 모양으로 빚어질 것이다. 그러나 변화받은 사람(그리스도의 영으로 새롭게 된)은 사고하고 반추하고 삶과 실재의 의미에 대해 독자적 결론을 내리는 일에 부지런할 것이다.

바로 이런 모습을 성경에 등장하는 위대한 사람에게서 발견할 수 있다. 낯선 상황에서 페르시아 왕후 자리에 오른 에스더는 유대 민족을 말살하려는 음모를 알게 된 그녀의 멘토 모르드개에게 책망을 받았다. 처음에 에스더가 이 문제를 들고 왕에게 직접 나아가라는 그의 권고에 반대했을 때 그는 이렇게 전갈을 보냈다. "왕후께서 궁궐에 계시다고 하여, 모든 유다 사람이 겪는 재난을 피할 수 있다고 생각하십니까? 이런 때에, 왕후께서 입을 다물고 계시면, 유다 사람들은 다른 곳에서라도 도움을 얻어서, 마침내는 구원을 받고 살아날 것이지만, 왕후와 왕후의 집안은 멸망할 것입니다. 왕후께서는 이처럼 왕후의 자리에 오르신 것이 바로 이런 일 때문인지를 누가 압니까?"(에 4:13-14).

'생각해 보시오, 에스더. 생각해 보란 말입니다!' 이것이 모르드개의 메시지였다. 그런데 한 번도 생각하는 법을 훈련받지 못했다면?

엘튼 트루블러드는 이렇게 썼다. "다음 세 가지 요소를 잘 계발하지 않는 한 생명력 있는 기독교란 불가능하다. 바로 내적으로는 헌신하는 삶, 외적으로는 섬기는 삶, **지적으로는 합리적인 삶**이다."[2] 셋째 요소는 그리스도를 따르는 많은 사람들이 가장 쉽게 무시해 버리는 것인데, 그 이유는 그것이 너무 세상적이며 복음에 거슬리는 것이라고 생각하기 때문이다. 그러나 무딘 지성은 결국 내면세계를 무질서하게 만든다.

나는 때이른 성공에 대해 잘 알고 있는 사람이다. 나 역시 30대 초반에 타고난 재능만 믿고 지성 훈련에 적절한 관심을 쏟지 않고 있는 자신을 발견했기 때문이다. 나는 이에 대한 어떤 조치를 취하지 않는

한, 수년 후 최상의 정신 상태로 최선을 다하고 싶을 때 내 지성이 따라 주지 못하리라는 것을 깨닫기 시작했다.

즉 내가 더욱 훌륭한 설교자나 고군분투하는 사람들에게 더 민감하게 귀 기울이는 사람이나 좀더 유능한 지도자가 되고자 한다면, 지적 역량을 더욱 예리하게 갈고 닦음으로써 공적인 일을 잘 처리할 수 있게 되어야 함을 의미했다. 비록 당시 내 지성이 완전히 잠든 상태는 아니었다 하더라도 하나님이 원하시는 혁신적이고 감화력 있는 사람이 될 만큼 충분히 엄격한 훈련을 받고 있는 상태는 아니었다.

지금 무슨 일이 일어나고 있는지도 이해할 수 없을 만큼 둔해져 버렸을 때 무질서의 고통을 느낀 것은 당연한 일이었다. 나는 너무 무거운 것을 들어올리려고 애쓰는 사람처럼, 연약한 정신으로는 감당하기 어려운 사상과 난제들을 해결하려고 고심하고 있는 내 모습을 발견하게 되었다.

올리버 웬델 홈즈(Oliver Wendell Holmes)는 이렇게 말했다. "행동하는 사람은 현재를 소유한다. 그러나 사고하는 사람은 미래를 장악한다."[3]

소위 수많은 그리스도인이 기독교적 기반에서 기독교 교육의 중요성을 목청껏 외쳐 대긴 했어도, 지성의 계발에 대해서는 충분한 가치를 부여하지 않은 것이 사실이다. 지엽적인 사항이나 규율을 잘 주워 모으는 사람과 진리를 잘 다루는 사람의 차이를 제대로 이해하고 있는 이는 드물다. 다방면에 걸쳐 두루 조금씩 알고 있다 해도 그것이 곧, 아는 바에 대해 깊고 통찰력 있게 사고하는 법을 알고 있다는 의미는 아니다.

나는 굉장히 많은 성경 지식을 머릿속에 저장하고 있는 사람들과 함께 지냈다. 그들은 그리스도인이 주로 쓰는 용어를 풍부하게 구사하는 법을 배웠다. 그들의 기도는 아주 유창해서 듣는 이들을 모두 감동시킨다. 우리는 당연히 그들이 영적인 사람들이라고 생각한다. 그런데 간혹 고집스럽고 뻣뻣하며 변화나 혁신을 전혀 받아들이지 않는 그들의 모습을 발견하게 된다. 그들은 자신의 생각에 누군가가 도전하면 화를 내고 비난한다.

나 이전의 많은 사람들처럼 나 또한 그리스도인이야말로 이 세상에서 가장 강하고 폭넓으며 창의적으로 사고하는 사람이어야 한다고 확신한다. 그리스도를 따르는 우리는 그리스도의 지성(mind)을 받은 자라고 말한 것도 바울이었다. 이는 거듭나지 않은 지성은 소유할 수 없는 폭넓은 지적 역량이 이미 우리에게 주어졌음을 의미한다. 또한 이것은 시간을 초월하는 영원의 관점에서 생각할 수 있게 한다. 그리스도 안에, 우리 시대의 가장 강력한 사람들 사이에서 우리의 생각, 사물에 대한 분석, 혁신을 이루어야 하는 진리의 기초가 있다. 하지만 많은 그리스도인이 뿌리 깊은 게으름과 내적 무질서의 문제를 안고 있기 때문에 항상 그렇게 되지는 않는다. 우리는 하나님이 그리스도를 통해 주신 커다란 선물 하나를 잃어버리고 있는 것이다.

하이먼 릭오버(Hyman Rickover) 제독은 오랫동안 미 해군 핵 잠수함 함대의 책임자였다. 완강하고 강압적인 그에게는 정반대되는 견해를 지녔던 흠모자와 비판자들이 있었다. 그가 책임을 맡고 있던 동안, 핵 함정에 승선했던 장교들은 각각 릭오버 장군과의 면담을 거쳐서 배속 승인을 받았다. 그와 면담을 마치고 나오는 장교는 하나같이 두려움과 분노로 혹은 완전히 주눅 들어 몸을 떨곤 했다. 그들 중에는 몇 해 전에 릭오버 밑에서 근무하겠다고 신청했던 전 미국 대통령 지미 카터도 있었다. 다음은 카터가 릭오버와의 면담에 관해 얘기한 내용이다.

나는 핵 잠수함 부대의 배속을 지원했고, 그 일로 릭오버 장군과 면담을 하게 되었다. 릭오버 장군을 만난 것은 그때가 처음이었다. 우리는 두 시간이 넘게 단 둘이 큰 방에 앉아 있었는데, 그는 내게 가장 좋아하는 토론 주제를 택하라고 했다. 아주 조심스럽게 나는 당시에 가장 잘 알고 있던 시사 문제, 해군의 자질, 음악, 문학, 해군 전략, 전기, 사격술 등의 주제를 택했다. 그런데 그는 갈수록 더 어려운 질문들을 해대기 시작했다. 주제마다 그는 그 주제들에 대해 내가 아는 게 별로 없다는 것을 금방 증명해 보였다.

그는 한 번도 웃지 않으며 계속 내 눈을 직시했다. 나는 금세 땀으로 흠뻑 젖었다.

마침내 그가 한 가지 질문을 던졌는데 나는 이제야 만회할 때라고 생각했다. "해군 사관학교에서 몇 등이나 했나?"라고 그가 물었다. 애나폴리스(Annapolis)에 있는 해군 사관학교 신입생으로 들어오기 전에 조지아 공과대학에서 2학년을 마쳤던 나는 성적은 꽤 우수한 편이었다. 이번엔 가슴을 쭉 펴고 자신만만하게 대답했다. "네, 820명 중에서 59등을 했습니다!" 나는 가만히 앉아서 칭찬을 기다리고 있었다. 그러나 그런 칭찬은 결코 듣지 못했다. 대신에 그는 "자네, 최선을 다했는가?"라고 물었다. 나는 "네, 제독님" 하고 대답을 시작하려던 참에, 앞에 앉아 있는 상대가 누군가 하는 것과 사관학교에서 우리의 동맹국, 적국, 무기, 전략 등에 대해 못다 배운 것도 많이 있다는 생각이 떠올랐다. 나는 그저 평범한 인간에 불과했다. 나는 간신히 숨을 들이쉬고 말했다. "아닙니다. 항상 최선을 다하지는 못했습니다."

그는 한참 동안 나를 쳐다본 다음 면담을 끝내려고 의자를 돌려 앉았다. 그러고는 결코 잊을 수 없는 질문, 아니 대답할 수 없었던 마지막 질문을 던졌다. "왜 최선을 다하지 않았나?" 나는 그 자리에 얼마 동안 부들부들 떨면서 앉아 있다가 천천히 방을 빠져나왔다.⁴

바로 그 사건이 카터로 하여금 『최선을 다하는 삶』(*Why Not the Best?*)이라는 책을 쓸 생각을 품게 해준 계기가 되었다. 진정 숙고해 볼 만한 이야기다. 그리스도와 동행하는 사람이라면 사고 면에서도 창조주의 탁월성을 덧입어야 하지 않겠는가?

생각한다는 것은 하나님이 인간에게 주신 놀라운 능력으로서, 피조물을 발견하고 관찰하며 그 각 부분을 비교하고 대조해 보고, 창조주의 영광을 드러낼 수 있도록 그것들을 적절히 사용하게끔 해준다. 생각하는 사람은 묵은 것을 새로운 시각으로 보고, 가설을 분석해서 거짓으로부터 참을 가려낼 줄 안다. 생각하는 사람은 때로 오래된 진리를 새로운 언어와 형식으로 기술하고, 다른 사람들이 진리를 삶에 적용하도록 도와준다. 그들은 또한 대담한 결정을 내리고, 우리로 하여금 새로운 비전을 보도록 하며, 이전에는 알지 못했던 방법으로 장애를 극복해 낸다.

이것은 위대하고 명석한 사람들만 해낼 수 있는 것은 아니다. 이것은 건전한 정신을 지닌 모든 사람의 과제다. 신체적인 면에서처럼 어떤 사람들은 다른 사람들보다 더 강할 수 있지만, 그것이 우리의 몸이나 정신을 사용해야 할 책임을 면제해 주는 것은 아니다.

우리는 자신을 스펀지처럼 여기는 것이 좋을 것 같다. 하나님은 이 광대한 창조 세계 안에 인간이 발견하고 즐기며 창조주 그분의 성품을 깨달을 수 있는 것들을 숨겨 두셨다. 우리는 그 모든 것을 스펀지처럼 흡수할 수 있어야 한다. 잠언 25:2은 이렇게 말한다. "일을 숨기는 것은 하나님의 영광이요, 일을 밝히 드러내는 것은 왕의 영광이다."

최초의 남자와 여자가 한 일은 하나님이 만들어 놓으신 것들을 발견하고 밝히 드러내는 것이었다. 그러나 그들이 하나님의 명령에 불순종함으로써 그처럼 놀라운 일을 할 수 있는 기회를 일부 상실하고 말았다. 그들은 이제 창조 세계 안에 있는 것을 계속 발견해 나가는 일보다는 적대적인 세상에서 어떻게 살아남을지를 더욱 걱정하게 되었다. 일의 성격이 갑자기 바뀐 것이다. 천국에서의 삶은 어떤 방식으로든 노동의 원형을 회복하게 될 것이라고 나는 확신한다.

그러나 그러한 발견의 원리와 특권은 부분적으로는 여전히 유효하다. 어떤 발견은 높은 산에서 금을 캐내는 것처럼 힘겨운 육체노동을 통해 이루어진다. 또 어떤 발견들은 식물계와 동물계와 인간세계 등에서 생명체의 활동을 관찰함으로써 이루어진다. 그리고 창조 세계에 대한 탐구의 많은 부분은 순전히 마음속에서 이루어지기도 한다. 말하자면, 우리는 묻혀 있는 개념과 진리를 캐내어 그것들을 예술적이고 아름답고도 창의적으로 표현하게 된다.

생각한다는 것은 위대한 일이다. 마치 잘 단련되고 다듬어진 신체가 경주에서 잘 달릴 수 있듯이, 잘 훈련되고 온전히 형성된 지성이 가장 잘 생각할 수 있다. 최선의 사고는 모든 피조물을 통치하시는 왕이신 하나님을 경외하는 마음으로 할 때 비로소 가능하다. 창조주를 아는 지식을 얻는 데 전혀 관심이 없는 사람들이 위대한 사상과 예술 작품을 만든 것을 보면 참으로 안타까운 마음을 금할 수 없다. 그들은 순전히 자기 권력의 확대를 위해서 혹은 하나님 없이도 세상은 잘 굴러간다는 전제하에 인간 중심적인 제도를 개발하기 위해서 사고하며 혁신적으로 일한다.

어떤 그리스도인들은 생각하기를 두려워한다. 그들은 생각이란 사실과 교리적 체계와 규율을 머릿속에 주워 담는 것이라고 오해한다.

그들은 애매모호한 주제를 다루는 것을 불편해한다. 그리고 쉽게 포장된 정답을 항상 얻지 못한다면 위대한 사상을 놓고 씨름하는 것 자체를 의미 있게 생각하지 않는다. 그 결과, 그분의 자녀들은 하나님이 의도하신 창조 세계에서 그분의 작품을 탐구하는 즐거움을 누릴 기회를 놓쳐 버리고, 개인적인 삶과 정신 활동에서 그저 미지근하게 표류하듯 살아가게 된다. 그와 같은 삶은 일종의 오락, 곧 생각 없는 활동에 불과한 것이다.

생각하지 않는 그리스도인은 자기도 모르는 사이에 위험하게도 그 주변 문화에 흡수되어 버린다. 그의 정신은 내실이 없고 훈련도 받지 않았기 때문에 세상에 도전할 만한 어려운 질문을 만들어 낼 능력이 없다. 세속 사회에서 살아가는 현대의 그리스도를 따르는 이들에게 주어진 도전은 먼저 예언자적 **질문을 던지는** 일이고 그다음 기독교적 응답을 제시하는 일이다.

엄청난 정보의 홍수 속에서 생각하지 않는 그리스도인은 그저 뒤로 물러나 그 힘겨운 사고의 책임을 소수의 엘리트 그리스도인들이나 신학자들에게 맡겨 버리는 경우가 종종 있다.

생전에 나는 디지털 혁명의 초기 몇 십 년을 지켜보았다. 초창기의 IBM 컴퓨터도 구매했다. 이 놀라운 기술 혁신은 너무 새로운 것이어서 내게 그 컴퓨터를 판매한 시어스 로벅의 판매원도 작동법을 전혀 몰랐다.

지금 나는 노트북, 태블릿, 아이패드를 제외하고, 아마 열 번째 컴퓨터를 가지고 있는 것 같다. 워드, 엑셀, 파워포인트, 파일 메이커와 여러 가지 프로그램 사용법도 배웠다.

대부분의 시간 동안 나는 이 첨단 기술의 세계를 상당히 좋아하며, 그것이 나의 관심사를 충족시켜 주는 것에 계속 감사해 왔다.

하지만 그것이 우리의 지성과 영혼에 어떻게 영향을 미치는지도 알게 되었다. 새로운 세대들은 내가 피하기로 마음먹은 것, 곧 소셜 네트워크를 받아들인다. 이것은 대화 기술의 품위를 떨어뜨리고, 온라인상의 험담으로 사람들을 망가뜨리며, 정보의 홍수로 우리를 과부하 상태로 만드는 경우가 꽤 많다.

나는 절대 신기술 반대주의자일 수 없다. 그리고 나는 사람들이 이득과 책무를 구분하지 못하고 기계를 두드리는 대화에서 조급함을 보이는 것을 인정한다. 게일과 내가 다른 나라에 있을 때 화상통화를 할 수 있다는 사실이 정말 좋다. 동료나 친구에게 급한 메시지를 전달해야 할 때 문자 메시지의 편리함에 감사한다. 작가의 한 사람으로서 타자기에 새 종이를 끼우는 대신 단락을 삭제하는 기능이 있는 것이 얼마나 좋은지 말로 표현할 수 없다.

그러나 이런 사실도 안다. 예수님을 따르는 사람은 기술이 신앙 성장에 방해가 될 때를 인지하는 통찰력이 있어야 한다는 것이다. 분별은 쉬운 일이 아니다.

우리 그리스도인의 지성이 자꾸만 무디어진다면, 우리는 비그리스도인들이 생각하는 힘을 열심히 닦아 이끌어 낸 비기독교적 체계를 선전하는 데 필요한 먹잇감으로 전락할 수 있다.

과거에 내 달리기 코치가 경기를 완주하기 위해서는 몸을 단련해야 한다고 가르쳤던 것처럼, 다른 사람들이 배워야 할 것을 나도 배워야 했다. 그것은 곧 지성을 훈련하는 일이었다. 지적 성장에 진지하게 관심을 기울이지 않는다면 그리스도를 따르는 이의 내면세계는 나약해지고 무방비 상태가 되어 무질서해지고 말 것이다.

폴리프랩의 선수는 기량이 더 뛰어났음에도 불구하고 지고 말았다. 100미터를 뛸 수 있는 능력만으로는 400미터 경기를 충분히 감당할 수 없었기 때문이었다.

언젠가 내 내면세계 중에서 지적 영역의 질서를 평가해 본 적이 있었다. 감사하게도 나는 타고난 몇 가지 재능이나 단기간의 교육만으로는 장차 하나님이 원하시는 분야에서 쓰임 받는 인물이 결코 될 수 없을 것이라는 점을 알게 되었다. 내가 잘 버텨서 잠재력을 최대한 발휘하는 유용한 사람이 된다면, 그것은 내가 재능이 많거나 높은 학위를 가졌기 때문이 아니라 지성이라는 근육을 잘 사용하여 멋진 모양으로 다듬는 법을 배웠기 때문일 것이다.

나는 생각하는 사람이 되어야만 했다. 역사가 어느 방향으로 흐르는지 알아야 했다. 인류의 위대한 사상을 파악하고 씨름하는 법을 배워야 했다. 또한 눈앞에 펼쳐지고 있는 것들에 대해 독자적 판단을 내릴 줄 알아야 했다. 그때는 내가 뛰기 시작해야 할 때였다. 그것도 아주 열심히. 다른 선수들이 따라잡으려고 뒤쫓아 오고 있었고 경기는 아직 많이 남아 있었다. 나는 재능은 있으나 지구력이 없어서 첫 바퀴만 잘 뛰고 마지막에는 패자로 끝나는 사람이 되고 싶지 않았다.

오스왈드 챔버스(Oswald Chambers)는 일기에 이렇게 썼다.

내 마음속에는 한 가지 큰 두려움이 있었는데, 하나님은 그것을 사용해 나를 기도하게 만드셨다. 수년 전 나는 한 남자, 곧 하나님의 위대한 사람을 알았다. 이제 10년이 흘러 다시 그를 만났는데 **수다스럽고 기운 빠지게 하는**, 얄팍하고 가식적인 사람으로 변해 있었다. 마흔이 넘으면 그렇게 되는 이가 얼마나 많은지! 게으름과 방종에 대한 두려움이 무섭게 엄습하여 나를 하나님께 이끌어 갔고, 내가 그분께 빚진 것을 다시는 잊지 않게 했다.[5]

훗날 챔버스가 이 만남을 되돌아본 까닭은 그 만남에 상당한 자극을 받았기 때문일 것이다. "나는 10년 전에 만났던 사람을 다시 만났을 때 그가 하나도 변하지 않은 모습, 온화해지지도 않고 더 활기차게 변한 것도 아니며 노련해지지도 않은 채 경직되어 있을 뿐인 모습을 정말 보고 싶지 않다."

당신도 이에 대해 깊이 생각해 보기를!

❖ **더 깊이 생각해 보기**

1. 교회나 사회에서 무기력한 지성이 초래하는 가장 큰 위험은 무엇인가? 당신이 경험한 구체적 예가 있다면 말해 보라.

2. 정신력을 단련시켜 온 덕분에 어떤 도전이 닥쳤을 때 그에 충분히 대처할 수 있었던 경험이 있는가? 그 상황을 얘기해 보라.

3. 디모데후서 4:13을 보라. 사도 바울은 감옥에 갇혀 있으면서 어떤 부탁을 하는가?

4. 당신이 빠른 출발을 한 사람임을 보여 주는 자질, 즉 지금까지 유리하다고 생각했던 개인적 자질은 무엇인가? 이것은 어떤 면에서 위험 신호로 바뀔 수 있다고 생각하는가?

5. 정신적 자극을 위해 필요를 느끼면서도 우선순위를 부여하지 않았던 것은 무엇인가? 다음 몇 가지를 중심으로 돌아보라.
1) 지적 토대를 넓혀 주는 독서
2) 사고를 확장시키며 도전을 주는 전문 세미나
3) 사고 활동에 지속적인 도전을 주는 멘토나 가까운 친구

6. 읽은 책이나 타인과의 대화 중에서 당신의 현재 상황에 도전을 주는 것은 몇 퍼센트나 된다고 생각하는가? 당신이 읽은 책 중 그 내

용에 동의하지 않은 것이 있다면 두 권만 말해 보라.

7. 사도행전 17:16-32을 읽어 보라. 바울의 아테네 연설 가운데 그의 정신적 강인함을 나타내 주는 말은 무엇인가?

8. 저자는 "최선의 사고는 모든 피조물을 통치하시는 왕이신 하나님을 경외하는 마음으로 할 때 비로소 가능하다"고 말한다. 이 말에 비추어 볼 때 당신이 더 자라기 위해서는 어떤 준비가 필요한가?

9. 어떤 장로교 목사는 해마다 불신자만 참석하는 '회의주의자' 모임에서 강연을 하고 질의 응답 시간을 갖는다고 한다. 이처럼 비기독교적 지성과 깊이 교류하면 우리는 사탄의 전술을 예리하게 파악할 수 있다. 당신은 어떻게 이런 일을 할 수 있는가?(비그리스도인과 어떻게 교제하고 있는지 돌아보라.)

10. 지성이 무디어질 때 우리를 먹잇감으로 삼을 수 있는 비기독교적 사상으로는 무엇이 있는가?

11. 당신의 사고 생활 가운데 더욱 확장되고 강화될 필요가 있는 영역은 무엇인가? 그것들을 열거하고 각각에 대해 당신이 활용 가능한 자원을 말해 보라.

9장
한 번도 읽힌 적이 없는 책

언젠가 게일과 함께 몇 가지 책을 구하기 위해 헌 책방을 돌아다닌 적이 있다. 찾던 책을 발견하면 기쁨에 들뜨곤 했다. 아내 게일은 1840년대에 출간된 대니얼 웹스터(Daniel Webster)의 전기 한 권을 찾아내었다. 그 책은 아주 재미있어 보였고 우리 둘 다 전기를 좋아했기 때문에 게일은 그것을 구입했다.

그 책은 표지가 닳아 있어서 많이 읽혔다는 느낌을 주기에 충분했다. 뉴잉글랜드 어떤 가문의 서재에서 몇 대에 걸쳐 소중하게 간직되어 온 책일지도 모른다는 상상을 불러일으킬 정도였으니. 어쩌면 수없이 대출되어 많은 이들에게 감명을 준 책일 수도 있었다.

그런데 실은 그렇지 않았다! 아내가 책장을 죽 훑어보니 제대로 재단이 되지 않아 여러 장이 서로 붙어 있어서 칼로 자르지 않으면 안 될 상태였던 것이다. 여러 장이 붙어 있다는 사실은 그 책이 한 번도 읽힌 적이 없음을 말해 주는 확실한 증거였다! 겉으로 보기에는 많이 읽혀서 닳은 듯했지만 말이다. 혹시 사용된 적이 있다면, 서재 책장을 우아하게 장식하거나 방문을 고정시키는 받침대로 혹은 식탁에서 어린아이의 의자 높이를 조정하는 데 쓰였을 것이다. 그러니까 그 책은 다른 어딘가에 쓰였을지는 몰라도 아무도 읽지 않은 책임이 분명했다.

지적으로 성장하지 않는 그리스도인은 마치 여러 장이 붙은 채 읽히지 않은 책과 같다. 그 책처럼 그는 어느 정도 사용 가치가 있을지 모르지만, 그것은 지성을 계발하고 예리하게 연마하기로 작정한 경우에 그가 지니게 될 가치와는 비교가 되지 않을 것이다.

육체노동이나 힘든 운동을 하지 않으면 몸이 약해지는 것과 같이, 지성 또한 적절한 훈련을 하지 않으면 쇠약해지고 건강하지 않은 상태가 된다. 나는 프랑스 작가 에른스트 딤네(Ernest Dimnet)가 쓴 오래된 책 『사고의 기술』(*The Art of Thinking*, 1928)을 읽고 나서야 비로소 **사고하는 것**을 하나의 훈련으로 진지하게 생각하게 되었다. 다음에 인용한 내용은 내가 정말 좋아하는 부분이다. 이것을 읽을 때 기억해야 할 점은 여기 나오는 등장인물이 거의 75세가 다 된 노인들이라는 점이다.

생각하는 사람이 들어온다. 우리는 늘 그가 어안이 벙벙하고 의심 많으며 종종 어리석기까지 한 생각하지 않는 사람들의 무리 가운데 서 있는 것을 본다. 도로 정비공인 그는 때로 아주 단순한 사람이다. 그가 정비 공장에서 천천히 걸어 나온다. 이 과묵한 남자가 나타났을 때 두세 사람이 차 주위에 둘러서서 별 쓸모없는 추측에 열을 올리면서 신나게 떠들고 있다. 그들은 한 시간 동안 그렇게 떠들고 애썼지만 결국은 두 손을 들어 버렸다. 그들은 말을 멈추었고, 더 이상 한 마디도 들리지 않았다. 이 정비공의 총명한 눈은, 한 치의 실수도 없을 것 같은 두 손의 도움을 받아 자동차 내부를 꼼꼼히 살핀다. 그러면서 그의 머리는 열 가지도 넘는 가설을 검토한다. 우리에게는 알 수 없는 수수께끼에 불과한 것들을 말이다. 그러자 곧 문제가 무엇인지 드러난다. 가끔씩 그는 빙긋 웃는다. 왜? 도대체 누구에게? 난 종종 궁금하다. 어쨌든 우리는 인재의 실재를 경험했다.

딤네는 다른 예도 많이 들었지만, 나는 이 이야기를 가장 좋아한다. 얼마나 기발한가! 사색가 정비공이라니 말이다. 나라면 절대 이런 예를 생각하지 못했을 것이다. 그러나 대단한 예다. 나는 그렇게 모든 것을 다 아는 양 잘난 척하는 사람들이 의심의 눈초리로 가만히 둘러서 있는 장면을 그려 볼 수 있다. 명문장은 두 번 읽어도 나쁘지 않다. "우리는 인재의 실재를 경험했다."

딤네는 후에 이렇게 쓴다.

생각하는 사람은…다른 사람이 보지 않는 것을 보는 출중한 인물이다.

그가 말하는 것은 신기하고, 어떤 계시와도 같으며, 사람의 주목을 끄는 면이 있다. 그 모든 것은 그가 보는 사실로부터 나오는 것이다. 그는 군중 속에서 머리 하나는 크다고 할 만큼 월등한 것 같다. 혹은 다른 사람들은 평지에서 터덜터덜 걸어가는 동안 그는 산등성이를 걸어가는 셈이라 해도 좋을 것이다. 비전을 보는 능력의 도덕적 측면을 표현하는 말이 있다면 그것은 독립성이다.[1]

솔로몬은 그의 전성기에 이러한 특징을 보였을 것임이 틀림없다. 그는 현상을 볼 때 의미를 찾는 사람이었다. 그는 생각들을 통합하고 분별 있는 결론을 내릴 줄 알았다. 그는 창조 세계를 구성하는 것들을 사랑했고 그것으로부터 지식을 얻는 데 거리낌이 없었다.

그는 삼천 가지의 잠언을 말하였고, 천다섯 편의 노래를 지었고, 레바논에 있는 백향목으로부터 벽에 붙어서 사는 우슬초에 이르기까지, 모든 초목을 놓고 논할 수 있었고, 짐승과 새와 기어다니는 것과 물고기를 두고서도 가릴 것 없이 논할 수 있었다. 그래서 그의 지혜에 관한 소문을 들은 모든 백성과 지상의 모든 왕은, 솔로몬의 지혜를 들어서 배우려고 몰려왔다. (왕상 4:32-34)

어떻게 하면 이러한 사람이 많아지도록 격려할 수 있을까? 사려 깊게 말하는 속 깊은 사람들. 얕은 생각의 수준에서 적당히 타협하지 않는 사람들. 더 귀에 거슬리고 불편한 다른 이들의 생각들이 우세한 세상에 살면서도 지적으로 게으름 피우지 않는 사람들. 온갖 가능성을 꼼꼼히 탐색하여 깊은 판단을 이끌어 내는 사람들. 독자적 결론이나 행동을 위한 여지를 전혀 남겨 두지 않는, 이념에 속박되지 않는 사람들.

성장 모드에 맞추기

어떤 사람이 한 인격으로 성장하고 발전하기 위하여 자신의 지성을 활용하기 시작하면 그의 내면세계 안에 새로운 질서가 서서히 자리 잡게 된다. 지성은 많은 이들의 경우 대체로 미개발 상태에 있는 영역이라 할 수 있다. 그것은 내가 **성장 모드**라고 일컫는 것에 자신을 맞추기 시작할 때 새로운 가능성으로 활기를 띠게 된다.

내면세계의 지적 차원을 계발하는 것에는 적어도 세 가지 목적이 있다. 그것들을 지성 계발을 위한 한 가지 틀로서 제시하고자 한다.

1. 우리의 지성은 기독교적으로 사고하도록 훈련되어야 한다

나는 기독교적 환경에서 자랐고 유아기 때부터 기독교적 가르침을 받는 혜택을 누렸기 때문에 이 목적을 잘 이해한다.

기독교적으로 생각한다는 것은, 이 세상이 하나님이 만드신 것이요 그분의 소유라는 것, 우리는 창조 세계에 대해 우리가 한 행위에

대해 장차 책임을 져야 한다는 것, 하나님의 법에 따라 선택을 하는 것이 중요하다는 것 등의 관점으로 세상을 바라보는 것을 의미한다. 성경은 이것을 가리켜 **청지기직**이라고 부른다. 기독교적 사고는 모든 쟁점과 사상을 하나님이 원하며 그분께 영광을 돌리는 관점에서 조망한다.

기독교적 분위기에서 오랫동안 살아오는 혜택을 누리지 못한 사람은 그러한 총체적 시각을 얻는 것이 쉽지 않다. 어떤 사람이 나이 들어 그리스도를 따르게 되었다면, 자신의 본성과 반응을 더 성숙한 신자들과 비교하면서 무척 고심하게 될 것이다. 그는 신앙적으로 과연 더 전진할 수 있을지 의아해하고 스스로를 질책하려 들 것이다.

이런 유의 신자는 **기독교적 본능**이 아니라 **의지적 결심**에 의해서 사고 영역을 더 잘 계발할 수 있다. 바꾸어 말하면, 새롭게 그리스도를 따르는 이가 어떤 문제나 기회에 대처하는 반응은 비기독교적 반응과 같기 쉬우므로, 그는 그것을 자기가 배운 기독교적 반응으로 바꾸어야 한다는 것이다.

자라온 환경에 의해 기독교적 사고방식을 갖게 된 사람은 반항적인 삶을 살기로 작정하지 않는 한, 기독교적으로 적절한 반응을 보이며 그 방향으로 사고할 것이다. 그러나 이것은 중요한 문제로서 그가 정신적으로 기독교적 반응을 한다고 해서 그리스도인다운 행동을 하느냐는 별개 문제다. 실천적 행동이 따르지 않는 정신적 반응은 별로 쓸모가 없다.

이 두 가지 유형의 사고방식에 대해서 이야기하는 까닭은, 특히 영적 성장의 의미에 대해서 고심하며 그리스도를 따르는 좀더 어린 신자들에게 도움이 되기 때문이다. 그들은 자신이 더 오래된 신자에 비해 항상 뒤처져 있고 그들을 따라잡지 못하는 이유가 무엇일까 의아해한다. 이 문제를 푸는 열쇠는 기독교 가정의 유익과 중요성을 분명히 입증해 주는, 기독교 문화로의 동화에 있다. 이러한 기독교 문화로의 동화는 우리 주변 세계가 점차 세속화되고 기독교적 기반으로부터 멀어짐에 따라 줄어드는 추세다.

새로이 그리스도를 따르는 이의 경우 지적 성장은 기독교적 관점의 계발, 삶에 대한 그리스도인다운 반응, 직업 영역에서의 기독교적 가치 체계 정립 등을 포함할 것이다.

오랫동안 그리스도인으로 살아온 사람은 이와는 다른 유의 갈등을 겪고 있다. 그는 대부분의 상황에 대해 본능적으로 기독교적 반응을 보이긴 하지만, 헌신의 측면에서는 이제 막 회심한 신자만큼 열정이 없을 수도 있다. 그는 기독교화된 기제가 자동으로 작동할 것이라고 쉽게 가정해 버린다. 그리고 이런 사고방식이 한동안 계속될 경우 매우 위험할 수 있다. 그리스도께 대한 헌신을 정기적으로 새롭게 하지 않고 단지 기독교적으로 사고하는 것은 하나의 죽은 종교, 상투적 신앙, 비효과적 증거 등의 원인이 된다. 그러므로 그리스도의 복음과 더불어 성장해 온 이들은 이 점에 매우 주의해야 마땅하다.

2. 우리의 지성은 하나님이 창조 세계 안에 기록해 두신 메시지를 발견하고 감사하도록 훈련되어야 한다

"하늘은 하나님의 영광을 선포한다"(시 19:1). 사람을 비롯하여 하나님이 만드신 만물의 가장 주된 존재 목적은 하나님의 영광을 반영하는 것이다.

불행하게도, 죄의 위력은 그 영광을 나타내어야 마땅한 피조계의 능력을 상당 부분 손상시켜 버렸다. 사실상, 죄가 인간의 그런 능력을 먼저 손상시키고 이어서 인간을 통해 체계적으로 다른 모든 피조물을 손상시켰다. 그러나 사람이 이 문제에 대해 혼동하지 않는다면 창조 세계가 계속해서 소리 높여 외치는 메시지를 들을 수 있다. 다름 아니라 그것은 창조주 하나님을 힘껏 찬양하는 소리다!

그리스도를 향한 사랑으로 충만하여 성장 모드에 있는 지성은 이러한 메시지를 찾으려고 창조 세계를 관찰한다. 우리에게 주어진 영적·자연적 은사로 인하여 우리 각자는 다른 사람들보다 특정 분야에서 그 메시지를 좀더 잘 보고 들을 수 있다. 그리고 우리는 이 창조 세계의 재료를 취해서 그 정체를 파악하고 형태를 부여하고 재구성할 능력이 있다. 더 나아가 하나님께 더욱 영광을 돌리는 방향으로 그것을 사용할 수 있다. 목수는 나무를 가지고 일하고, 의사는 몸에 귀를 기울이고, 음악가는 소리를 배열하고, 회사 간부는 사람을 관리하고, 교육자는 학생들을 훈련시키고, 연구자는 우주의 구성 요소들을 분석하고 응용하고 활용한다.

우리는 이러한 과업을 수행하기 위하여 지성을 계발하며, 우리가 그렇게 할 때 하나님이 우리에게 사랑의 마음으로 계시하시는 모든 것에서 참된 기쁨을 맛보게 된다.

3. 우리의 지성은 공적 세계에 속한 사람들을 섬길 목적으로 정보와 아이디어와 통찰을 추구하도록 훈련되어야 한다

지성을 계발함으로써 우리는 같은 시대를 살아가는 이들을 섬기는 종이 될 수 있다. 한센병으로 고통당하는 사람들이 팔다리를 다시 쓸 수 있도록 수술 방법을 개발한 것으로 유명한 의료 선교사 폴 브랜드(Paul Brand)가 생각난다. 문학 분야에서는 C. S. 루이스, 인종 문제에서는 마틴 루터 킹(Dr. Martin Luther King Jr.)의 지성이 공헌을 하였다. 뿐만 아니라 그들처럼 유명하지는 않지만 각계에 기여한 인물들이 많다. 전문 기술로 에쿠아도르에서 수력발전 댐 건설을 돕는 젊은 토목 기사, 사회적 약자들이 재정적으로 다시 일어설 수 있도록 귀한 시간을 쏟는 회계사, 도심지 빈민가에 사는 이들에게 낡은 집을 개조하고 방한 장치를 하는 법을 가르치는 건축가, 갓 이민 온 어린이들에게 읽는 법을 가르치는 데 시간을 쓰는 컴퓨터 기사 등. 이들 모두는 자신의 지성을 다른 사람을 섬기는 사역에 사용하고 있다.

지성을 계발하는 것은 단지 내가 잘되기 위해서가 아니라 다른 이들에게 유용한 일을 하는 데 필요한 생각하는 힘을 기르기 위해서다. 나는 독서를 하거나 자료를 수집하는 일에 몰두할 때 이 점을 유념

한다. 내가 모으고 있는 원재료는 언젠가 다른 사람들을 격려하거나 새로운 통찰력을 제공해 주는 책이나 설교에 사용될 것이다. 내가 지적으로 성장함에 따라 다른 사람의 성장에도 기여하게 될 것이다.

지적 성장을 위한 사고 체계 확립

내 인생의 초년기를 되돌아보면서, 당시에 나는 많은 주제에 관해 엄청난 양의 정보를 축적하긴 했어도 적극적인 사색가가 되어야겠다고 굳게 마음먹은 적은 없음을 깨닫고 깜짝 놀랐다. 과연 내가 배움을 사랑하는 법을 터득한 적이 있는지 의심스럽다.

아버지는 강하고 독단적인 사색가였다. 그분은 우리 가족을 대신해서 모든 것을 생각하는 분 같았다. 어린 시절 아버지의 의견과 상반되는 생각을 표현한다는 것은 보통 일이 아니었고 감히 그렇게 할 엄두가 나지 않았다. 바로 그게 내 문제였다! 그래서 마침내 태어난 가정을 '졸업하게' 되었을 때는 독창적 사고를 개발하기 위해 애써야 했다. 사실 지금도 가끔 내가 독창적 사고를 하고 있는지 의심스러울 때가 있다.

나는 공식적 교육 과정을 밟는 동안 내내 마지못해 공부하는 부류에 속하는 사람이었다. 나는 "이 과정을 통과하려면 무엇을 해야 하는지 알려 주세요. 그러면 그대로 하겠습니다"라고 말했다. 거의 예외 없이 그런 자세로 중고등학교, 대학교, 대학원을 다녔다. 그러한 나의 제한된 시각을 발견하고 나로 하여금 좀더 탁월한 수준에 이르도록 독려해 주시는 선생님도 가끔 있었다. 왜 다른 선생님들보다도 그런 선생님들께 감사한 마음을 품게 되었는지 끊임없이 생각해 보았다. 실로 나 자신을 더욱 확장시키고 평범한 수준을 넘어 더 뻗어 가는 것은 무척 재미있는 일이었던 것이다.

그러나 공식적인 교육 과정을 모두 마친 후에는 나를 밀거나 이끌어 줄 사람이 아무도 없었고 나 자신을 제외하고는 아무도 나에게 지적 탁월함을 요구하지 않았다. 그리고 이내 나 자신의 지적 성장에 대한 책임은 전적으로 나에게 있다는 사실을 배우게 되었다. 그때야말로 지적 사춘기에 해당되는 시기였다. 처음으로 나는 스스로 생각하고 배우는 법에 대해서 진지하게 고려하게 되었다.

그러면 우리는 어떻게 내면세계에 지적 체계를 세울 수 있겠는가? 몇 가지 방법을 열거해 보겠다.

경청하는 사람이 됨으로써 성장한다

나의 지적 체계는 듣는 법을 배우면서 세워지기 시작했다. 나처럼 말하기를 좋아하는 사람에게 듣기란 좀처럼 쉽지 않다. 그런데 귀담아 듣지 않는 사람은, 자신의 지성이 성장하는 데 필수적인 정보의 주요 원천을 부정하는 셈이다.

경청하는 사람이 되는 첫걸음은 **질문하는 법을 배우는 것**이었다. 나는 누구를 만나든지 어떤 상황에 처하든지 거의 언제나 무언가 배울 것이 있음을 알게 되었다. 많은 경우에 내가 먼저 질문을 던짐으로써 들을 내용을 불러일으켜야 했다. 이는 바로 좋은 질문을 하는 법을 배우는 것을 의미한다. 적절한 질문은 가치 있는 정보를 이끌어 내고 그것은 성장을 촉진한다. 내가 사람들에게 흔히 하는 질문은 직업이 무엇인지, 배우자를 어디서 만났는지, 또 어떤 책을 읽고 있는지, 당면한 최대 도전이 무엇인지, 살면서 하나님을 가장 생생하게 체험하는 영역은 어디인지 등이다. 여기에 대해 그들이 하는 대답은 언제나 유용하다.

경청자가 되는 과정을 통해서 내가 발견한 것은, 사람들은 대부분 스스로에 대해 무엇인가를 말하고 싶어 한다는 사실이다. 노인들의 말을 들어 줄 사람은 별로 없다. 사실 이들이야말로 대개 통찰력의 원천임에도 불구하고 말이다. 고통당하고 있는 이들, 스트레스와 긴장 가운데 있는 이들은 적절한 질문을 하는 사람을 만나기만 하면 많은 것을 나눌 수 있다. 그리고 질문을 던질 때 우리는 배우게 될 뿐 아니라 격려하고 사랑할 수도 있게 된다.

특히 나이 든 분들과 어린아이의 말에 귀 기울이는 것을 배울 필요가 있다. 그들은 모두 우리의 생각과 마음을 풍요롭게 해줄 이야기를 갖고 있다. 어린아이들은 종종 몹시 정직하게 사물을 단순화한다. 노인들은 어떤 쟁점에 대하여 오랜 삶의 경험에서 우러나온 안목을 제공한다. 고통받고 있는 이들은 인생에서 무엇이 진정 중요한 문제인지를 이해하게 해준다. 우리가 기꺼이 사람들의 발 아래 앉아 겸손히 올바른 질문을 하고자 한다면 모든 사람으로부터 무언가를 배울 수 있다.

경청을 통해서 성장하는 둘째 방법은 **멘토의 말에 귀 기울이는 것**이다. 삶 전체를 통해 하나님은 내 주위에 여러 사람들을 두셔서 나를 신뢰하고 보살피고, 하나님으로부터 받은 모든 잠재력을 최대한 발휘할 수 있도록 여러모로 돕게 하셨다. 그런 사람들의 말을 귀 기울여 듣도록 가르쳐 주신 부모님께 감사한다. 내 친구들 중에서는 그러한 지도자들의 충고와 지혜를 무시하여 귀중한 지식을 놓친 이들도 많기 때문이다.

셋째로, **다른 사람들의 비판에 귀 기울일 때**에도 항상 성장이 이루어진다고 말할 수 있다. 그렇게 하기란 어느 누구에게도 쉽지 않다. 네비게이토 창설자인 도슨 트로트맨(Dawson Trotman)은 자신에 대한 모든 비판을 잘 다루는 법을 터득했다. 아무리 공정하지 못한 비판처럼 보일지라도 그는 항상 그것을 기도의 골방으로 가지고 가서 주님 앞에 사실대로 털어놓곤 했다. 그러고 나서 "주님, 이 비판 속에 감춰져 있는 진실의 알맹이를 보여 주옵소서!" 하고 기도했다.

이 진리가 때로는 작은 것일 수도 있지만 그것은 찾고 깊이 숙고할 만한 가치가 있다. 나는 도슨 트로트맨의 비결을 배우게 된 것을 무척 고맙게 생각한다. 그것을 몰랐더라면 비판을 받을 때 방어하기에만 급급했을 텐데 그렇게 되지 않도록 나를 구해 준 순간이 수없이 많았다. 그 대신 나는 비판자들을 통해서 성장하는 법을 배우기 시작했다. 나는 일말의 진리도 담겨 있지 않은 비판은 거의 들어 보지 못했다. 어떤 진리는 아주 사소했지만 그것도 어디까지나 진리였다.

내 성품과 인격 훈련의 기초가 된 가장 중요한 진리들을 마음속으로 헤아려 보았을 때, 대부분 누군가가 사랑하는 마음에서 혹은 화가 나서 나를 질책하거나 비판했던 고통스러운 상황을 통해 온 것임을 발견하고는 무척 놀랐다. 지금도 생생하게 기억나는 사건이 있다. 예전에 덴버 신학교의 특별 집회에서 내가 당시 학생 세대에서 뜨거운 논쟁거리였던 어떤 도덕적 쟁점에 관한 논문을 발표하고 막 나오는 길이었다. 그때 선교학 교수인 레이먼드 부커(Raymond Buker) 박사가 내게 다가왔다. 그날 나는 발표 준비 때문에 그 교수의 수업을 두 시간이나 빼먹었는데 그것이 발각된 것이다.

교수님은 "고든, 오늘 밤 자네가 발표한 글은 좋은 내용이었지만 대단한 것은 못 되네. 그 이유를 알고 싶나?" 하고 말씀하셨다.

나는 약간 창피한 일이 벌어질 것 같아서 내심 그 이유를 알고 싶지 않았지만, 침을 꿀꺽 삼키고는 그의 분석을 듣고 싶다고 말했다.

"그 글은 훌륭하지 않아. 왜냐하면 그 글을 쓰기 위해서 자신의 일과를 희생시켰기 때문이지" 하고 말씀하시면서 교수님은 손가락으로 내 가슴을 쿡 찌르셨다.

쓰라린 가슴을 안고 나는 내가 꼭 배워야 할 가장 중요한 교훈 하나를 배우게 된 것이다. 기독교 지도자로서 나는 시간을 보통 임의대로 쓸 수 있었기 때문에 판에 박힌 일과나 평범한 의무들을 무시하고 멋있어 보이는 일에 몰두하게 되기 쉬웠다. 그러나 인생의 대부분은 일상 속에서 살아가는 것이므로 부커 교수가 옳았다. 즉 일상적인 책임과 의무를 잘 이행하는 법을 배운 사람이 길게 보면 가장 위대한 공헌을 하게 될 것이기 때문이다.

그런데 기꺼이 나를 질책해 준 사람이 없었다면, 그리고 내가 기꺼이 귀 기울이며 배우려 하지 않았다면, 적어도 인생의 그 시점에서 그 교훈을 배우지 못하고 성장하지도 못했을 것이다.

우리는 들음으로써, 적극적으로 귀담아 들음으로써 성장한다. 질문을 던지고, 주위에서 일어나는 일들을 주의 깊게 관찰하고, 사람들이 스스로 내린 선택으로 겪게 되는 좋거나 나쁜 결과를 보면서 성장한다.

독서를 통해 성장한다

우리가 성장하는 두 번째 방법은 독서를 통해서다. 대중매체 시대인 오늘날의 젊은 세대는 독서 훈련을 점점 더 어려워하고 있는데, 이는 우리 시대의 가장 큰 손실 중 하나일 것이다. 책을 탐독함으로써 얻을 수 있는 것은 그 무엇과도 바꿀 수가 없다.

로마 철학자 키케로는 읽기 훈련에 관해 이렇게 말했다.

언제 어디서나 나이를 불문하고 어울리는 다른 즐거움은 없다. 그러나 독서는 젊은이의 양식이요, 노년의 기쁨이요, 집에서 누리는 기쁨이다.

뿐만 아니라 해외에서도 짐이 되지 않는다. 밤에도 우리와 함께하고, 가깝든 멀든 우리 여행에 함께한다.

바울은 디모데에게 보낸 편지에서 양피지와 책들을 가져다 달라고 썼는데, 그것은 그의 독서에 대한 갈망을 명백히 보여 주는 것이다. 노령에도 불구하고 그는 성장을 열망했다. 우리 중에는 독서가 자연스럽지 않고 힘겨운 이들이 있을 수 있다. 각자 얼마나 주도적으로 할 수 있을지 모르지만 어쨌든 우리는 체계적으로 독서하는 습관을 길러야만 한다.

아내 게일과 나는 전기를 열심히 읽는다. 우리 둘이 집에서 전기를 읽지 않는 때는 거의 없다. 이러한 책들은 우리 마음에 헤아릴 수 없이 값진 통찰을 선사해 주었다.

어떤 사람은 심리학이나 신학, 역사 또는 소설에 끌릴 것이다. 적어도 우리는 언제나 좋은 책 한 권을 읽고 있어야 하고, 가능하면 그 이상도 좋다. 사역이 잘되지 않아 고민하고 있는 목사를 만날 때면 나는 가끔 이렇게 질문한다. "요즘 어떤 책을 읽고 계십니까?" 만약 그가 사역에 실패해서 갈등을 겪고 있다면 대개 최근에 읽고 있는 책 제목이나 저자를 댈 수 없으리라고 예측할 수 있다. 독서를 하고 있지 않다면 그는 성장하고 있지 않을 가능성이 높다. 그리고 그가 성장하고 있지 않다면 무력한 삶을 향해 급속도로 곤두박질치고 있을 확률이 높다.

이란의 인질 납치 사건(1979-1981년)으로 인해 미국이 온통 들끓었던 일도 벌써 꽤 오래전 일이다. 그 무시무시한 공포를 기억하는 사람이라면 특별히 잊히지 않는 한 여인이 있을 것이다. 그녀는 400일 이상 갇혀 있었던 50명이 넘는 인질 중에서 단연 눈에 띄는 인물이었다. 캐서린 쿱(Katherine Koob)이라는 이 여인은 이란 대사관과 미국에 있는 많은 사람들에게 큰 감명을 주었다. 그녀는 집에 돌아온 다음 그러한 상황에서도 정신을 잃지 않고 강하게 버틸 수 있었던 이유를 설명하면서, 주저 없이 그것은 평생 동안의 독서와 암송 덕분이었다고 말했다. 그녀의 정신에는 무한하다고 할 만한 지식이 축적되어 있어서 그로부터 힘을 얻고 결의를 다질 수 있었을 뿐만 아니라 그 진리를 가지고 다른 사람들을 위로할 수 있었던 것이다.

나는 독서를 위해 최소한 하루에 한 시간을 떼어 놓는 것을 훈련 지침으로 삼고 지키려고 애써 왔다. 독서할 때는 좋은 구절들을 표시할 수 있도록 손에서 연필을 놓아서는 안 된다는 것을 알게 되었고, 인상 깊은 견해나 훗날 사용할 수 있도록 따로 정리할 필요가 있는 인용문을 표시할 수 있는 간단한 일련 부호도 개발하였다.

독서하면서 나는 설교나 글의 재료가 될 만한 핵심 사상이나 아이디어를 메모해 둔다. 독서를 하다 보면 어떤 사람에게 큰 도움이 될 만한 통찰을 얻게 되는 경우가 허다하다. 그런 특별한 인용문이나 교훈을 격려나 조언으로 보내 주는 것이 일종의 사역이 되기도 했다.

어떤 저자가 내 생각과 마음에 큰 자극을 주었다면, 나는 그가 쓴 모든 책을 구하려고 애쓸 것이다. 그리고 검토할 만한 전기들과 각주와 색인 등을 자세히 기록해 놓는다.

오랜 세월에 걸쳐 나는 학생이나 독서가를 만나면 "무슨 책을 읽고 계십니까?"라는 질문을 하게 되었다. 그 사람이 대여섯 권 정도 책 제목을 일러 준다면, 나는 아주 감사하는 마음으로 그것들을 내 독서 목록에 적어 넣는다. 어떤 모임에서 누군가가 아주 훌륭한 어떤 책에 대해서 언급할 때면, 그 모임에서 누가 독서가인지를 항상 알아챌 수 있는 방법이 있다. 독서가는 즉시 수첩이나 메모지를 꺼내서 책 제목과 저자 이름을 적는 사람이다.

공부 훈련을 통해서 성장한다

지적 성장을 위한 세 번째 방법은 공부 훈련을 통한 것이다. 공부에 투자할 수 있는 시간은 사람마다 다르고 직업에 따라서도 크게 달라진다. 설교자의 경우 그들의 사명인 영적 양식을 먹이는 일을 하려면 한마디로 공부를 하지 않으면 안 된다.

사역 초기에 지적 성장을 위한 훈련이 몸이 배지 않았을 때에는 공부란 대부분 내가 지금 **방어적 공부**라 부르는 것이었다. 그것은 설교나 강연이 눈앞에 닥쳤기 때문에 정신없이 준비하는 것을 의미한다. 그리고 내가 하는 모든 공부는 그 과업을 완수하는 데 초점을 맞춘 것이었다.

그러나 나중에야 지금 내가 **공격적 공부**라 부르는 공부의 중요성을 발견하게 되었다. 이것은 방대한 지식과 통찰을 모으는 것을 목적으로 삼는 공부로서, 이를 통해 훗날 하게 될 설교와 강연, 집필 내용이 더욱 풍성해질 것이다. 전자의 연구는 오직 한 가지 주제에 한정된다. 후자는 다양한 자료로부터 진리와 명철을 탐구하고 이끌어 낸다. 사실 나에게는 방어적 공부와 공격적 공부 둘 다 필요하다.

우리는 공격적 공부를 열심히 훈련할 때 비로소 성장한다. 여기에는 독서하기, 사고를 확장시키는 단기 교육 과정에 참석하기, 새로운 것을 배워야 하는 도전을 받아들이기, 하나님의 세계를 더 배우는 기쁨을 맛보기 위해 다양한 분야를 탐구하기 등이 포함된다.

내 경우에는 여름철이 공격적 공부를 하기에 가장 좋은 때임을 알게 되었다. 겨울은 적합하지 않았다. 해마다 읽고 싶은 책들과 하고 싶은 연구 계획을 미루어 놓았다가 여름에 별도의 시간이 나면 부지런히 하곤 한다. 여름이 끝나고 바쁜 계절을 맞을 무렵이면 다음 한 해 동안 해야 할 설교와 성경 공부에 필요한 상당량의 원재료를 준비한 상태가 될 수 있도록 말이다.

앞에서 언급했듯이 내게는 항상 이른 아침이 연구 시간으로 가장 효과적이다. 하지만 과거에는 며칠 전부터 미리 달력에 그 시간을 확보해 놓았을 경우에만 그 시간을 성공적으로 보낼 수 있었다. 그 시간을 다른 일에 사용하게 되면 거의 언제나 후회가 뒤따랐다. 공부는 결코 파기해서는 안 될 중요한 약속이었던 것이다.

또한 나에게는 연구 시간을 보호하고 격려해 주는 아내가 있었는데, 그것은 아내가 성장하는 길이기도 했다. 결혼 생활과 사역 초기에는 아내도 나와 마찬가지로 공격적 공부와 방어적 공부의 중요성에 대해서 배워야만 했다. 젊은 시절 아내는 내가 책을 읽고 있거나 책상에 앉아 있을 때에도 주저 없이 방해하곤 했다. 당시에는 30초 정도라면 내게 뭘 물어보거나 쓰레기를 내다버리라고 부탁해도 별 문제가 되지 않는다고 생각했던 것이다.

그러나 게일은 공부가 내게 힘든 노동이며 그렇게 방해하는 것은 집중된 정신을 산산이 흩어 버리기 쉽다는 것을 알게 되었다. 그것을 깨닫고 난 뒤 아내는 내 연구 시간을 지켜 주었을 뿐 아니라, 내가 그 시간을 조금이라도 낭비하거나 미루려 할 때에는 재치 있게 지적하며 연구 시간을 확보해 주었다. 만일 글쓰기가 하나님이 내게 주신 소명의 일부이며 이를 위해 그녀의 도움과 자극이 꼭 필요하다는 것을 우리가 함께 확신하고 밀고 나가지 않았다면, 내 저서 중 어느 것도 나오지 않았을 것이다.

오래전 나는 목사들을 대상으로 설교 세미나를 인도한 적이 있는데, 거기서 공부라는 주제와 준비 과정에 대하여 토론했다. 그때 배우자들도(남편과 아내 둘 다) 여럿 참석했기 때문에 나는 사람들에게 이렇게 말했다. "이 가운데는 배우자가 책을 읽고 있을 때, 시간 낭비를 하고 있구나 하고 생각하는 분도 있을 것입니다. 그렇기 때문에 순간적 충동으로 거리낌 없이 방해할 수도 있습니다. 그런데 여러분이 꼭 아셔야 할 것은 목공소에서 톱날을 세우고 있는 목수만큼이나 배우자도 매순간 열심히 노동하고 있다는 사실입니다. 그러므로 여러분은 배우자를 방해해서는 안 될 뿐 아니라, 배우자가 유능한 일꾼으로 성장하기를 원하신다면 그의 사적 영역을 최대한 보장하도록 최선을 다해야 합니다."

공부는 정보를 잃어버리지 않고 잘 보관하도록 하는 자료 정리 체계를 뜻한다. 그것은 참고 서적을 잘 갖춘 훌륭한 서가를 얻기 위해 상당한 대가를 지불하는 것을 의미한다. 그러나 그것은 무엇보다도 결심과 훈련을 의미한다. 그리고 그 결과는 언제나 성장이다.

공부의 중요성과 관련하여 우리 모두가 알아야 할 게 하나 더 있다. 내가 목사이기 때문에 그리고 사실 공부는 지도자들에게 아주 중요한 일이기 때문에 지금까지 주로 목회자를 염두에 두고 얘기했다. 하지만 내가 하는 말은 원칙적으로 그리스도를 따르는 모든 이들, 모든 남자와 여자들에게 해당하는 것이다. 나는 아내가 내 공부를 도와주는 것뿐만 아니라, 나도 아내가 공부할 수 있도록 배려하는 것이 중요함을 깨닫게 되었다. 이것은 서로 격려하는 일종의 상호 훈련이다. 두 사람 모두 지적 성장을 위해 함께 노력해야 한다는 말이다.

나는 이것이 의미하는 바를 분명히 하고자 한다. 즉, **남편들은 아내가 독서하고 공부할 수 있는 시간을 확보해 주고 또 지켜 주고 있는지 반드시 자문해 보아야 한다는 것이다.** 우리가 만난 수많은 부부의 문제가 불균형한 지적 성장이라는 사실에 깜짝 놀랐다. 10년 혹은 15년 동안 결혼 생활을 하고 보니, 한 사람은 성장이 멈춘 반면 다른 한 사람은 계속 성장하고 있는 현실을 접한다. 최대한 성장하는 쪽은 **여성**인 경우가 아주 많았다. 솔직히 말하자면, 상당히 많은 남성들은 40대 중반이 되면 더 이상 지적으로 성장하지 않는 것 같다.

나이와 상관없이 수첩을 갖고 다니면서 열심히 기록하는 사람은 바로 공부하는 '학생'임을 쉽게 알아챌 수 있다. 몇 년 전, 게일과 나는 특정 크기의 노트 속지와 열두어 개의 바인더를 구입했다. 우리가 메모한 것들은 모두 주제별로 분류된 바인더에 끼워진다. 우리는 어디에 가든지 종이를 가지고 다니면서, 만나는 사람이 무엇인가 중요한 내용을 말하면 그것을 바로 기록해 둔다. 언제 상대방이 장차 참고가 될 만한 책을 추천하거나 어떤 중요한 경험을 얘기해 줄지 모르기 때문에 항상 준비해 둔 것이다.

그리스도를 따르며 성장을 원하는 이들은 설교를 듣거나 성경 공부를 할 때면 언제나 기록하는 습관이 있을 것이다. 그것은 하나님이 귀 기울여 듣는 자에게 장차 다른 이들을 섬기는 데 유용한 어떤 것을 주실 것이라는 믿음을 표현하는 실제적 행위다. 기록을 잘하는 것은 끊임없이 우리에게 주어지는 정보와 통찰을 저장하고, 그럼으로써 가능한 모든 성장 기회를 활용하는 한 가지 방법이다.

구약의 율법학자 에스라는 지적 성장을 믿은 사람이었다. 에스라는 주님의 율법을 깊이 연구하고 지키면서 이스라엘 사람들에게 율례와 규례를 가르치는 일에 헌신하였다(7:10). 한 사람의 내면세계에서 개인적 성장이 어떻게 이루어지는지 묘사하는 이 구절에서는 특히 그 순서를 눈여겨볼 필요가 있다. 그는 **연구하고, 배운 것을 행했으며, 소중한 것을 타인과 나누었다.** 전문적인 학습자라고 할 수 있는 에스라는 우리 중 그 누구보다도 많은 시간을 연구에 쏟아부었다. 그는 위대한 선구자이기도 했다. 에스라의 지성과 영혼이 충만하였기에 하나님은 예루살렘 재건을 위해 수많은 사람을 이끌고 광야를 건너는 위대한 일을 그에게 맡기셨던 것이다.

만일 당신이 오늘 우리 집에 와서 책장에 있는 그 낡은 웹스터 전기를 꺼내어 본다면, 우리가 그 매력적인 미국인의 일대기를 읽기 위해 붙어 있던 페이지를 하나하나 떼어 놓았음을 알게 될 것이다. 그 책은 여전히 아주 낡아빠진 모습이지만 예전과는 달리 지금은 온당한 이유로 그렇게 낡은 것이다. 그 책은 마침내 읽히게 되었다!

우리가 그 책을 발견했을 때처럼 많은 사람들이 겉으로는 온통 닳고 찢어진 삶의 흔적을 지니고 있다. 그러나 그들의 내면세계의 많은 부분은 아직 펼쳐지지 않은 채로 있다. 그들의 내면이 흐트러져 있는 이유는 이 시대의 지식과 도전에 대처할 만큼 자신의 지성을 계발한 적이 없기 때문이다. 그들은 하나님이 우리에게 발견하고 즐기고 사용하도록 주신 모든 것을 제대로 활용하지 못한 것이다.

그러나 우리가 지성의 성장과 계발에 대해 진지한 자세를 갖게 되면 아름다운 일이 일어난다. 우리는 하나님을 더욱 온전히 알아가고 다른 사람을 섬기는 일에 한없이 유용한 사람이 될 것이다. 창조 시의 본래 의도대로, 우리의 예리해진 지성은 하나님의 영광을 나타내기 시작할 것이기 때문이다.

이 얼마나 멋진 모습인가! 하나님의 세계 안에 살면서 통찰력과 진리로 모든 페이지가 펼쳐진, 예리한 지성을 지닌 한 인간의 모습 말이다. 잠언은 "훈계를 놓치지 말고 굳게 잡아라. 그것은 네 생명이니, 단단히 지켜라"(4:13)라고 말한다.

❖ 더 깊이 생각해 보기

1. 저자는 우리가 기독교적으로 사고하는 법을 배울 필요가 있다고 한다. 그 말의 의미는 무엇인가?

2. 만일 당신이 철저히 기독교적 환경에서 성장하는 기회를 갖지 못했다면 어떻게 그것을 보완할 수 있겠는가?

3. 당신이 몸담고 있는 분야는 어디인가? 거기서는 어떻게 하나님이 창조 세계 안에 기록해 두신 메시지를 발견하고 감사할 수 있는가?

4. 당신이 가진 정보, 아이디어, 통찰의 저장 영역을 더 넓히기 위해서는 무엇을 해야겠는가?

5. 경청하는 사람이 되기 위한 4단계는 무엇인가? 당신이 각 단계를 소화하기 위해서는 어떻게 해야 할지 설명해 보라.

6. 하나님께 귀 기울이거나 다른 사람의 말을 경청함으로써 커다란 진보를 경험한 적이 있다면 설명해 보라.

7. 오래전부터 읽고 싶었지만 아직 읽지 못한 책이 있다면 무엇인가? 언제 그 책을 읽을 시간을 마련하겠는가?

8. 무엇이 에스라를 그 시대의 다른 지도자들과는 구별되는 인물로 만들었는가? 시편 119:33-40을 읽고 이런 유의 학습자가 갖는 특징을 묘사해 보라.

9. 만약 당신이 아직 공격적 공부를 하지 못하고 있다면, 그 출발을 방해하는 장애물은 무엇인가?

10. 이 세상에 의미 있는 변화를 일으키고 싶다면 그리스도인으로서 특히 어떤 분야를 공부해야 하겠는가?

11. 당신이 속한 곳에서 탁월한 청지기가 되기 위해서는 어떤 분야를 공격적으로 공부할 필요가 있는가? 그렇게 하는 데 필요한 가장 중요한 자원을 말해 보라.

4부 영적인 힘

10장
마음의 정원을 가꾸는 사람

미 공군 비행사였던 하워드 러틀리지(Howard Rutledge)는 베트남전 초기에 북베트남에서 저격을 받고 전투기가 추락되어 포로로 잡혔다. 종전 후 풀려나기까지 그는 몇 년 동안 비참한 포로 생활을 했다.

러틀리지의 책 『나의 적 앞에서』(*In the Presence of Mine Enemies*)는 지금도 내 서재에 꽂혀 있다. 오래전 책이지만 아주 좋아하는 책이다. 그가 정말 견디기 힘든 나날을 보내는 동안 힘을 낼 수 있었던 내적 자원(혹은 그것이 결여되어 있었음)을 솔직하게 설명해 주어 참 감사하다.

강제로 주어진 이 기나긴 자기 성찰의 기간에는 중요한 것과 하찮은 것, 가치 있는 것과 보잘것없는 것을 구분하기가 훨씬 쉬웠다. 예를 들면, 과거에 나는 일요일이면 대개 일을 하거나 열심히 놀았고, 교회 갈 시간은 없었다. 수년 동안 아내 필리스는 가족과 함께 교회에 가자고 권유했었다. 그녀가 바가지를 긁거나 나무란 적은 한 번도 없었다. 그저 내가 교회에 가기를 줄곧 바라고 있을 뿐이었다. 그러나 나는 너무 바쁘고 다른 일에 몰두한 나머지, 일주일에 한두 시간이라도 정말로 중요한 것에 관해 생각하는 데 시간을 낼 수 없었던 것이다.

이제는 죽음의 장면과 소리, 냄새가 온통 주위를 가득 채우고 있다. 영의 양식에 대한 굶주림이 육신의 굶주림보다 더 심하게 느껴졌다. 이제 결코 죽지 않을 그 부분에 대해서 알고 싶어졌다. 이제 하나님과 그리스도와 교회에 대해서 얘기하고 싶어졌다. 그러나 이 하트브레이크 (Heartbreak: 전쟁 포로들이 포로수용소에 붙인 이름) 수용소에는 목사도, 주일 학교 교사도, 성경도, 찬송가도, 나를 지도하고 보살펴 줄 믿음의 공동체도 없었다.

과거에 나는 내 삶의 영적인 차원을 완전히 무시했다. 감옥에 갇혀서야 하나님 없는 삶이 얼마나 공허한 것인지를 깨닫게 된 것이다.[1]

러틀리지가 평생 동안 무시해 왔던 내면세계에 중심이 존재한다는 것을 그에게 보여 준 것은 바로 하트브레이크 수용소에서 겪은 고통이었다. 나는 그 중심을 가리켜 사람의 영(spirit)이라 부르고 싶다. 어떤 이들은 그것을 혼(soul)이라고도 부른다. 생리학적으로는 사람의 내면세계의 영적 중심부가 어디 있는지 가리킬 수 없지만 그것은 분명히 존재한다. 그것은 영원한 것으로서 우리가 하늘에 계신 아버지와 가장 친밀하게 교통하는 지점이다. 영은 그 속성인 영원성을 결코 잃을 수 없지만, 하나님과의 사귐이 거의 단절된 무질서 상태에서 존재할 수는 있다. 그 무질서는 보통 내면세계의 다른 부분까지도 혼돈 상태에 빠뜨린다.

월리스 해밀턴(Wallace Hamilton)은 인간의 내면생활의 자연 상태를 다음과 같이 묘사했는데 이는 내가 좋아하는 표현이다. "우리 각자 속에는 고삐를 풀고 달리고 싶은 야생마 한 떼가 있다."

그리스도를 따르는 사람은 영혼의 존재를 믿는다. 그러나 많은 그리스도인들은 그 중심부에 있는 삶의 질에 대해서 씨름하고 있다. 적어도 이것은 내면의 영적 활동의 의미에 대해서 기꺼이 이야기하고자 하는 이들과 아주 오랜 시간 대화하면서 알게 된 사실이다. 많은 사람들이 하나님과 갖는 교제의 수준에 대해서 매우 불만족스러워하고 있다. "하나님께 가닿는다는 느낌이 통 안 들어요" 하고 말하는 것을 종종 듣게 된다.

영적 무질서는 종종 내적 평온함의 결여를 뜻한다. 어떤 이들에게는 평온하다는 것이 사실상 그저 무감각이나 공허함에 불과할 수도 있다. 어떤 이들은 자신이 하나님의 기대에 결코 미치지 못한다고 느껴 불안함으로 괴로워한다. 공통된 문제는 영적 추진력을 유지하지 못하는 것, 적절히 일관성 있는 태도와 열망을 지니지 못하는 것이다. 어떤 젊은이는 이렇게 말한다. "한 주를 시작할 때에는 의욕이 넘치지만 수요일 아침쯤 되면 시시해집니다. 만족할 만한 영적 생활을 유지할 수가 없어요. 이제 노력하는 것조차 귀찮습니다."

응급조치

우리는 성경의 위대한 인물을 무척 부러워한다. 모세의 불붙은 떨기나무 체험, 성전에서 본 이사야의 환상, 바울의 다메섹 체험 등에 대해 묵상한다. 그와 같은 체험은 영적으로 생명력 있는 고귀한 삶이 힘차게 출발하는 지점이었다.

우리는 "나도 그런 체험을 할 수만 있다면 영적으로 평생 문제가 없을 텐데" 하고 말하고 싶어 한다. 마치 어떤 극적인 순간이 닥쳐와 의식에 지울 수 없는 각인을 남기면 영성이 고양될 것 같은 생각이 든다. 그처럼 하나님과의 굉장한 만남으로 감명을 받게 되면, 다시는 의심하지 않을 것이라고 생각한다.

그래서 많은 이들이 하나님을 좀더 실제적이고도 친밀하게 느끼게 해줄 일종의 '응급조치'를 찾으려 하는 것이다. 어떤 사람들은 설교자가 고함을 치면서 질책과 비난을 퍼부어 심한 죄책감을 느끼게 되면 은혜를 받았다고 생각한다. 또 어떤 이들은 자신을 초월하여 황홀경으로 이끌어 줄 감정적 체험을 추구하기도 한다. 때로는 소위 현대식 예배를 찾아갔다가 정신없이 시끄럽고 율동적이며 반복적인 음악에 사람들이 사로잡히는 모습에 무척 의아해하기도 한다. 이것이 예배인가 아니면 일종의 최면처럼 이 건물 밖에서 일어나는 일상의 삶이나 곤경을 잠시 잊어버리게 하는 것인가?

한편 순수한 교리 탐구를 하나님과의 친밀한 교제에 이르는 길로 여기고, 끊임없이 성경을 가르치고 공부하는 일에 몰두하는 사람들도 있다. 어떤 이들은 교회에서 바쁘게 활동하면서 영성을 추구하기도 한다. 텅 빈 것 같은 영을 채우기 위하여 이런저런 방법 중 어느 것을 선택하느냐는 주로 그 사람의 기질에 의해 좌우된다. 즉, 그 순간 마음에 가장 와닿아 평안을 느끼는 쪽을 선택하는 것이다.

그러나 사실상 당신이나 나 같은 보통 사람은 성경에 나온 그런 굉장한 체험을 할 가능성이 별로 없으며, 타인에게 일어난 극적 체험으로 만족할 수도 없는 법이다. 우리가 만족할 만한 영적인 삶을 계발하려면, 마치 운동선수가 경기를 위해서 몸을 단련하듯이 훈련이라는 관점에서 영적 생활에 접근해야 한다.

분명한 게 하나 있다. 만일 우리가 영적 훈련을 쌓기로 결심하지 않는다면, 언젠가 하워드 러틀리지처럼 그러한 도전을 받아들이지 않은 것을 후회할 날이 올 것이다.

정원 가꾸기

내면에 있는 영적 영역, 말로 표현하기에는 너무나 신성한 만남이 이루어지는 이 중심부를 어떻게 묘사할 수 있을까? 신학적 명제를 넘어서 일단의 비유를 사용할 수밖에 없을 것이다.

시편 기자 다윗은 상상력을 발휘하여 내면의 영을, 목자이신 하나님이 양인 자신을 이끄시는 초장과 같은 곳이라는 비유로 묘사했다.

그 비유 가운데 그는 잔잔한 물가, 푸른 초장, 안전한 가운데 먹을 수 있는 음식이 가득한 식탁을 갈망했다. 그의 영혼이 새롭게 회복되는 장소가 바로 그러한 곳이라고 다윗은 상상했던 것이다.

18세기의 그리스도인 시인 윌리엄 카우퍼(William Cowper)는 그것을 고요한 연못에 비유하였다.

> 삶이 온통 거칠고 소란스러워 보여도
> 이를 현명하고 아름답게 가꾸는 사람에게
> 지혜는 잔잔한 연못에서
> 온 힘을 다해 찾은 진주와 같다
> ―"과업"(The Task), 제3권

내면의 영적 중심부를 표현한 여러 비유 가운데 평화와 고요함이 깃든 장소인 정원이야말로 내게 가장 적절한 도움을 주는 비유다. 이 정원은 하나님의 영이 오셔서 자신을 나타내시고, 지혜를 주시고, 칭찬도 하시고, 꾸짖기도 하시고, 격려도 하시며, 방향을 제시하고 인도해 주시는 곳이다. 이 정원이 잘 가꾸어져 있다면 번잡함과 복잡한 소음과 혼돈이 없는 고요한 장소가 된다.

내면의 정원은 섬세한 장소라 잘 가꾸지 않으면 어느새 방치된 덤불로 뒤덮일 것이다. 하나님은 때로 난잡하게 어지러워진 정원은 거닐지 않으신다. 그래서 아무렇게나 방치된 내면의 정원을 텅 비었다고 말하는 것이다.

하워드 러틀리지가 하트브레이크 수용소에서 압박이 극도에 달했을 때 겪었던 고통이 바로 그것이었다. 철저한 고립, 잦은 구타, 악화된 건강 상태 등이 그의 세계를 적대적 장소로 만들었다. 그에게는 자기를 지탱해 줄 힘을 얻을 만한 원천이 있었는가? 그가 시인한 바와 같이 그는 내면의 정원에 힘과 결의를 저장할 만한 기회들을 젊은 시절에 모두 날려 버렸다. "나는 너무 바쁘고 다른 일에 몰두한 나머지 일주일에 한두 시간이라도 정말로 중요한 것에 관해 생각하는 데 시간을 낼 수 없었던 것이다." 이것이 그의 고백이다. 그럼에도 불구하고 그는 그나마 어린 시절의 경험에서 얻은 미미한 자원을 붙잡고 그것을 계발했다. 그러자 갑자기 하나님이 실제로 다가오셔서 그의 존재에 매우 중요한 부분을 차지하게 되었다.

내면세계의 영적 차원에 질서를 바로잡는 것은 영적인 정원을 가꾸는 작업이다. 그것은 조심스럽게 영적인 터를 일구는 것이다. 정원사는 땅을 갈고, 잡초를 뽑아내고, 정원을 꾸밀 계획을 세우고, 씨를 뿌리고, 물을 주고 비료를 주어, 그 열매로 추수를 맛본다. 이 모든 것은 많은 이들이 영적 훈련이라고 불러 온 것이다.

나는 수세기 전에 살았던 그리스도인 명상가 로렌스 수사(Brother Lawrence)의 말을 좋아하는데, 그는 예배 처소를 은유로 사용했다.

하나님과 함께 있기 위해서 항상 교회에 머물 필요는 없다. 우리는 마음을 예배 처소로 삼고, 때로 거기로 물러가 하나님과 부드럽고 겸손하고 사랑스런 사귐을 나눌 수 있다. 누구나 하나님과 이런 친밀한 대화를 나눌 수 있다. 어떤 이는 좀더 많이, 어떤 이는 좀더 적게…그분은 우리의 능력을 아신다. 지금 **시작해 보자. 그분은 오직 우리가 전심을 다해서 결단하기를 기다리고 계신다.** 용기를 내자! 우리 생은 짧으니.[2]

로렌스 수사는 지금 바로 시작하라고 권고한다. 시간이 별로 없기 때문이다! 영적 훈련은 지금 당장 시작해야 한다.

영적 훈련의 계기

내면의 정원을 계속 돌보고 하나님의 영이 거기에 거하시면 꾸준히 수확을 거두게 된다. 그러면 어떤 열매를 수확할까? 용기, 희망, 사랑, 인내, 기쁨, 평안 같은 것들이다. 자제력이라는 흔치 않은 능력, 악을 분별하고 진리를 찾아내는 능력도 거두게 된다. 잠언 기자는 이렇게 표현한다.

> 지혜가 네 마음속에 들어가고
> 지식이 네 영혼을 즐겁게 할 것이다.
> 분별력이 너를 지켜 주고
> 명철이 너를 보살펴 줄 것이다.

지혜가 악한 사람의 길에서 너를 구하고
겉과 속이 다르게 말하는 사람에게서
너를 건질 것이다.
(잠 2:10-12)

리처드 포스터(Richard Foster)는 내가 좋아하는 작가인 토머스 켈리(Thomas Kelly)의 말을 이렇게 인용한다.

우리는 솔직히 많은 의무를 이행하고 그것들을 전부 지키려고 노력한다. 우리는 불행하고, 마음이 편치 않고, 긴장되고, 억압되어 있다. 그리고 피상적이 될까 봐 두려워한다.…우리는 이렇게 급히 서두르며 사는 인생보다 훨씬 더 풍요롭고 깊이 있는 삶, 즉 급할 것 없는 평온과 평안과 능력의 삶이 있다는 것을 어렴풋이 안다. 만일 우리가 그 중심부(the Center)로 들어갈 수만 있다면!…우리는 몇몇 사람이 이 깊은 삶의 중심부를 발견했음을 알고 있다. 그곳은 조급한 삶의 요구들이 통합되고 '예'뿐만 아니라 '아니오'도 자신 있게 말할 수 있는 곳이다.[3]

켈리는 핵심을 말했다. "만일 우리가 그 중심부로 들어갈 수만 있다면!" 하고.

과거의 역사를 살펴보면 기독교 신비주의자들이야말로 영적 훈련을 가장 진지하게 여긴 사람들이었다. 그들은 영적 훈련을 연구하고 실천에 옮기면서 때로는 그것을 불건전하고 위험한 극단에까지 끌고 간 경우도 적지 않다. 이는 우리가 무시할 수 없는 사실이다. 하지만 그들은 내면의 정원에서 하나님을 추구하려면 정기적으로 일상생활과 인간관계를 떠나야 한다고 믿었다. 그들은 교회 예배와 종교 행사가 정도에서 지나치게 벗어나 있음을 지적하곤 했다. 각자 내면세계에 잔잔한 물가나 정원과 같은 예배 처소를 가꾸지 않으면 안 된다고 했다. 그 밖에는 다른 대안이 없다는 것이었다.

예수님은 분명 영적 훈련을 추구하셨다. 다윗도 그랬다는 것을 우리는 안다. 모세와 사도들도 마찬가지였는데, 그 가운데 바울은 자신이 가는 길에 대해서 이렇게 썼다.

> 그러므로 나는 목표 없이 달리듯이 달리기를 하는 것이 아닙니다. 나는 허공을 치듯이 권투를 하는 것이 아닙니다. 나는 내 몸을 쳐서 굴복시킵니다. 그것은 내가 남에게 복음을 전하고 나서, 도리어 나 스스로는 버림을 받는, 가련한 신세가 되지 않으려는 것입니다. (고전 9:26-27)

우리는 어떠한가? 내면의 정원을 가꾸는 영적 훈련을 가볍게 여기지는 않았는가? 오늘날 그리스도를 따르는 이들이 '경건의 시간'의 중요성에 대해 말은 많이 하지만, 실상은 대충 해치워 버리는 획일적인 도구나 시스템으로 전락한 경우가 허다하다. 그것도 허락된 시간에 따라 7분이나 30분으로 한정되기 일쑤다. 이를 위해 성경 공부 교재,

경건의 시간 안내서, 소책자, 잘 짜인 기도 제목 등을 사용하곤 한다. 물론 아무것도 없이 하는 것보다는 낫지만 이것들은 신비주의자들이 생각했던 영성 훈련에는 미치지 못한다.

한번은 규모가 제법 큰 기독교 잡지사에서 내게 전화를 했다. 보스턴을 방문 중인 외국의 저명한 기독교 지도자와 하루 동안 시간을 보낼 의향이 있는지 물었다. 그들이 부탁한 것은 그 사람과 함께 지내면서 심도 있는 인터뷰를 통해 독자들이 그의 인간적인 면모를 알 수 있도록 해 달라는 것이었다. 나는 그를 찾아가서 대화를 청했다.

"무엇에 대해서 대화할까요?" 하고 그가 물었다.

"제 생각에는 설교자, 필자, 학자로서의 당신의 삶에 대해서 얘기하는 게 좋을 것 같습니다" 하고 내가 말했다. 그리고 덧붙였다. "가정생활, 친구 관계 그리고 영적 훈련에 대한 견해까지 들을 수 있다면 좋겠습니다."

"제 영적 훈련이라고요?"라고 그가 반문했다.

"네. 많은 사람들이 당신이 개인적으로 어떻게 하나님과 동행해 왔는지 그 방법을 알고 싶어 합니다"라고 내가 말했다.

다음과 같은 그의 대답을 나는 결코 잊을 수 없을 것이다.

"그 부분은 다른 사람에게 말하기에는 매우 사적인 문제인데요."

나는 지금도 좀더 젊은 목회자들이 그 노장의 통찰을 들을 수 있었다면 많은 것을 배울 수 있었으리라고 생각한다. 그러나 그가 무엇을 말하고자 했는지는 알 수 있었다. 그의 내면세계에서 그 부분만큼은 **철저히 개인적인 영역**이었던 것이다. 그것은 지금까지 은밀히 가꾸어져 왔고 앞으로도 그러한 방식으로 유지될 것이다. 그와 하나님, 단둘이 공유하는 영역이다. 그것은 하나의 시스템으로 전락하여 다른 이의 경험으로 쓰이거나 그대로 받아들일 수 있는 것이 아니었다.

나는 그분이 내가 원하는 깊은 수준에서 자신의 개인적 삶을 열어 보이기를 주저했던 점에 대해 여러 번 생각해 보았다. 어쩌면 그가 다른 문화에서 왔기 때문이 아니었을까? 우리 미국인은 호기심이 너무 많아서, 자신을 너무 많이 노출하는 게 위험하다 할지라도 아주 개인적인 면까지 모두 드러내는 성향이 있음을 이해하지 못했기 때문일지 모른다. 책이나 잡지에 기고한 글에 너무 많은 말을 하고 있지 않은지, 하나님과 개인적으로만 대화해야 할 내용까지 우리끼리 너무 많이 말하고 있지는 않은지 생각해 볼 일이다. 그런 생각이 들었다는 말이다. 적어도 내가 한 번쯤 생각해 볼 필요는 있는 일이다.

우리로 하여금 내면세계의 정원을 가꾸는 훈련을 하지 않으면 안 되게 만드는 것은 무엇일까? 힘든 고난을 겪어야 할까? 그렇다. 역사가 거듭 말하는 것이 그것이다. 고통에 처한 사람들은 하나님을 찾을 수밖에 없으며 그것 외에는 아무것도 할 수 없기 때문이다. 한편 '복 받은' 사람들은 시류에 휩쓸리는 경향이 있다. 그래서 나는 때로 **복**이라는 말에 대해 의문을 제기하곤 한다. 어떤 것이 내면의 영적 훈련을 방해한다면 그것은 분명 복이 아니기 때문이다.

죽음이나 패배나 치욕과 같은 위기를 당하기 전에 내면의 중심부가 얼마나 중요한지 깨달을 수 있을까? 성경과 위대한 성인들의 역사를 통해서 우리는 영적 훈련의 명령을 거듭해서 듣고 있으며 그 선례들을 수없이 볼 수 있다. 내면의 영적 세계를 정비하는 사람은 하나님이 오셔서 말씀하실 공간을 만드는 것이다. 그리고 그 음성은 지금까지 들었던 그 어떤 음성과도 다르리라. 그것이 바로 하워드 러틀리지가 발견한 것이다. 그는 전쟁 포로의 체험을 통해 그것을 깨달았다.

로렌스 수사는 "지금 시작하라!"고 말한다. 토머스 켈리는 "저 중심부로 들어가라!"고 권고한다. 예수님은 "내게 와서 배우라"고 부르신다. 이러한 영적 훈련은 어떻게 일어나는가?

❖ **더 깊이 생각해 보기**

1. 성경 없이 포로수용소에 갇혔다면 당신은 말씀을 얼마나 기억할 수 있겠는가? 성경을 좀더 배우기 위해서는 어떻게 해야 하겠는가?

2. 하나님과의 내적 사귐이 어떤 상태인지 스스로에게 솔직하게 얘기해 보라.

3. "우리가 만족할 만한 영적인 삶을 계발하려면, 마치 운동선수가 경기를 위해서 몸을 단련하듯이 훈련이라는 관점에서 영적 생활에 접근해야 한다"라고 저자는 말한다. 당신은 이 말에 동의하는가? 동

의하지 않는다면 그 이유는 무엇인가?

4. 내면의 영적 중심부를 묘사하는 데 사용하고 싶은 비유가 있다면 말해 보라.

5. 내면의 영성을 계발하기 위한 훈련을 하지 않을 때 잃어버리게 될 특권들이 있는지 생각해 보라. 그리고 당신의 삶에서 잃고 있다고 느끼는 것이 있다면 말해 보라.

6. 당신이 내면의 영적 생활을 계발해야겠다고 결심한 계기가 된 힘든 상황이 있었다면 무엇인가?

7. 하나님과 함께하는 내면의 삶을 위해 당신이 가장 깊이 바라는 것은 무엇인가? 그런 바람을 충족시키기 위하여 할 수 있는 일은 무엇인가?

8. 시편 27편에서 다윗은 하나님과의 사귐을 통해 무엇을 얻었는가?

11장
믿음으로만 버티는 인생

인도에서 감리교 선교사로 일했던 스탠리 존스(E. Stanley Jones)는 노년기에 전신이 마비되어 움직일 수도, 말을 할 수도 없게 되었다. 그러나 그는 믿음을 잃지 않았다. "나는 내 믿음을 받쳐 줄 외부의 버팀목이 필요하지 않다. 왜냐하면 믿음이 나를 붙들어 주기 때문이다"라고 그는 썼다. 하지만 그는 그 주위의 다른 이들이 모두 자기와 같지는 않다는 것을 알고 안타까워했다.

나는 어느 은퇴한 주교와 대화를 나누는 중이었다. 그는 좌절감에 빠져 있었다. 주교직에 있던 시절처럼 각광을 받지 못하니 좌절감이 느껴진다고 말했다. 그는 승리하는 삶의 비밀을 알고 싶어 했다. 나는 그 비밀은 자기 포기(self-surrender)에 있다고 말했다. 즉 **가장 속 깊은 자아를 예수님께 내어놓는 데 있다**는 말이다. 중요한 차이는 그를 지탱하는 것이 무엇인가에 달려 있었다. 은퇴로 인해 외부의 줄이 끊어져 버렸는데 내면의 줄이 그를 지탱하기에 충분치 못했던 것이다. 그는 분명 예수님께 자신을 내어놓기보다는 '무대 체질'이었다.

다행히도 내 경우에는 예수님께 나를 내어 드리는 것이 최우선이어서 외부의 줄이 끊어졌을 때에도 삶이 흔들리지 않았다.[1]

존스는 그 중심으로 서둘러 들어가라는 토머스 켈리의 말을 이해하고 있었다. 누군들 존스의 관점과 인내를 갖고 싶어 하지 않겠는가? 그러나 얼마나 많은 사람이 내면의 정원을 무시하고 이 주교처럼 스스로 판 함정에 빠지는가? 우리는 내면세계의 정원을 어떻게 가꿀 수 있는가?

본서는 영적 훈련을 논하는 것이 주요 목적이 아니므로 성인들이 발견한 내면의 영을 강건케 하는 방법을 모두 살펴볼 수는 없다. 대신에 많은 그리스도인이 흔히 무시하는 매우 중요한 다섯 가지 영적 훈련을 소개하고자 한다. 그것은 **침묵과 고독** 추구, **찬양**, 규칙적으로 **하나님께 귀 기울이기**, **사색과 묵상의 경험**, **예배하고 중보하는 기도**다. 마지막 두 가지는 다음 두 장에서 이야기할 것이다.

침묵과 고독

헨리 나우웬(Henri Nouwen)은 오래전 사막 교부들이 영성 훈련을 하기 위해서는 조용한 환경이 중요하다는 사실을 깨달아 침묵, 고독 그리고 내적 평안(*Fuge, terche, et quisset*)을 서로 중요시했다고 말한다.

내면의 정원을 가꾸려면 침묵과 고독의 시간이 꼭 필요한데, 그런 시간을 방해하는 소음의 무서운 음모를 잘 아는 사람은 별로 없다. 하나님을 대적하는 사탄은 우리 삶의 매순간을 문명의 소음으로 뒤덮으려고 음모를 꾸며 왔다. 그런 소음을 방치하면 하나님의 음성을 압도하기 십상이다. 하나님과 동행하는 사람은 하나님이 보통 큰소리로 말씀하지 않으신다는 점을 잘 알고 있다. 엘리야가 깨달은 바와 같이 하나님은 정원에서 나직이 속삭이신다.

나는 라틴아메리카의 한 선교 본부를 방문한 적이 있는데 그때 마침 라디오 방송국의 음향 스튜디오를 만드는 공사 중이었다. 인부들은 방음장치를 설치하여 거리에서 들려오는 소음이 방송국에서 송출되는 방송과 녹음을 망치지 못하도록 온갖 주의를 기울이고 있었다. 우리도 하나님의 말씀을 듣기 위하여 외부 세계가 방해하는 소리를 차단하는 마음의 방음장치를 설치할 필요가 있다. 나는 캘커타의 마더 테레사가 쓴 다음 글을 좋아한다.

우리는 하나님을 찾아야 한다. 그런데 소란하고 쉼이 없는 곳에서는 그분을 찾을 수 없다. **하나님은 침묵의 친구이시다.** 자연, 즉 나무와 꽃과 풀들이 침묵 가운데 어떻게 자라는지 보라. 해와 달과 별이 침묵 속에서 어떻게 운행하는지 보라.···우리가 침묵 기도 속에서 더 많이 받으면 받을수록 외부의 삶에서 더 많이 베풀 수 있다. **사람들의 영혼을 만지기 위해서 우리는 침묵이 필요하다.** 중요한 것은 우리가 말하는 내용이 아니라, 하나님이 우리에게 그리고 우리를 통해 말씀하시는 것이다. 우리가 하는 말이 우리 내면에서 나오지 않는다면 모두 쓸모없는 것이다. 그리스도의 빛을 발하지 못하는 말은 어두움을 배가시킬 뿐이다.[2]

우리가 살고 있는 이 세상은 쉴 새 없이 흘러나오는 음악, 잡담, 분주한 일정 등으로 가득 차 있다. 대부분의 가정에는 거실에 텔레비전이 있다. 요즈음에는 자동차와 사무실, 엘리베이터에서도 무릎 위나 한 손에 들고 TV 프로그램이나 영화를 보는 일이 가능하다. 사무실에 있는 친구에게 전화를 걸면 전화가 연결될 때까지 음악이 흘러나온다. 핸드폰 수신음으로 베토벤 9번 교향곡이 울려 퍼지기도 한다. 메가 베이스, MP3, MP4가 담긴 아이팟 등 소음으로 우리 마음에 침범하는 것들은 사방에 널려 있다. 이것들은 듣기 좋은 소음인 경우가 대부분이다. 하지만 그것도 어디까지나 소음이다. 그렇게 많은 소음에 파묻혀 살면서 언제 뒤로 물러나서 고요하고 세미한 하나님의 음성을 들을 수 있겠는가?

우리는 워낙 소음에 익숙해서 소음이 없으면 오히려 불안을 느낀다. 예배드리는 이들은 예배 시간에 일이 분 정도의 공백만 생겨도 가만히 앉아 있기를 힘들어한다. 무엇인가가 잘못되었다고, 또 누군가가 자기 책임을 잊어버렸다고 생각하는 것이다. 우리 대부분은 아무 말도 하지 않거나 남의 말을 한 마디도 듣지 못하는 분위기에서는 단 한 시간을 보내기도 힘들어한다.

이런 어려움은 고독의 체험에서도 마찬가지다. 우리는 대개 침묵을 지켜워할 뿐 아니라 홀로 있는 것 자체를 불편해한다. 그러나 우리는 정기적으로 물러나서 홀로 있는 시간을 가져야 한다. 내면의 정원에서 하나님을 만나기 위해서는 일상생활과 대인관계와 외부 세계의 요구로부터 벗어나는 시간이 반드시 필요하다. 그것은 대규모 집회나 화려한 축하 행사 속에서는 불가능한 훈련이다.

나우웬은 극단적 고독을 추구했던 초기 교회의 신비주의자들을 연구한 토머스 머튼(Thomas Merton)의 글을 종종 인용한다. 그들에 관해 머튼이 하는 말은 매우 교훈적이다. 왜 그들은 고독을 추구했을까?

> 그들은 자신이 [인간성이라는] 난파된 배를 타고 표류하는 한, 다른 이들에게 어떤 유익도 줄 수 없음을 알고 있었다. 그러나 그들이 견고한 땅에 발을 딛고 섰을 때 사정이 달라졌다. 그때 그들은 온 세상을 끌어당겨 자기들을 좇아 안전에 이르도록 할 능력을 얻게 되었을 뿐 아니라 그렇게 해야 할 의무감마저 느끼게 된 것이다.[3]

연로한 사가랴는 자신과 아내 사이에서 세례 요한이 태어날 것이라는 말을 듣고 그것은 불가능한 일이라고 생각했다. 그런데 이에 대해 하나님의 천사가 침묵을 사용하여 그런 생각을 제어했다는 것은 무척 흥미로운 대목이다. 사가랴가 자기에게 임한 하나님의 약속을 받아들이지 않자, 그의 혀는 몇 달간 굳어 버렸고 그동안 그는 그 사실에 대해 곰곰이 생각해 볼 수 있었다. 다른 한편, 그의 아내 엘리사벳은 그들에게 벌어지고 있는 일을 알게 되었을 때 조용히 물러나 숨어 있었다고 성경에 나와 있다. 그것은 임신한 부인들의 관례이기도 했지만 자신에게 일어난 불가사의하고 신비한 사건에 대해 묵상할 필요를 느꼈기 때문이었을 것이다.

또한 마리아는 우리 주님의 탄생에서 맡게 될 자신의 역할을 알게 되었을 때, 하나님의 모든 계획을 발설하지 않고 침묵하는 쪽을 선택했다. "마리아는 이 모든 말을 고이 간직하고 마음속에 곰곰이 되새겼다"(눅 2:19). 그리스도의 오심은 천사들의 노래와 찬양으로 예고되었을 뿐 아니라, 그 놀라운 일을 숙고하고 이해하기 위해 고독의 시간이 필요했던 인간의 침묵에 의해서도 준비되었던 것이다.

웨인 오츠(Wayne Oates)는 이렇게 말한다.

나의 세계에서 침묵은 결코 자연스러운 것이 아니다. 당신의 세계에서도 침묵은 낯선 이방인이 아닐까 생각된다. 만약 당신과 내가 소란스런 마음속에 침묵을 간직하고자 한다면, 우리는 그것을 자라게 해야 할 것이다.…당신이 그것을 소중하게 여기고, 동경하며, 자라기를 갈망한다면, 소란스런 마음속에서 침묵을 키워 나갈 수 있을 것이다.⁴

나는 침묵과 고독에 익숙해지기가 결코 쉽지 않았다. 나는 한때 그것을 나태, 무위(無爲), 비생산성과 동일시했다. 홀로 있는 시간이면 내 마음은 해야 할 일들에 대한 생각으로 가득 차게 되었다. 걸어야 할 전화, 정리해야 할 자료, 읽어야 할 책, 준비해야 할 설교, 만나야 할 사람들에 대한 생각 따위로 말이다.

서재 밖에서 들려오는 아주 사소한 잡음도 정신 집중에 큰 방해거리가 되었다. 나는 귀가 지나치게 예민해져서 집안 저 끝에서 들려오는 말소리에도 신경이 곤두서곤 했다. 그러면 호기심이 발동해서 그 소리에 귀를 기울이기도 했다. 한때 내 서재는 세탁실 옆에 있었다. 사색과 묵상에 집중하려고 할 때면 꼭 세탁물이 한쪽으로 쏠렸을 때 울리는 경고음이 들리면서 위층에 있는 다른 식구들이 내게 세탁물을 좀 고르게 넣어 달라고 소리치는 것 같았다.

그러나 조용할 때에도 정신을 집중하기가 몹시 어려웠다. 나는 준비 시간이 필요하다는 것을 알게 되었는데, 15분 정도는 고독에 저항하려고 내 생각이 왔다 갔다 하는 것을 받아들여야 했다. 그래서 우선 내가 다루고자 하는 영적 주제에 관하여 읽고 쓰면서 그 시간을 시작하기로 했다. 그러고 나면 서서히 의식이 메시지를 포착하는 것 같았다. 즉, 우리(내 마음과 나)는 이제 예배를 드리고 묵상을 할 준비가 된 것인데, 이때 마음이 내면의 정원에 빨리 접속될수록 그만큼 더 잘하게 될 것이라는 메시지였다.

침묵과 고독, 이 싸움은 내가 살아 있는 한 계속되리라고 생각한다. 하지만 세월이 흐르면서 나는 고독한 시간이 낳은 열매를 수확할 수 있었고, 오히려 그런 시간에 대한 열망도 커졌다. 그러나 처음 시작할 때 느꼈던 저항감은 여전히 극복해야 할 대상으로 남아 있다. 활동가 기질을 타고난 사람에게는 조용히 물러나는 게 무척 힘든 일일 수도 있다. 그럼에도 불구하고 그것은 반드시 해야 할 수고다.

내 경우에는 아침 일찍 침묵과 고독의 시간을 갖는 게 좋다. 그래서 그 시간에 다른 일이 생기지 않도록 일정표에 미리 표시해 둔다. 어떤 사람에게는 밤늦은 시간이 좋을 수도 있다. 어쨌든 내면세계의 영적 영역을 바로잡기 원하는 사람이라면 누구나 자신의 기질에 맞는 장소와 시간을 찾아야 할 것이다.

찬양

나는 찬양을 통해 하나님에 대해 그리고 그분이 내 내면세계를 어루만지시는 것에 관해 많은 것을 배웠다. 나는 내 인생에서 음악이 연주된 그 장소에 대해 정말 감사할 수밖에 없다.

어린 시절의 슬픈 일을 생각할라 치면 머지않아 좀더 긍정적인 기억이 떠오른다. 어머니와 아버지가 거실의 피아노 의자에 나란히 앉아 찬송가를 연주하시던 장면을 마음속에 그려 본다. 그 순간 모든 슬픔과 갈등은 사라지는 것 같았고, 두 분은 함께 연주하시는 음악에 빠져드셨다.

나는 그분들 뒤에 있는 거실 소파에 앉아 음악을 들으며 나도 함께할 수 있는 길이 있기를 바랐다. 그 아름다운 음악, 평소에는 서로에게 심한 상처를 주셨던 그 두 분에게 임한 잠시 동안의 행복. 음악은 두 분을 묶어 주는 것이었다. 아직 어린 내게도 그것은 그분들께 주시는 예수님의 선물처럼 보였다.

아버지와 어머니의 연주가 끝나면 나는 피아노 의자로 기어 올라가 두 분이 방금 연주하신 음악을 다시 연주해 보려곤 했다. 시간이 지나면서 나는 귀로 피아노 연주를 배웠다. 그것은 그분들이 가끔씩 누리는 행복의 순간에 들어가려는 나름대로의 노력이었던 것 같다.

우리 교회는 찬양하는 교회였다. 우리는 전통적인 찬송가와 오래된 복음성가를 불렀다.

면류관 가지고, 주 앞에 드리세…[5]
오 신실하신 주, 날마다 자비를 베푸시며…[6]
내 주 되신 주를 참 사랑하고…[7]
저 죽어 가는 자, 예수를 믿어, 그 은혜 힘입어…[8]
우리 모두 천국 이를 때, 크게 기쁜 날 되리…[9]
주님의 높고 위대하심을, 내 영혼이 찬양하네…[10]

이 찬양들을 소프라노, 알토, 베이스, 테너 네 파트로 불렀다. 찬양을 부를 때 우리는 웅장한 성가대가 되었고, 예수님이 청중이 되신 것을 상상했다. 찬양을 드릴 때 우리는 믿음 안에서 (아주 어린 아이들로부터 아주 나이가 많은 이들까지) 하나가 되었다. 우리는 우리가 내는 소리를 아주 좋아했고, 예수님이 우리 찬양을 들으신다는 사실에 만족감을 느꼈다.

몇 년 전 나는 한 목사와 러시아 남부 지역을 여행한 적이 있다. 그는 영어를 몰랐고 나는 러시아어를 몰랐다. 우리는 아무 말 없이 그의 차로 몇 킬로미터를 달렸다.

그때 내게 문득 좋은 생각이 떠올랐다. 나는 "예수로 나의 구주 삼고"라는 찬송을 부르기 시작했다. 그러자 곧바로 나의 여행 동반자가 그의 언어로 나와 함께했다. 우리는 세 절을 다 함께 불렀다. 그리고 그 찬송을 다 부르자, 그가 "만 입이 내게 있으면"을 부르기 시작했다. 당연히 나도 그와 함께했다.

그 이후 한 시간 동안 우리는 계속 찬송을 불렀다. 내가 좀더 어렸을 때 배웠던 온갖 찬송들에 이렇게 감사했던 적은 거의 없었다. 그 찬송들은 두 명의 그리스도인 형제를 예수님의 발 앞에 데려다주는 연결점이 되었다.

> 생전에 사랑, 죽어서 구원
> 묻혀서 내 죄를 담당하사
> 부활로 우리를 구하신 예수
> 다시 오시리 영광의 그날![11]

수백 편의 이런 찬송들이 오늘날 내 속 깊은 곳에 남아 있다. 차에 혼자 있을 때나 아침 일찍 산책을 할 때면 이런 찬송들이 하나씩 떠오른다. 그러면 그 찬송들을 부른다. 또 화음 부분을 듣는다. 내가 처음 그 찬송을 배웠던 곳들을 기억한다. 그러고 나면 어떤 '정돈' 같은 것이 일어난다. 그것은 오래된, 아주 단순한 후렴에 표현되어 있다.

> 사랑의 주 사랑의 주
> 내 맘 속에 찾아오사
> 내 모든 죄 사하시고
> 내 상한 맘 고치소서.[12]

오늘날 대부분의 교회에서는 새로운 유의 찬송을 부른다. 내 어린 시절의 찬송을 잃어버린다 해도 괜찮다. 나는 새로운 세대가 작곡과 연주에 들이는 노력에 박수를 보낸다. 하지만 조심하지 않으면 문제가 있을 수 있다. 수년 전 우리 세대는 우리의 찬송들을 수천 번 넘게 불렀다. 그 찬송들은 우리 내면세계의 가장 깊은 부분에 스며들었다. 그런데 오늘날 대부분의 찬송들은 몇 번 부르다 사라진다. 하워드 러틀리지 같은 그리스도를 따르는 사람들이 포로수용소에 갇혀 있는데 부를 찬송이 없는 날이 올까 봐 가끔 두려울 때가 있다.

하나님께 귀 기울이기

모세가 산에서 하나님과 함께 있다가 내려와 히브리 백성들이 금송아지 주위를 돌며 춤추는 것을 보았을 때는 새벽에 차디찬 물벼락을 맞은 느낌이었을 것이다. 여러 날 동안 그는 거룩함 그 자체에 잠겨 살았으며, 하나님의 영광과 의에 대한 의식이 그의 영 가운데 뚜렷이 각인되었다. 그런데 이제 이런 광경이라니! 그는 마음이 찢어졌다.

어떻게 이런 일이 일어났을까? 모세가 하나님께 귀 기울이는 동안 대제사장인 그의 형 아론은 백성들에게 귀 기울이고 있었던 것이다. 두 사람이 각각 전해 들은 것은 전혀 달랐다. 모세가 귀 기울여 받은 것은 의로운 법에 대한 하나님의 계시였다. 반면 아론이 귀 기울여 들은 것은 불평과 소원과 요구들이었다. 모세는 타협할 수 없는 하늘의 법을 받았으나 아론은 인간들의 변덕에 끌려간 것이다. 이 모든 **차이는 귀 기울이는 것에 있었다.**

내면세계의 정원을 가꾸려면 침묵과 고독의 시간을 따로 확보해야 할 뿐 아니라 그런 상황에서 의식적으로 듣는 훈련을 해야 한다. 나는 하나님의 말씀을 듣는 법을 아는 사람을 별로 만나 보지 못했다. 분주한 사람은 그 방법을 잘 모른다. 그리스도를 따르는 대다수의 사람은 어릴 때부터 하나님께 말하는 법은 배우지만 그분의 말씀을 듣는 법은 배우지 못했다.

성경을 펴고 하나님의 신비를 열어 보이는 영감 어린 성경 기자의 발밑에 앉을 때마다 우리는 그분의 말씀을 듣는 것이다. 나중에 설명하겠지만, 우리는 우리 속에 계신 하나님의 성령이 일깨우시는 바에 민감해질 때 말씀을 듣게 된다. 성령의 권능을 받은 설교가나 성경 교사가 말씀을 가르칠 때 그런 듣는 작용이 일어난다.

이 모든 것은 논의할 만한 가치가 충분하다(행하는 것은 말할 것도 없고!). 그러나 이제 또 하나의 훈련에 관해 이야기하고자 하는데, 이는 다른 모든 듣기의 바탕이 되는 것이다.

그것은 내가 간절히 하고 싶었던 것이었지만 매번 며칠 이상 지속하기 어려웠던 것이다. 그러다가 내가 이 책에서 여러 번 언급했던 그 붕괴의 날이 떠오르면서 이런 생각이 들었다. '정말 내 내면세계를 정비하고 싶다면, 하나님이 내게 말씀하시는 방식을 잘 지켜야겠다.'

그날 저녁 무렵 나는 스프링 노트 한 권을 구입하고 처음으로 묵상한 내용들을 썼다.

윌리엄 진서(William Zinsser)는 "글쓰기는 우리 생각을 정리하고 명확하게 해준다"고 썼다.

글쓰기는 하나의 주제에 대한 우리의 방법을 고안하고 그것을 우리 자신의 것으로 삼는 방식이다. 글쓰기는 우리가 아는 것과 알지 못하는 것 그리고 우리가 배우려 하는 것은 무엇이든 발견할 수 있게 해준다. 어떤 생각을 글로 쓰는 일은, 자동차 전면 유리의 김 서림을 제거하는 것과 같다. 어둠 속에서 흐릿하던 생각이 서서히 제대로 된 모양을 갖추기 시작한다. 메모든 편지든, 아기 돌보미에게 주는 쪽지든, 어떤 글을 쓰든 우리 모두는 글로 표현하려고 함으로써 우리가 정말 말하고 싶은 바를 발견하는 이러한 순간을 안다.[13]

나는 처음 일기를 썼을 때 남의 시선을 의식했다. 모든 사람이 내가 쓴 글을 훔쳐보고…웃을 것이라는 상상을 했다. 내 일기가 결국 모든 사람이 의심했던 바를 확실하게 해주거나 나의 천박함을 드러낼 것이라는 두려움이 있었다.

하지만 마음의 거리낌이 서서히 사라지면서 내면의 영에 가득 찬 생각을 점점 더 많이 쓰고 있는 나를 발견하게 되었다. 내 기분, 두려움, 약함, 희망, 그리스도의 인도에 대한 깨달음 등이 일기에 기록되었다. 공허함이나 패배감을 느낄 때에도 적었다.

그러면서 점차 깨닫게 된 점이 있다. 그것은 일기를 통해 나 자신이 결코 적나라하게 대면해 보지 못한 속사람을 마주하게 된다는 사실이었다. 두려움과 갈등은 뚜렷한 정체가 드러나지 않은 채 내 속에 그냥 남아 있을 수 없었다. 그것들은 표면에 노출되고 이름이 붙여졌다. 그리고 일기를 쓰면서 하나님의 성령이 생각과 통찰의 많은 부분을 지도하고 계심을 조금씩 깨닫게 되었다. 지면을 통해 하나님과 내가 인격적 교제를 하고 있다고 느꼈다. 다윗의 표현에 따르면, 그분은 '나의 마음을 살피도록' 나를 돕고 계셨다. 두려움을 글로 표현하고 의심을 구체화하도록 나를 자극하셨다. 그리고 내가 솔직하게 그것을 대면할 때면, 성경과 나 자신의 묵상으로부터 나에게 절실히 필요했던 새로운 확신, 책망, 훈계 등이 흘러나오는 경우가 많았다. 그런데 이런 일은 일기를 쓸 때에만 일어나기 시작했다.

기도가 자주 중단되고 기도에 집중할 수조차 없는(혹은 깨어 있을 수도 없는) 내 모습을 발견했을 때, 내가 과연 열심히 예배하는 삶과 중보의 삶을 살 수 있을지 회의가 생겼다. 그런데 말로 하는 기도가 느슨해질 때 일기는 글로 쓰는 기도의 수단이 된다. 이제 기도의 내용이 좀더 확실해졌고, 나는 그리스도를 믿고 따르는 사람으로 자라가는 내 모습을 즐겨 기록하게 되었다.

일기는 좋은 순간뿐 아니라 어려운 순간도 기록할 수 있어 중대한 기여를 한다. 용기를 잃을 때, 심지어 절망할 때에도 내 기분을 묘사할 수 있었고, 마침내 어떻게 하나님의 영이 도와주셔서 내가 마음을 다잡게 되었는지도 기술할 수 있었다. 이러한 기록은 다시 돌아볼 만한 특별한 대목이 되었다. 즉, 그것들은 내가 약할 때 도와주신 하나님의 능력을 찬양하게 해주었다.

오래전에는 우리 아이들이 자라는 모습을 기록했다. 그들의 운동경기, 첫 데이트, 운전면허를 딴 날, 졸업식 등이 모두 일기에 담겨 있었다. 우리가 나눈 친밀한 대화, 아이들에 대해 품은 꿈과 염려, 그들의 성품이 성숙하는 것을 보면서 느낀 한없는 기쁨 등도 기록했다. 그리고 지금은 나에게 또 다른 축복의 장을 열어 준 손자들의 이야기가 많이 나온다.

앞에서도 말했지만, 내가 기록하고 싶다고 느낄 때에는 기도도 포함하고, 성경과 다른 신앙 서적을 읽다가 얻은 통찰, 내가 한 행동에 대한 걱정 등도 포함시킨다. 나는 가족들의 삶에서 일어난 일을 기록하기 좋아한다. 언젠가 우리 자녀와 손자들이 이 일기의 일부를 읽지 않을까 싶은데, 내가 그들의 성장 과정을 지켜보며 감사한 것들을 이후에라도 그들이 볼 수 있다면 보물처럼 귀한 것이 될 것이다.

이 모든 것은 하나님께 귀 기울이는 방법의 일부다. 나는 일기를 쓸 때 내가 지금 쓰고 있는 것이 사실상 하나님이 내게 말씀하시고자 하는 내용일 수도 있다고 생각한다. 내가 어떤 주제에 대해 생각하고 기록하려고 할 때 그 행위 속에도 그분의 영이 일하고 계시리라 감히 추측한다. 그리고 그분이 기대하시는 결론이 무엇이며, 내가 무엇을 기억하기 원하시는지, 그분이 내 내면세계에 각인하기 원하시는 주제가 무엇인지 등을 알기 위해 마음을 살피는 일은 무척 중요하다.

주님이 한때 이스라엘 백성에게 "만나 한 오멜"(출 16:33)을 간수하도록 하시고 그분의 지속적인 돌보심을 보여 주는 구체적 상징으로 삼으신 것이 생각난다. 일기는 나에게 '한 오멜'과 같았다. 그것은 내 삶에서 하나님의 신실하심을 증거하는 모든 것을 간직하고 있기 때문이다. 이처럼 일기를 통해 하나님의 은혜를 기억하는 것은 매우 뜻깊은 일이다.

지난 48년간 나는 일기 쓰기에 긍정적으로 중독되었다. 거의 매일 아침 나는 일기장을 펼쳐 놓고 독서와 묵상과 일상의 체험을 통해 듣는 하나님의 말씀을 기록한다. 일기장을 열면 내 마음의 귀도 열린다. 하나님이 말씀하고자 하시면 나는 들을 준비가 되어 있다.

어떻게 일기를 쓸 것인가

내가 공석에서 일기 쓰기에 대해 말했을 때, 많은 사람들이 아주 큰 관심을 보였고 질문도 많았다. 그들의 궁금증은 무엇보다도 기술적인 면에 있었다. 당신의 일기장은 어떻게 생겼습니까? 얼마나 자주 쓰십니까? 어떤 내용을 기록합니까? 그저 비망록에 불과한 것은 아닙니까? 아내가 당신의 일기를 읽도록 허락하나요? 나는 일기 쓰기의 전문가는 분명 아니지만 최선을 다해 대답해 보겠다.

오랫동안 내 일기장은 문구점에서 구입한 스프링 노트였다. 아주 단순한 모양이었다. 그런 노트 하나를 끔찍한 손 글씨로 채우는 데는 3개월 정도 걸렸다. 그 후 첫 컴퓨터를 샀을 때 컴퓨터에 일기를 쓰기 시작했다. 몇 주가 지날 때마다 그것들을 인쇄하여 200페이지씩 묶었다. 지금은 그런 책이 백 권도 넘는 것 같다.

나는 거의 매일 일기를 쓰지만 가끔 쓰지 못하고 지나치더라도 크게 개의치 않는다. 아침 경건의 시간에 맨 먼저 하는 일로 일기 쓰기를 습관화했는데, 그것은 내가 아침에 하는 최초의 일인 셈이다. 전형적인 도입부에는 전날에 한 일들과 만난 사람들, 배운 것들, 느낀 감정들, 하나님이 주시고자 했던 감명 등이 들어간다.

가끔 나는 "당신이 일기장에 쓰는 것은 대충 어떤 내용이죠?"라는 질문을 받는다. 그런데 다른 사람이 참고하라고 내 일기를 보여주는 것은 마음에 좀 걸린다. 당신도 알다시피 많은 내용이 사적인 것이기 때문이다. 그래도 몇 년 전에 쓴 일기를 훑어보다가 호기심이 많은 이들을 위해 예를 골라 보았다.

이제는 매일 아침 6시 뉴스를 듣는 게 두렵다. 세상이 너무나 끔찍한 상태에 있기 때문이다. 2년 전을 돌이켜 보니 그때만 해도 이스라엘과 팔레스타인의 분쟁이 어떻게든 해결될 것 같은 기대를 했었다. 그런데 오늘날 현실은 어떤가? 내 기억으로는 지금보다 양 진영이 서로 더 미워하고 사태가 악화된 적은 없었던 것 같다. 인간의 생명을 이런 식으로 내던지다니 얼마나 끔찍한 비극인지 모르겠다. 어린이와 젊은 세대 전체가 증오심을 키우도록 양육 받고 있다. 아버지, 제발 개입해 주십시오!

오늘 아침 읽은 성경은 마태복음 6장이다. 이 장의 전반부는 구제와 기도에 초점을 맞추고 있다. 기본적으로 그것들을 은밀한 중에 하라는 말씀이다. 어느 것도 남에게 감명을 주려고 해서는 안 된다. 예수님은 분명 이러한 신앙을 훈련을 하면서 하나님의 마음에 합한 자가 되는 것보다 사람들에게 감명을 주려고 떠벌리는 당시의(그리고 요즈음의?) 경향에 마음이 상하셨다.

"너희는 남에게 보이려고 '의로운 일'을 사람들 앞에서 하지 않도록 조심하여라"(마 6:1). 이 구절을 읽다가 자기 점검과는 약간 다른 자기 분석의 습관에 대해 생각해 보았다. 우리는 남에게 보이려고 '어떤 행세'

를 할 뿐 아니라 자기 자신에게도 가끔 그렇게 한다. 이를테면, 나는 기도할 때조차 내가 하는 기도의 질을 분석하고 있는 내 모습을 종종 발견한다. 충분히 '성도다운' 기도처럼 들릴까? 더 잘할 수는 없었을까?

헌금을 내거나 남을 섬길 때에도 남에게 어떻게 비칠까 생각하면서 스스로를 관찰하고 비판할 때가 있다. 그만큼 영적인 삶은 복합적이고 우리가 하는 많은 일은 왜곡되기 십상이다. 나는 내가 품은 동기와 목적들이 건전하지 못하다는 것을 확인하면서 다시금 도전을 받았다.

게일이 지난 며칠 동안 나에게 신경을 많이 써 준 데 대해 내가 무척 고마워한다는 것을 알려야겠다. 우리는 서로 신나게 웃기도 했다. 어제는 두어 시간가량 둘이서 앞마당에 남아 있던 겨울의 잔해를 청소했다. 그녀는 갈퀴로 나뭇잎과 가지들을 긁어모았고 나는 쓸어 담았다. 이제 게일이 비료로 사용하기에 충분한 양이 되었다. 그녀는 무척 기뻐했다. 그녀를 행복하게 해주기란 그리 어렵지 않다. 금년에 나는 취미 삼아 마당일을 더 많이 하기로 마음먹었다.

일기는 또한 내가 읽는 성경 본문과 책에서 얻은 통찰 및 인용문이 담긴 일종의 저장 공간이다. 어떤 필자의 견해가 특별히 눈에 띄면 일기장에 그대로 옮기되 굵은 글씨로 표시하여 마음에 깊이 새긴다. 한두 해가 지난 다음 과거에 쓴 일기를 돌아보면서 당시에 나에게 영향을 주었던 사상들을 보는 것은 아주 흥미로운 경험이다.

최근에 쓴 일기를 훑어보니 헨리 나우웬의 오래된 책 중 하나에서 발췌한 내용이 들어 있는 페이지가 있었다. "아침에 나우웬의 글을 읽었다. 필리프 프티(Philippe Petit)라는 저글러이자 줄타기 곡예사와의 대화에 관한 글이었다. 나우웬이 그에게 왜 이런 것들을 하느냐고 묻자 그가 이렇게 대답했다. '오렌지 세 개가 보이면 전 저글링을 합니다. 또 탑이 두 개 보이면 걸어야 합니다.'" 이 인용문 끝에 나는 이렇게 썼다. "고든, 이건 부르심이나 사명이라는 주제에 대한 강의에 좋아."

내 일기에는 아주 진지한 영적 성찰이나 지적인 생각만 담겨 있는 것은 아니다. 나는 살면서 경험하는 가벼운 일들도 즐겨 기록한다. 다시 아주 오래전에 쓴 일기의 내용이다.

야구 시즌이 오늘 시작되었는데, 레드삭스가 첫 게임에서 토론토에게 졌다. 페드로 마르티네즈는 7점인가 8점을 내줌으로써 체면을 구겼고 어처구니없이 수많은 안타를 허용했다. 어제 저녁에는 NCAA 챔피언십 경기가 열렸는데, 게일과 함께 관전했다. 메릴랜드가 인디애나를 눌렀다! 그리고 믿든 말든 페트리어트는 시즌 초 연습 경기를 시작했다. 과연 슈퍼볼을 방어할 수 있을지 이렇게 일찍부터 내가 염려할 필요가 있을까? 중동은 온통 뜨겁게 달아올라 실마리를 찾고 있는데 세상은 잘 굴러가고 있다.

1년 중 어느 한 계절에 일기를 꾸준히 쓰다 보면 그것이 습관으로 정착된다. 대부분은 습관이 붙기도 전에 너무 빨리 그만두는데, 이는 매우 애석한 일이다.

  나는 여행 중에도 일기장을 가지고 다닌다. 여행지에서 만난 사람들에 대해 기록해 놓으면, 나중에 다시 방문하게 될 때 이전에 방문했던 기억을 되살리고 먼 거리로 인해 중단되었던 사람들과의 교제를 회복할 수 있다.

  내가 일기 쓰기에 관해 처음 글을 쓴 이래 많은 이들이 이 주제에 관해 책을 썼는데 이는 무척 고무적인 현상이다. 종교 서적을 취급하는 서점에 가 보면 일기 쓰기에 관한 책을 상당수 발견할 수 있다. 그런데 그중 몇 권을 훑어보면서 실망을 금할 수 없었다. 여러 영적 훈련에 대해서도 그렇듯, 어떤 이들은 그것을 일종의 시스템과 기술로 축소시키고 있기 때문이다. 반면, 일기 쓰기에 관한 책이 그만큼 많다는 사실은 오늘날처럼 온갖 요구와 소음과 산만함의 급류에 휩쓸린 현대인들이 인생의 의미와 올바른 관점을 찾으려고 애쓰고 있다는 반증이다. 일기가 일상생활에서 조용한 시간대를 마련해 줄 수 있다면 그런 현상이 일어날 법도 하다.

  나는 거의 50년에 걸친 일기 쓰기를 돌아보면서 그 습관을 익힌 것이 내 생애에서 가장 중요한 결심 중 하나였다고 자신 있게 말할 수 있다. 그 기록에는 하나님의 신실하심, 삶에서 경험한 영광과 치욕의 순간들, 가족과 친구들 이야기, 수많은 책에서 얻은 재미있는 일화 등이 담겨 있다. 금고에 보관되어 있는 많은 일기장은 나에게 큰 재산이다.

이제 포로수용소에 갇힌 하워드 러틀리지를 다시 생각해 본다. 귀에 들리는 소리라고는 적대적인 것뿐이고, 주위의 소문은 한결같이 뭔가 잘못 돌아가고 있다는 것밖에 없었다. 그토록 열악한 곳에서도 과연 다정하고 사랑스러운 목소리를 들을 수 있을까? 그렇다. 만약 당신이 내면의 정원으로부터 들리는 소리를 포착해 내는 훈련이 되어 있다면 말이다. 거기서 모든 소리 중 가장 위대한 소리를 들을 수 있다. 그것은 바로 우리의 사귐과 성장을 바라시는 하나님께 속한 소리다. 아주 감성적인 옛 찬송가 한 구절을 소개한다.

그 청아한 주의 음성
울던 새도 잠잠케 한다.
— 오스틴 마일즈(C. Austin Miles)[14]

❖ **더 깊이 생각해 보기**

1. 만일 당신이 신체적 장애로 말미암아 꼼짝할 수 없는 처지에 있다면 어디에서 생존에 필요한 힘을 찾겠는가?

2. 스탠리 존스가 전신 마비로 몸을 움직일 수 없게 되었을 때에도 평정심을 유지할 수 있었던 비결은 무엇이었는가?

3. 저자가 권면하는 중요한 다섯 가지 영적 훈련은 무엇인가? 각 항목에 1-10점까지 자신을 돌아보며 평가해 보라.

4. 당신의 삶 가운데 침묵과 고독의 시간을 가지라는 저자의 제안을 방해하는 장애물은 무엇이 있는지 말해 보라.

5. 사가랴와 그의 아내 엘리사벳 그리고 예수님의 모친 마리아가 경험한 침묵 혹은 고독으로부터 우리는 무엇을 배울 수 있는가?

6. 저자는 고독을 얻기 위해 내적 자아를 고요히 가라앉히는 과정에서 겪은 어려움들을 묘사한다. 그렇게 시도해 본 뒤 그 결과를 말해 보라.

7. 내면세계에서 하나님의 말씀을 듣기 위하여 당신이 활용하는 도움거리들은 무엇인가?

8. 일기가 주는 가장 중대한 기여는 무엇인가?

9. 저자가 일기에 기록한 내용은 어떤 것들인가?

10. 아직 일기를 아직 쓰지 않고 있다면 연습 삼아 아래 빈 공간에 첫 일기를 써 보라.

12장
말씀을 마음속에 입력하라

스탠리 존스는 극심한 고통으로 도무지 입이 떨어지지 않는 임종 직전의 순간, 자신의 신앙 여정을 요약하면서 다음과 같이 구술했다. 등산가의 밧줄을 비유로 사용하여 자신의 영적 강건함을 표현하는 말이었다. "가장 안쪽에 있는 줄이 가장 강하다." 이 얼마나 고귀한 말인가? 잠시 멈추어 깊이 생각해 볼 만하다.

그런 용기가 있었음에도 불구하고 스탠리 존스의 과거가 항상 그렇게 견고했던 것은 아니다. 그도 사역 초기에 일시적인 싱크홀 현상을 경험했다. 1년 이상을 영적·육체적 무력감에 시달렸다. 그는 이렇게 회고한다. "영적 침체가 육체적 침체로 이어졌다. 내면의 경험이 외부 세계를 지탱할 만큼 강하지 않았기 때문에 밖으로 붕괴한 것이다. 나는 내가 체험하지 못한 것은 결코 설교하지 않겠다는 것을 신조로 삼고 있던 터라, 내면세계와 외부 세계가 한꺼번에 붕괴되었다."[1]

지금은 주님과 함께 계신 이 연로한 성인이 영적 여정에서 힘들었던 시기를 회상하는 말을 우리는 열심히 귀담아 들어야 한다. 그는 인생의 후배들에게 경고의 말을 들려준다. 인생의 어느 시점에서 아무리 훌륭한 삶을 살고 있다 할지라도 '내면의 줄'에 대하여 시험 받는 것은 시간 문제라는 것이다. 존스처럼 인생을 위대한 영적인 힘으로 마감한 인물들은 그저 분주하게 살아서 그렇게 된 것이 아니다. 그들은 영적 훈련이 최우선 과제임을 알았다.

내가 내면의 정원을 가꾸는 일이라고 일컫는 영적 훈련은 그리스도의 사람이 고독과 침묵을 추구하고 하나님의 속삭임을 듣고자 하는 마음가짐에 달려 있다.

하지만 우리가 고독과 침묵 중에 듣게 되는 것들은 내면화되어야 한다. 수년 전 내가 이 책의 초판을 썼을 때는 우리가 막 개인용 컴퓨터에 익숙해지기 시작하던 시기였다. 용감하게도 나는 처음 출시된 IBM 컴퓨터를 구입했는데, 나는 그것이 글쓰기와 저장, 정보 복구 등에 혁명적인 변화를 가져올 것으로 기대했다. 그런데 컴퓨터의 사용법을 익히는 것은 보통 일이 아니었다. 그것이 어떻게 작동하는지 제대로 아는 이가 없었다. 부피가 엄청 큰 이 기계와 프린터를 7,200달러에 판 판매원조차 겨우 켜는 법 정도만 설명할 수 있을 뿐이었고, 워드 프로그램 실행 방법은 아예 몰랐다. 결국 나는 사용법을 스스로 알아내야 했다.

컴퓨터의 기본 사용법을 아는 데만 거의 3주가 걸렸다. 내가 가장 먼저 익혀야 했던 것은 엔터키의 기능이었다. 설명서에서는 내 앞에 놓여 있는 모니터 화면에 원하는 것을 무엇이나 쳐도 된다고 했다. 그러나 내가 엔터를 누르기 전 컴퓨터는 내가 친 단어를 하나도 '듣지' 못했고 아무런 반응도 보이지 않았다. 내가 친 말이 아무리 훌륭한 표현이라 할지라도 그것을 컴퓨터 심장부에 있는 파일(기억 장치)에 입력하기까지는 그저 화면 위에 머물러 있을 뿐이었다.

이것은 마치 내가 무언가를 듣는 과정과 비슷하다는 생각이 들었다. 나는 들을 수 있는 능력은 있지만 **그렇다고 모든 것이 반드시 내 마음속에 입력되거나 관통하는 것은 아니기** 때문이다.

구세군 사령관인 새뮤얼 로건 브랭글(Samuel Logan Brengle)은 자신의 영적 훈련에 관하여 말하는 대목에서 이렇게 쓰고 있다.

나는 열심히 귀담아 듣는다. 당신도 알다시피, 기도는 독백이 아니라 대화를 뜻한다. 그것은 사귐이며 다정하게 이야기를 나누는 것이다. 주님은 주로 그분의 말씀을 통하여 나와 소통하시지만 직접적인 방법으로도 많은 위로를 주신다. '위로하다'(comfort)라는 말은 귀여워하거나 버릇없게 기른다는 뜻이 아니라 **확신을 준다**는 의미인데, 그것은 그분이 나와 함께하시며 내가 하는 일을 기뻐하신다는 확신이다. 그것은 마치 군대의 사령관이 어려운 작전에 투입시키는 병사나 전령을 다음과 같이 위로하는 것과 같다. "이제 무장하고 떠나라. 내가 지켜보고 있겠다. 네가 필요로 하는 모든 지원을 아끼지 않겠다." 나는 그런 식의 위로가 상당히 많이 필요하다. 그저 막연히 하나님이 내 곁에 계시고 나를 기뻐하실 거라고 추측만 하는 것이 아니다. 나는 날마다 새로운 확신을 얻어야만 한다.[2]

성경은 대제사장 엘리의 제자로서 회막에서 지내던 어린 소년 사무엘의 이야기를 들려준다. 밤중에 사무엘은 누가 자기 이름을 부르는 소리를 듣게 된다. 그는 엘리의 침상으로 달려가서 무슨 일로 부르셨는지 물어보았다. 그러나 엘리가 부르지 않았으므로 사무엘은 자기 방으로 돌아왔다. 그런데 부르는 소리가 반복해서 들렸다. 엘리는 상황을 파악하고 다음번에 부르는 소리가 들리면 이렇게 하라고 사무엘에게 일러 주었다. "가서 누워 있거라. 누가 너를 부르거든 '주님, 말씀하십시오. 주님의 종이 듣고 있습니다' 하고 대답하여라"(삼상 3:9). 달리 말해서 "사무엘아, 엔터를 쳐라"라는 말이다.

사무엘은 그렇게 했고 하나님은 말씀하셨다. 하나님의 말씀은 그의 마음속에 입력되어 결국 그의 운명을 바꾸었다. 하나님의 말씀이 확실하게 우리 내면세계의 정원에 입력되도록 할 때, 존스가 말한 대로 가장 속 깊은 내면의 줄이 더욱 튼튼해진다. 영적 훈련의 첫 단계는 고독과 침묵을 배우는 것이다. 다음 단계는 하나님의 말씀을 듣는 법을 배우는 것이다. 셋째 단계인 엔터를 치는 것은 **성찰과 묵상**을 통하여 이루어진다.

어떤 그리스도인들은 성찰과 묵상이라는 말 자체를 불편해하고 부정적 반응을 보인다. 그것은 잘못된 방향으로 흘러 그릇된 결과를 낳을 수 있는 관행이라고 생각한다. 그들은 가부좌를 하고 무아지경에 빠져 있는 사람들의 이미지를 머리에 떠올린다.

그러나 성경은 성찰과 묵상이 담긴 구절들로 가득 차 있으며, 그 말씀에 우리의 내면세계를 열라고 한다. 특히 가장 잘 알려진 시편 본문에서 시편 기자들은 하나님 성품의 특정한 측면과 그분의 자녀들에 대한 지속적인 보살핌에 초점을 맞추고 있다.

시편 기자는 온갖 종류의 묵상 렌즈를 사용했다. 예를 들면, 그는 하나님을 목자로, 군대의 사령관으로, 영적 훈련의 지도자로 보았다.

묵상은 우리의 영을 천국 주파수에 맞추는 것과 같다. 우리는 성경 본문을 취하여 그 말씀이 자아의 가장 깊숙한 곳에 들어가게 한다. 그러면 여러 가지 결과가 나타나는데, 그것은 속죄, 확신, 찬양과 감사를 드리고 싶은 심정과 같은 것들이다. 때때로 하나님의 성품이나 행동을 묵상하다 보면 주님이 말씀하시고자 하는 것을 마음으로 깨닫게 되거나 새로운 방향 감각을 갖게 된다.

존 베일리(John Baillie)는 기도에 관해 쓴 책에서 기도할 때의 묵상적 분위기를 다음과 같이 표현한다.

전능하신 하나님, 이 고요한 시간에 당신과의 사귐을 원합니다. 하루 일과로 인한 초조와 불안, 세상의 시끄러운 불협화음, 사람들의 칭찬과 질책, 제 마음의 어지러운 생각과 헛된 상상으로부터 벗어나 이제 당신의 임재 가운데 고요함을 찾고자 합니다. 저는 온종일 수고하고 애썼습니다. 그러나 이제 평온한 마음과 당신의 영원한 빛 가운데 엮여 가는 제 삶의 무늬를 깊이 생각하고자 합니다.³

묵상은 물론 적당한 시간, 침묵, 혼자만의 순간 등이 두루 갖추어진 환경을 조성할 때에만 가능한 것이다. 버스 안에서나 자동차를 운전하면서 묵상하기는 어렵다. 자기는 그런 시간에 영적 훈련을 한다고 말하는 사람이 없지는 않지만 말이다.

우리 대부분은 묵상을 하려면 준비 시간이 필요하다는 걸 알고 있다. 격한 운동을 막 끝내고 돌아와서 숨을 헐떡인 적이 있을 것이다. 그럴 때면 차분하게 자리에 몇 분 앉아 있는 것이 불가능하다. 가만히 앉아 있기에는 숨이 몹시 가쁘기 때문이다. 이는 성찰에서도 마찬가지다. 우리는 아직 정서적으로 숨이 가쁜데도 하나님을 만나겠다고 밀실에 들어갈 때가 많다. 처음에는 생각을 집중시키고 그것을 주님의 임재 앞에 나아가 내어놓기란 무척 어렵다. 우리 마음이 내면의 '정원'에서 영적 활동을 할 준비를 하는 동안 우리는 잠시 조용히 긴장을 풀어야 한다. 그래서 시간이 걸리는 것이다. 어떤 이들은 그런 시간을 들이는 것을 달가워하지 않지만 말이다.

그리스도를 따르는 이들은 성경이야말로 믿음이 계시된 중심 매체이며 따라서 묵상할 가치가 있다고 늘 여겨 왔다. 그에 덧붙여 나는 위대한 기독교 고전들이 영적 성장을 위한 필수 과목이라고 말하고 싶다. 수십 세기가 지나는 동안 믿음의 선배들은 우리를 위해 그들의 통찰과 영적 훈련을 기록해 놓았다. 물론 성경의 권위에는 미치지 못할지라도 이 책들은 엄청난 영적 양식을 지니고 있다.

성찰과 묵상은 어느 정도의 상상력을 요한다. 이를테면, 시편 1편을 읽으면서 우리는 시냇가에 심은 나무를 상상한다. 시편 기자가 하나님을 따라가는 사람을 굉장히 큰 나무에 비유하는 의미는 무엇일까? 또 시편 19편을 읽을 때 우리의 생각은 우주를 가로지르고 천체와 그 놀라운 메시지를 상상해 보게 된다. 예수님의 사역을 묘사하는 말씀을 읽을 때에는 우리 마음의 성찰이 우리를 그 이야기 속으로 곧장 데려간다. 우리는 구세주가 병을 고치시는 것을 보고, 그분이 가르치시는 것을 들으며, 그분의 명령에 응답하는 것이다. 묵상할 때 우리는 예언자의 말씀을 꼭 붙들게 되고, 몇몇 구절을 외우기도 한다. 또한 그 말씀을 거듭 생각하면서 그것이 우리 내적 존재의 구조 속으로 흘러가게 한다. 그런 훈련의 결과, 새롭고도 놀라운 일이 일어난다. 하나님의 말씀이 우리의 내면세계 속으로 **들어오는** 것이다. 따라서 우리는 그분의 말씀에 정신을 집중시켰으므로 성령께서 우리의 묵상을 인도하실 것이라고 확신할 수 있다.

C. S. 루이스는 미국인 친구에게 편지를 쓰면서 성찰 훈련에 대하여 이렇게 말한다.

우리는 모두 기도 시간에 무미건조한 순간들을 경험한 적이 있을 것이다. 나는 그것이 반드시 나쁜 징후라고는 생각하지 않는다. 우리가 최선의 기도라고 **느끼는** 것이 실은 최악이 아닐지 가끔 의심해 본다. 즉, 우리가 느낀 즐거움이 실은 춤을 추거나 시를 낭송한 다음 느끼는 일종의 성취감에 불과한 것은 아닐까 생각해 본다. 하나님은 우리와 더불어 대화하기를 원하시는데 우리는 그분에게 일방적으로 말하기를 고집한다. 이 때문에 우리 기도가 때로 잘못되는 것은 아닐까? 조이(Joy)가 수년 전에 이런 얘기를 한 적이 있다. 어느 날 아침 그녀는 하나님이 그녀에게 무엇인가를 요구하신다는 느낌에 사로잡힌 적이 있는데, 그것은 마치 어떤 의무를 소홀히 했을 때 계속 추궁당하는 것과도 같은 압박감이었다고 한다. 그녀는 아침 늦게까지 그것이 무엇일까 하고 골똘히 생각했다. 그런데 그녀가 걱정하기를 멈춘 바로 그 순간, 마치 목소리를 듣는 것처럼 또렷하게 응답이 들려왔다. 그것은 "나는 네가 어떤 것을 **하기**를 원하지 않는다. 나는 너에게 무언가를 **주고** 싶다"라는 메시지였다. 즉시 그녀의 마음은 평화와 기쁨으로 가득 찼다. 하나님은 빈손을 보면 주시는 분이라고 아우구스티누스는 말한다. 두 손에 짐을 가득 들고 있는 사람은 선물을 받을 수 없다. 그 짐이 반드시 죄나 땅에 속한 염려를 말하는 것은 아니다. 때로는 **우리 나름의** 방식으로 요란하게 그분을 예배하려는 노력일 수도 있다. 우리의 기도를 가장 자주 방해하는 것은 어떤 엄청난 혼란이 아니라 아주 사소한 것일 경우가 많다. 즉, 기도가 끝난 후 해야 할 일이나 피하고 싶은 일과 같은 것 말이다.[4]

이것은 성찰과 묵상을 훈련하는 데 좋은 예가 된다. 하나님이 말씀하시고 우리가 듣는다. 그러면 그 메시지가 우리 마음속에 들어온다. 그리하여 우리가 의지하던 외부 버팀목은 갈수록 기댈 필요가 줄어든다. 우리 내면의 정원이 점차 잘 가꾸어져 가기 때문이다. 영적 훈련을 하는 사람은 그 내면세계가 좀더 강건해지는 것이다.

❖ **더 깊이 생각해 보기**

1. 당신의 삶에서 내면의 줄과 외부의 버팀목 모두 당신을 지탱할 만큼 강하지 못했던 시절이 있었다면 얘기해 보라. 그런 경험이 없었다면 그런 곤경을 피할 수 있었던 비결을 설명해 보라.

2. 당신이나 당신이 알고 있는 사람 가운데 구약의 사무엘과 비슷한 체험을 한 경우가 있다면 말해 보라.

3. 저자가 말하는 침묵과 고독 가운데 우리가 듣는 것을 효과적으로 내면화하는 데 필요한 엔터키란 무엇인가?

4. 저자에 따르면 묵상할 때 어떤 일이 일어나는가?

5. 잠깐 시간을 내어 당신이 좋아하는 시편 하나를 묵상하라. 좋아하는 시편이 없다면 139편을 묵상하라.

6. 저자는 "우리는 아직 정서적으로 숨이 가쁜데도 하나님을 만나겠다고 밀실에 들어갈 때가 많다"고 말한다. 당신에게도 그런 경향이 있다면 앞으로 어떻게 달라질 수 있겠는가?

7. 앞으로 6개월 안에 읽고 싶은 기독교 고전을 두 권만 꼽아 보라.

8. 당신의 묵상을 좀더 풍성하게 하기 위해 상상력을 어떻게 사용할 수 있겠는가? 위에서 읽은 시편을 다시 펼쳐 상상력을 발휘하면서 읽어 보라. 떠오르는 생각이 있다면 말해 보라.

13장

하늘의 눈으로 바라보라

90년 전에 출간된 관상적 믿음에 관한 통찰을 담고 있는 한 소책자에서 브리지트 허먼(Bridget Herman)이라는 유럽의 한 그리스도인은 다음과 같이 썼다.

> 위대한 성인들의 생애를 읽다 보면 그들이 상당히 효율적으로 일한 동시에 여가를 충분히 누렸던 사람들이었다는 사실에 크게 놀라게 된다. 그들은 서두른 적이 없었고, 일을 그다지 많이 하지도 않았으며 그렇다고 아주 놀랄 만하거나 대단히 중요한 일을 한 것도 아니었다. 또한 자신의 영향력에 대해서도 그다지 연연해하지 않았다. 그러나 그들은 늘 정곡을 찔렀는데, 그들 삶의 모든 면면이 그것을 말해 준다. 가장 단순한 행동조차도 뚜렷한 차별성이 있었고 예술가다운 정교함이 깃들어 있었다. 그 이유를 찾기는 어렵지 않다. 그들의 성인다움은 가장 사소

한 행동조차 하나님께 의뢰하는 습관에 있었다. 그들은 하나님 안에 살았고, 하나님을 향한 순수한 사랑의 동기에서 행동했다. 그들은 타인의 평판에 얽매이지 않는 만큼 자존심으로부터도 자유로웠다. 모든 것을 살피는 분도 하나님이시고 상을 주시는 분도 하나님이시다. 그 밖에 무엇이 더 필요했겠는가? 그들은 하나님을 소유했고 하나님 안에 있는 자신을 소유했다. 그래서 그 온유하고 조용한 사람들이 지닌 빼앗을 수 없는 위엄은 그토록 겸허한 인품으로 그토록 위대한 영향력을 미칠 수 있었던 것이다.[1]

내면세계의 정원에서 하나님과의 교제를 풍성하게 하는 다섯째 방법은 **예배와 중보 기도**다. 이것이 바로 브리지트 허먼이 위대한 신앙인의 특징이라고 말한 것이다. "그들의 성인다움은 가장 사소한 행동조차 하나님께 의뢰하는 습관에 있었다."

토머스 켈리는 "내면의 기도가 잠자리에 들기 전 마지막 행동이 되고 잠에서 깰 때 첫 행동이 되도록 하라. 그러면 머지않아 로렌스 수사와 같이 '성령의 폭풍을 지닌 사람은 자는 중에도 앞으로 전진한다'는 사실을 깨닫게 될 것이다"[2]라고 썼다.

우리는 대부분 이런 체험을 해 본 적이 없다. 매일의 기도 훈련은 그리스도를 따르는 이들이 가장 하기 어려운 것 중 하나다.

이를테면, 결혼한 남자들은 아내와 함께 기도하는 것이 매우 어렵다는 말에 수긍할 것이다. 왜 그런가? 사실 뚜렷한 이유가 있는 것은 아니다. 때때로 목사들이 솔직한 자기 모습을 토로하면서 기도 생활을 잘하는 것이 얼마나 어려운지를 말하곤 한다. 아울러 그 이유를 설명하는 것도 어려워한다.

그리스도를 따르는 많은 이들을 심방하면서 느끼는 것은 예배와 중보 기도야말로 가장 어려운 영적 싸움이라는 사실이다. 기도가 중요하다는 것을 누구도 부인하지 않지만, 자신의 기도 생활이 향상되고 있다고 믿는 사람은 드물다. 그토록 많은 사람의 내면세계가 무질서한 상태에 있는 주요 원인이 여기에 있다. 우리 대부분이 스탠리 존스처럼 "외부의 버팀목은 필요 없다"고 자신 있게 말하기 힘든 까닭도 바로 여기에 있다.

왜 기도하는 것이 어려운가

그렇게 수많은 이들이 기도 문제로 씨름하는 까닭은 무엇인가? 가능한 세 가지 이유를 살펴보도록 하자.

예배와 중보 기도가 부자연스러운 행위로 보이기 때문이다
남자와 여자는 본래 하나님과의 사귐을 갈망하도록 창조되었다. 그러나 죄의 결과 그러한 본래의 갈망이 둔감해져 버렸다. 죄로 인하여 자연스러운 행위가 부자연스러운 행위로 바뀌어 버린 것이다.

죄가 인간에게 깊은 영향을 미쳤을 때 본래의 신체적 욕구들은 거의 감퇴되지 않은 반면 영적 차원이 가장 심하게 손상되었다. 우리의 식욕과 성욕 그리고 안전에 대한 본능적 집착은 본래 수준과 거의 비슷할 것이다. 죄로 물들기 전 인간의 모습을 상상해 본다면, 하나님과의 사귐을 향한 열망이 오늘날 우리가 지닌 자연적이고도 생생한 욕망과 본능을 충족코자 하는 욕구만큼 강했을 것 같다. 그런데 그렇게 강했던 영적 허기가 죄의 권세로 인해 형편없이 무디어져 버렸다. 그리하여 예배와 중보 기도가 몹시 어려운 일이 된 것이다.

따라서 아무리 좋은 방식으로건 제대로 기도한다는 것은 우리의 자연적 본성에 거슬리는 일이며 우리 문화가 가르치는 삶의 방식과도 전혀 어울리지 않는 일이다.

이것이 바로 문제의 핵심이다. 우리가 이런 문화에 얼마나 세뇌되어 있는지 깨닫는 사람은 드물다. 우리의 내면세계는 날마다 이 시대의 메시지로 온통 폭격을 당하고 있다. 그 메시지들은 영적인 성격을 띠는 것이라면 무엇이든 시간 낭비에 불과하다고 말한다. 우리는 아주 어릴 때부터 오직 행동으로만 무언가를 성취할 수 있다고 은연중에 배워 왔다. 그런데 기도는 일종의 행동 부재로 보인다. 내면이 무질서한 사람에게는 그것으로는 아무것도 성취할 수 없는 것처럼 보이기 마련이다.

기도야말로 매우 중요한 실제적 활동이며 시공을 초월하여 실존하시는 하나님께 이르는 통로임을 믿기 전에는, 예배와 중보 기도의 습관을 결코 익힐 수 없을 것이다. 그러한 습관을 얻기 위해서는 기도가 삶의 자연스러운 일부가 아니라고 생각하는 사고방식을 의식적으로 극복해야 한다.

예배와 중보 기도는 우리의 나약함을 암묵적으로 시인하는 것이기 때문이다
예배와 중보 기도가 어려운 둘째 이유는 그것이 본질상 인간의 나약함을 시인하는 것이기 때문이다. 기도할 때 내면의 정원에서 일어나는 일은 기도를 아뢰는 대상인 하나님께 우리가 전적으로 의존하는 존재임을 인정하는 것이다.

말로는 우리가 약한 존재이고 우리의 생명 자체를 하나님께 의존할 수밖에 없는 존재라고 하지만, 내면 깊숙한 곳에서는 그 사실을 기꺼이 **인정하려** 들지 않는다. 즉 우리는 본성적으로 우리의 의존성을 강력하게 부인한다.

앞서 언급했듯이, 많은 그리스도인 남자들이 아내와 기도하는 것이나 남녀가 함께하는 모임에서 대표로 기도하는 것을 꺼리는데 이는 무척 흥미로운 현상이라고 생각한다. 여자 성도가 "우리 남편은 저하고 절대로 같이 기도하지 않는데 도통 이해할 수가 없어요" 하고 불평하는 경우를 심심찮게 볼 수 있다.

그 이유는, 우리 문화에서 남자는 자신의 약함을 드러내서는 안 되고 행여나 그런 약점을 노출할 수 있는 행동도 해서는 안 된다는 가르침을 받았기 때문이 아닌가 싶다. 그런데 진정한 기도는 우리가 연약하고 하나님께 의존하는 존재라는 사실을 시인하는 것이다. 남자들도 내심 이 점을 알고 있으나 무의식적으로 그런 사실을 인정하기를 힘들어하는 것이다.

반면에 적어도 최근까지 여성들은 자신의 나약함을 받아들이는 데 아무런 갈등을 느끼지 않으며, 따라서 그룹으로 기도하는 것을 남자들보다 더 어려워하지 않는다. 물론 이것은 어디까지나 일반적으로 그렇다는 말이다. 하지만 좀더 솔직하게 말한다면, 기도와 관련하여 남성과 여성을 일반화시킨 이 진술은 꽤 일관성 있는 말이다.

누군가 창조 시 의도된 인간이 되기 위해서 하나님과의 관계가 반드시 필요하다는 사실을 받아들일 때, 그는 상당한 영적 성장을 이루게 된다. 그 사실을 깨달을 때 놀라운 해방감을 느끼게 된다.

로렌스 수사는 이렇게 썼다.

> 우리가 가장 필요로 하는 미덕이 무엇인지, 우리가 가장 이기기 힘든 것들은 무엇인지, 우리가 가장 쉽게 짓는 죄가 무엇인지, 어쩔 수 없이 죄를 짓는 경우가 많은 것은 언제인지 등을 주의 깊게 살펴보아야 한다. 우리는 영적 싸움의 순간에 담대한 마음으로 하나님께 나아가야 하고, 장엄한 하나님의 임재 앞에 굳게 서서 겸손히 그분을 예배하고 우리의 근심과 연약함을 내려놓아야 한다. 그렇게 할 때 우리에게 없는 그 모든 미덕을 그분 안에서 찾게 될 것이다.[3]

로렌스 수사는 자기의 연약함을 직면하고도 의연할 수 있었는데,

그것이 그가 그처럼 살아 있는 기도 생활을 할 수 있었던 이유였다.

기도가 때때로 실제 결과와 무관한 것처럼 보이기 때문이다

기도하기 어려운 셋째 이유는 종종 기도가 실제 결과와 무관한 것처럼 보인다는 데 있다. 마치 성경의 가르침을 부인하는 것처럼 오해하지 않도록 내 말을 주의 깊게 들어 주기 바란다. 나는 하나님이 기도에 응답하신다고 분명히 믿는다. 그러나 우리는 대부분 그분의 응답이 항상 우리가 바라는 시간에 바라는 대로 이루어지지는 않는다는 것을 경험으로 알고 있다.

목사 초년병 시절 나는 개인적인 기도 응답의 문제로 느끼는 혼란을 아내에게 털어놓은 적이 있다. 아내에게 이렇게 물었다. "어떤 주간에는 기도를 별로 하지 못했는데도 주일 설교는 아주 은혜스러웠던 것 같고, 반면에 기도로 충분히 준비했다고 생각한 주에는 최악이었던 것 같아요. 당신 생각은 어때요? 기도에 투자하는 시간에 비례해서 하나님이 복을 주시는 것 같지 않은데, 도대체 그분이 기대하시는 게 뭘까요?"

나도 다른 사람처럼 병 고침과 기적과 인도와 도움을 위해 기도하곤 했었다. 솔직히 말해서, 확고한 믿음으로 기도했으므로 하나님이 내 기도에 응답하시리라고 확신한 적도 있었다. 그러나 아무 일도 일어나지 않은 경우도 많았고, 일어났다 하더라도 내가 기대했던 것과는 전혀 달리 응답된 적도 있었다.

우리는 비교적 질서 있게 돌아가는 사회에 살고 있다. 우체통에 편지를 넣으면 대개는 우리가 편지를 보내고 싶은 곳에 배달된다. 인터넷에서 물건을 주문하면 대개는 주문한 대로 크기와 색깔과 모양이 맞는 물건을 받는다. 어떤 서비스가 필요해서 요청하면 그 서비스를 받으리라고 기대해도 무방하다. 바꾸어 말하면, 우리는 계획한 대로 결과를 얻는 데 익숙해져 있다는 말이다. 이것야말로 우리가 때로 기도에 실망하는 이유다. 어떻게 우리 편에서 기도의 결과를 예측할 수 있겠는가? 그래서 우리는 더 이상 기도를 유효한 방편으로 보지 않고 직접 나서서 원하는 결과를 얻고자 하는 유혹을 받게 되는 것이다.

하지만 실상 기도 생활은 내가 기대하거나 요구하는 결과와 반드시 일치하지는 않는다. 많은 경험을 통해 내가 기대한 기도 응답이 오히려 내게 해로울 수도 있다는 것을 알게 되었다. 예배와 중보 기도는 나 자신의 목적에 하나님을 맞추려고 구하는 것이라기보다 그분의 목적에 나를 맞추는 일이라는 점을 깨닫기 시작했다.

헨리 나우웬은 그것을 다음과 같이 탁월하게 묘사해 준다.

기도는 우리의 모든 정신 활동에서 하나의 급진적 전환이라 할 수 있다. 기도할 때 우리는 자기 자신과 근심거리, 집착과 자기만족으로부터 벗어나기 때문이다. 그것은 하나님의 사랑 안에서 모든 것이 새로워질 것이라는 단순한 믿음을 가지고 우리 자신의 것이라고 여겼던 모든 문제를 하나님께 내어 맡기는 행위다.[4]

우리 주님이 십자가에 달리시기 전날 밤 겟세마네 동산에 올라 붙잡히기 직전에 하신 그 기도는, 그분의 뜻이 아버지의 뜻과 일치되는 데 초점이 맞춰져 있었다. 이것이야말로 성숙한 기도다.

많은 경우에 나는 기도의 결과를 염두에 두고 기도하곤 했다. 어떤 사람과 사건에 대해서 기도할 때 내가 그들(혹은 그 사건들)을 통제할 수 있으려면 결국 이렇게 되어야 한다는 식으로 내 생각을 하나님 아버지께 강요하곤 했다. 그러나 그렇게 하는 것은 하늘의 시각이 아니라 땅의 시각으로 그 사람과 사건을 보는 것이다. 그것은 마치 무엇이 최선의 결과인지를 하나님보다 내가 더 잘 알고 있다는 듯 기도하는 것이다.

토머스 켈리는 "주님, 당신이 저의 뜻이 되기를 바랍니다"라는 기도야말로 온전한 기도라고 말한다. 아마 우리가 할 수 있는 가장 순수한 기도는 그저 "아버지, 하늘의 눈으로 이 땅을 보게 해주십시오"라는 것이리라.

켈리는 또한 이렇게 썼다.

전적인 순종, 전적인 복종, 전적인 경청을 추구하는 삶은 놀랄 만큼 완전한 것이다. 그러한 삶은 빛나는 기쁨, 심오한 평화, 뿌리 깊은 겸손, 세상을 뒤흔드는 권능, 모든 것을 감싸는 사랑, 어린아이 같은 단순함을 그 특징으로 한다.[5]

바로 이러한 생각이 나로 하여금 예배와 중보 기도의 장애물을 극복할 수 있게 해주었다. 그렇다. 자연인에게는 기도가 무척 부자연스러운 일이다. 그러나 그리스도께서 내 삶에 들어오셨으므로 이전에는 어색했던 것이 이제는 자연스러울 수 있으며, 우리는 그런 능력을 달라고 간구할 필요가 있다. 그렇다. 기도란 우리의 약함과 의존성을 드러내는 표현이다. 하지만 그것이 내 진실된 모습이며 그 사실을 포용할 때 나는 더욱 건강한 자아를 갖게 된다. 그리고 기도에 대한 응답이 항상 나의 기대와 일치하는 것이 아님도 사실이다. 그러나 문제는 우리의 잘못된 기대에 있는 것이지 하나님의 능력이나 세심함의 부족에 있는 것이 아니다.

이제까지 예배와 중보 기도의 장애물에 관해 다루었다. 그러면 어떻게 내면의 정원 안에서 예배와 중보 기도를 훈련할 수 있겠는가?

하나님을 방문하기

예배와 중보 기도는 세 가지 실질적 측면으로 이루어진다. **시간**—언제 기도할 것인가, **자세**—어떻게 기도할 것인가 그리고 **내용**—하나님과 만나는 동안 무엇을 할 것인가—등이다.

영적 훈련을 하기에 가장 좋은 시간은 사람마다 다를 것이다. 나는 아침에 활동하기를 좋아하는 사람이지만 내 가장 친한 친구는 저녁 시간이 제일 좋다고 한다. 나는 기도로 하루를 시작하지만 그는 기도로 하루를 마무리한다. 누구도 자신의 방식이 더 좋다고 논리적으로 주장할 수 없다. 어디까지나 개인의 생활 리듬 문제이기 때문이다. 바벨론에 살던 다니엘은 아침과 저녁 그리고 낮에도 기도함으로써 그 문제를 해결했다.

나는 아침 시간에 혼자만의 조용한 장소에 들어가자마자 곧바로 예배와 중보 기도에 몰입하기란 사실상 불가능하다는 것을 발견했다. 호흡 조절의 원칙을 기억하는가? 수많은 대화와 결정의 주도권을 쥔 채 새롭고 활기 찬 마음으로 기도에 몰입하기란, 불가능하지는 않다 하더라도 무척 어려운 일임이 틀림없다. 의미 있는 기도를 하기 위해서는 성찰이 가능한 수준까지 마음을 가라앉혀야 한다.

그러한 상태에 이르기 위해 종종 책을 읽거나 일기를 쓰면서 시작한다. 이것들은 내가 영적 훈련에 진지하게 임하고 있음을 스스로 확인하는 행위로, 기도를 시작할 때 잡념을 줄일 수 있는 방법이다.

기도에 가장 적합한 자세라는 것이 있는가? 아마 없을 것이다. 어떤 이들은 있는 것처럼 말하지만 말이다. 성경 당시의 문화에서는 사람들이 대개 서서 기도했던 것 같다. 그러나 구약에서 **기도**란 단어는 엎드린다는 뜻으로 아마도 바닥에 몸을 쭉 뻗고 납작하게 엎드린 자세를 가리켰을 것이다.

우리 시대의 위대한 기도의 사람인 토저(A. W. Tozer)는 그의 서재에서 아래위가 붙은 작업복을 입고 있었다고 그의 친구들이 말해 주었다. 기도 시간이 되면 그는 그 옷을 입고 딱딱한 마룻바닥에 납작하게 엎드린다. 작업복을 입는 이유는 물론 옷을 더럽히지 않기 위함이다. 혹시 이런 말을 오해하는 이가 있을지도 모르지만, 이슬람교도들의 기도 자세는 한번 시도해 볼 만하다. 그들은 무릎을 꿇고 이마가 땅에 닿기까지 엎드린다. 나는 몸이 아주 지쳐 있을 때 이슬람교도의 기도 자세를 취하면 정신적·영적으로 깨어 있을 수 있음을 경험했다.

가끔 나는 서재를 왔다 갔다 하면서 기도하기도 한다. 어떤 때는 그냥 앉아서 기도하는 것이 좋다. 요컨대 기도란 다양한 자세로 할 수 있으며 경우에 따라 가장 적절한 자세를 취하는 것이 바람직하다.

성실한 중보 기도자들은 기도 목록을 작성한다. 내가 성실한 중보 기도자라고 자부하는 것은 아니지만 나 역시 항상 가까이에 기도 목록 카드를 두고 있다. 기도 목록을 보면서 기도할 때 내 주된 관심이 무엇인지를 점검할 수 있다. 그것은 하나님이 주신 사람들, 즉 내가 마음에 부담을 느끼는 자들에 대한 사랑과 관심의 표현으로써 책임감을 갖고 그들을 하나님께 올려 드리는 유일한 방법이다.

기도의 내용

무엇을 위하여 기도해야 할까? 20세기 초 구세군의 전도자였던 새뮤얼 로건 브랭글의 기도문 일부를 살펴보기로 하자.

주님, 정신적으로 그리고 영적으로 둔감하고 어리석게 되지 않도록 저를 지키소서. 날마다 자기를 부인하고 십자가를 지고 당신을 따르는 사람, 곧 경주자의 정신적·영적·신체적 자질을 지닐 수 있도록 저를 도우소서. 제가 하는 일이 형통하게 하시되 교만하지는 않게 하소서. 성공과 번영에 따르기 쉬운 안일함으로부터 저를 구하소서. 육체적 무기력과 쇠약함이 밀려올 때에도 나태와 자기 탐닉의 영에 빠지지 않도록 저를 도우소서.[6]

브랭글이 사역을 훌륭히 해낸 것은 결코 놀라운 일이 아니다. 그는 어떻게 그리고 무엇을 위해 기도해야 할지 알고 있었다. 이렇게 짧은 기도에도 중요한 내용이 모두 들어 있다. 브랭글의 전기 작가는 이 기도를 기록한 후에 다음과 같이 덧붙인다. "매일 매시간 이렇게 기도함으로써 이 선지자는 인생의 내리막길에 접어들어서도 정열을 불태우고 일편단심의 삶을 살 수 있었다."[7]

경배

내면의 정원에서 하나님 아버지를 만나는 영적 훈련을 할 때, 예배 순서 중 첫째가 되어야 할 것은 바로 경배(adoration)다.

우리는 어떻게 기도를 통해 그분을 예배할 수 있을까? 먼저 하나님이 어떤 분이신지를 성찰하고, 그분이 자신을 계시하신 것에 대해 감사함으로써 예배할 수 있다. 기도 가운데 예배한다는 것은, 오래전부터 최근에 이르기까지 하나님이 보여 주신 그분의 일하심과 그분 자신에 관해 하신 말씀을 우리 영이 기뻐하는 것이다. 우리가 그분의 은혜를 깨닫고 감사하는 마음으로 이런 것들을 돌아볼 때, 우리 영은 서서히 확장되어 더 광범위한 차원에서 하나님의 임재와 존재를 인식할 수 있게 된다. 또한 우리의 의식은 우리를 둘러싸고 있는 우주가 닫혀 있거나 제한되어 있는 것이 아니라, 사실상 창조주가 원래 의도하신 것만큼 광활하다는 사실을 서서히 받아들일 수 있게 된다. 우리는 예배 속으로 깊이 들어가게 됨에 따라 하나님이 얼마나 위대하신 분인지를 다시 한 번 깨닫게 된다.

고백

우리는 하나님의 위대하심에 비추어 볼 때 우리가 진정 어떤 존재인지를 정직하게 대면해야 한다. 이것이 바로 기도의 둘째 요소인 고백이다. 영적 훈련에는 우리의 진면목을 정기적으로 시인하는 것과, 하나님이 우리와 교제하기를 원하시고 우리의 순종을 요구하심에도 불구하고 그분을 기쁘게 해 드리지 못한 최근의 행동과 태도를 인정하는 일이 포함된다.

"죄인인 저에게 자비를 베푸소서"라는 기도는 고백 기도의 축소판이다. 우리는 자신의 불완전함과 악한 길로 가려는 성향을 직시하면서 날마다 하나님 앞에 겸손하게 깨어져야 한다. 내가 그리스도를 따르는 이로서 놀라는 점은 예전에는 미처 알아차리지 못했던 새로운 차원의 죄를 계속해서 깨닫게 된다는 사실이다.

오래전 게일과 나는 뉴햄프셔에 있는 버려진 농장 하나를 사서 바위와 자갈투성이였던 그곳에 시골집을 지을 계획이었다. 지금은 '평화의 언덕'이라고 부르는 곳이지만 당시에 잔디와 화초를 키울 수 있도록 부지를 정리하는 일은 보통 힘든 일이 아니었다. 온 가족이 달려들어 정리 작업에 착수했다. 첫 단계는 쉬운 편이었다. 큰 바위덩이들은 빨리 치울 수 있었다. 그것들을 모두 치우자 또 치워야 할 작은 바위들이 무척 많다는 것을 알게 되었다. 그래서 다시 땅을 정돈했다. 큰 바위들과 작은 바위들을 모두 치워 내고 나니 이전에 미처 보지 못했던 돌멩이와 자갈들이 눈에 들어왔다. 이것은 훨씬 더 힘들고 지루한 작업이었다. 그러나 우리는 끈질기게 그 일을 해냈고, 드디어 잔디를 심을 수 있을 만큼 땅을 일구었다.

우리의 내면세계도 그 땅과 아주 비슷하다. 내가 그리스도를 처음으로 진지하게 따르기 시작했을 때, 주님은 내가 큰 바위덩이를 제거하듯 없애야 할 주요한 행동 방식과 태도를 지적하셨다. 그리고 수년이 지나면서 큰 바위덩이들은 실제 많이 없어졌다. 그러나 그것들이 제거되기 시작하자 이전에는 보지 못했던 행동과 태도가 또 다른 층을 이루고 있음을 발견하게 되었다. 그런데 그리스도께서는 그것들을 보시고 하나하나 꾸짖으셨다. 또다시 정리 작업이 시작되었다. 그리고 나니 신앙생활에서 그리스도와 내가 함께 돌멩이와 자갈들을 치워 내는 단계에 이르렀다. 그것들은 헤아릴 수 없을 정도로 많아서, 내 생애 남은 나날 동안 정리 작업이 끝나지 않을 것 같다. 날마다 영적 훈련을 하는 시간이 되면 그런 정리 작업을 하다가 새로운 문제를 발견하고 마음에 찔림을 받게 되리라.

이제 이 이야기를 끝내기 전에 한 가지 더 언급할 것이 있다. '평화의 언덕'에 봄이 찾아올 때마다 추운 겨울 동안 얼어붙었던 땅이 녹으면 시골집 주위에 새로운 바위와 돌이 돋아난 것을 보게 된다. 그것들은 땅속에 있다가 위로 올라오려고 줄곧 움직여 온 것이었다. 그래서 때가 되면 하나씩 표면에 모습을 드러내었다. 어떤 것들은 다루기가 몹시 힘들었다. 치우려 하기 전에는 아주 작아 보였는데 막상 손을 대고 나서야 눈에 보이던 것보다 훨씬 더 크다는 사실을 발견하게 되었다.

죄성이 바로 그와 같다. 그것은 표면에 하나씩 모습을 드러내는 돌멩이와 자갈과 바위로 구성되어 있다. 그리고 영적 훈련에서 날마다 죄를 고백하는 일을 무시하는 사람은 누구나 곧 그 돌들에 압도당하고 말 것이다. 나는 왜 바울이 노년에 이르러 자신을 "죄인 중의 괴수"라고 불렀는지 충분히 이해한다. 감옥에서 인생의 종말을 눈앞에 두고 있으면서도 그는 여전히 자갈과 돌멩이를 치우고 있었던 것이다.

어린 그리스도인을 만나 보면 그들의 삶에서 발견하는 여러 가지 죄 때문에 무척 낙심하게 된다는 말을 듣곤 하는데, 그때 나는 미소를 머금는다. 그들이 적어도 그 죄를 볼 수 있고 그에 대해 거부감을 느낀다는 사실은 그들이 실제로 성장하고 있음을 보여 준다. 자칭 그리스도의 추종자라는 사람 중에는 이미 오래전에 자신의 죄성을 직시하는 눈을 잃어버린 자들이 너무 많다. 그들은 주일 예배에 참석할 때에도 진정한 예배의 표지인, 하나님 앞에서 깨어지고 통회하는 경험 없이 교회를 떠나곤 한다. 그 결과 저급한 영성이 양산되는 것이다.

스탠리 존스는 영적 훈련에서 고백의 중요성을 이렇게 말한다.

나는 건강에 해로운 특정한 정신적·감정적·도덕적·영적 태도가 있음을 알고 있다. 그것은 분노, 원망, 두려움, 걱정, 지배욕, 자기 집착, 죄책감, 성적 부도덕, 시기, 창조적 활동의 결여, 열등감, 사랑의 결핍 등이다. 이것들은 건강을 해치는 열두 사도다. **그래서 나는 기도 중에 그것들이 모습을 드러낼 때 그리스도 앞에 내어놓는 법을 배웠다.** 언젠가 나는 가가와(Kagawa) 박사에게 "기도가 무엇입니까?"라고 물었는데, 그는 "기도는 자기를 내어놓는 일입니다"라고 대답했다. 나도 그 대답에 동의한다. 그것은 일차적으로 날마다 자신을 포기하는 것이다. 그것은 아는 것과 모르는 것 모두를 주님께 내어놓는 것이다. '우리가 모르는 모든 것'이란 아직 알 수 없는 장래와 장차 일어날 문제를 모두 포함한다. 그래서 나는 기도 중에 이 열두 가지 중 어떤 것이라도 떠오르면 어떻게 대처해야 할지를 배웠다. 사실 그것들로부터 자유로운 사람은 아무도 없기 때문에 반드시 나타나게 되어 있다. 곧, 그것과 싸우는 것이 아니라 그것을 예수 그리스도께 내어놓고 "주님, 이것을 가져가 주소서" 하고 말씀드리는 것이다.[8]

중보 기도의 사역

위대한 기도의 용사들은 하나님을 온전히 예배한 후에야 중보 기도를 시작할 수 있다고 이구동성으로 말한다. 살아 계신 하나님과의 만남이 제대로 이루어진 다음에 비로소 우리는 토머스 켈리가 말한 '하늘의 눈'을 가지고 기도할 준비를 갖추게 되는 것이다.

연로한 구세군 사령관 브랭글은 기도의 사람이었다. 그의 전기 작가는 다음과 같이 쓰고 있다.

그는 기도를 통해 하나님과의 사귐을 배우는 학생이었다. 많이 아픈 때를 제외하고는 새벽 네다섯 시면 일어나서 아침 식사 전 적어도 한 시간을 주님과의 사귐을 위해 보내는 것이 그의 습관이었다. 헤이즈(Hayes) 박사는 그의 책 『그리스도인의 헌신』(*The Heights of Christian Devotion*)에서 "기도의 사람, 로건 브랭글을 위하여"라는 헌사를 썼는데, 그중에 이런 내용이 있다.

"브랭글이 우리 집에 손님으로 머문 적이 있는데, 나는 그가 침대나 의자 위에 성경을 펴 놓고 무릎을 꿇은 채 읽고 있는 모습을 자주 보았다. 그는 그런 자세가 방금 읽은 성경을 기도로 옮기는 데 도움이 된다고 말했다. '오 주님, 저로 하여금 마땅히 행할 바와 피할 바를 알도록 도우시길 구합니다. 또한 제가 이러한 사람이 되게 해주시고 저러한 실수는 저지르지 않도록 도와주십시오'라고."[9]

주님을 온전히 예배하고 나면 중보 기도를 시작할 수 있다. 중보 기도란 다른 사람을 대신해서 드리는 기도를 의미한다. 나는 그것이야말로 그리스도인이 가진 특권이며, 그 자체로 가장 위대한 사역이라고 생각한다. 그리고 가장 어려운 사역이기도 하다.

당신은 가장 신실한 중보 기도자들이 대개 나이 많은 사람들이라는 사실에 주목한 적이 있는가? 왜 그럴까? 한 가지 이유는 그들이 활동을 간소하게 줄여야 했기 때문일 것이다. 그러나 그들은 또한 기도 없이 오랜 시간 일하는 것보다 중보 기도가 훨씬 더 효과적인 사역임을 알았다는 점도 유의하라. 물론 여러 시행착오를 통해서 하나님의 능력에 의지하는 것이 가장 믿을 만하고 지혜로운 길임을 배웠기 때문이기도 하다.

나는 지난 몇 년 동안 다른 사람들을 섬기는 사역의 일환으로 중보 기도를 배우려고 애써 왔다. 하지만 진전 속도가 아주 느리다. 어쩌면 그것이 내 내면세계에 가장 큰 도전거리가 아닌가 싶다.

한 사람의 영적 권위와 책임이 커질수록 중보 기도의 능력을 계발하는 일은 더욱더 중요해진다. 그런데 중보 기도는 그 자체로 많은 시간을 요하고 훈련을 하기도 결코 쉽지 않다.

나는 이것이 바로 예루살렘의 초대교회를 지도했던 사도들이 사도행전 6장에서 도달한 결론이라고 생각한다. 그들은 과부와 고아를 돌보는 일을 동역자들에게 부탁하고 그들 자신은 "기도하는 일과 말씀을 섬기는 일에"(4절) 헌신하였다. 여기서 아주 바쁘게 활동했던 사도들의 우선순위 중 첫째가 무엇인지 주목해 보라. 그들은 기도하는 시간을 빼앗기기 시작하자 그런 상황이 무척 마음에 걸렸던 것이다.

중보 기도는 문자 그대로 '두 편 사이에 서서 한 편의 사정을 다른 편에게 탄원하는 것'을 의미한다. 모세의 경우 제멋대로 행하는 이스라엘 백성을 대신해서 심혈을 기울여 탄원한 적이 많았다. 그보다 더 위대한 중보 기도의 본보기가 있을까?

우리는 보통 누구를 위해 중보하는가? 결혼한 사람이라면 물론 배우자와 자녀들을 위해 기도할 것이다. 하지만 중보 기도의 범위는 그보다 더 넓다. 가까운 친구들, 하나님이 우리에게 맡기신 사람들, 함께 일하는 동료, 교인과 이웃 가운데 우리가 사정을 아는 사람들 등을 포함한다.

내 중보 기도 목록에는 기독교 지도자와 기독교 기관이 꽤 많이 들어 있다. 그들 중에는 내가 잘 알고 또 좋아하는 사람들이 많이 있지만, 솔직히 고백하자면 그들에 대한 기도의 부담감은 가끔씩만 느끼는 정도다. 그에 반해 어떤 사람들의 경우는 그들이 당하는 어려움이 피부에 와닿기 때문에 중보 기도 시간에 날마다 그들을 품고 주님 앞에 나아가게 된다. 내가 그들에게 "당신을 위해 매일 기도하고 있습니다"라고 말하면 그들은 크게 격려를 받는다. 나도 지도자로서의 일정한 책임을 맡고 있는 사람으로서 몇몇 사람이 나를 품고 날마다 하나님의 보좌 앞에 나아간다는 사실을 아는 것이 얼마나 든든하게 느껴지는지 모른다.

중보 기도는 또한 우리에게 주어진 세계 복음화의 사명을 포함해야 한다. 전 세계를 위해 체계적으로 기도할 수 있도록 나는 날마다 한 대륙을 위해 기도한다. 일요일은 라틴 아메리카, 월요일은 중앙아메리카, 화요일은 북아메리카, 수요일은 유럽, 목요일은 아프리카, 금요일은 아시아 그리고 토요일은 남태평양에 있는 나라들을 위해서 기도한다. 각 대륙을 놓고 기도할 때, 거기에 있는 교회들과 내가 알고 있는 선교사들 그리고 극심한 고통을 당하고 있는 사람들을 위해 중보한다.

우리는 우리 자신을 위해 간구할 필요도 있다. 어쩐지 나를 위한 기도는 순서상 마지막에 해야 한다고 느끼지만 이는 어디까지나 내 개인적 의견일 뿐이다. 내가 염두에 두고 있는 것은 주님께 지혜와 도움을 가장 많이 구해야 할 내 개인적 삶의 영역이다. 나는 어느 정도까지 주님께 구해야 하고(어떤 사람들은 모든 것을 구해야 한다고 말한다), 어느 정도까지 내가 알아서 하기를 그분이 바라시는지 무척 고민해 왔다. 글쎄, 이 문제에 대해 딱 들어맞는 대답을 찾았다고 생각하진 않는다. 한 가지 내가 발견한 것은 믿음이 자랄수록 나 자신을 위해서는 점점 덜 기도하게 되고 타인을 위해서는 더 많이 기도하게 된다는 점이다. 그리고 나를 위한 기도는 주로 다른 이들에게 유익을 끼칠 수 있도록 자원과 능력을 달라고 간구하는 경향이 짙어진다.

우리가 내면세계의 정원을 가꾸지 않은 채 방치한다면, 머지않아 온갖 덤불로 어지럽게 뒤덮여서 내주하시는 주님은 물론이고 우리 자신조차 꺼리는 장소로 전락하고 만다. 너무 오래 무시해 버린다면, 그곳은 정원이 아니라 쓰레기 하차장처럼 될 것이다. 그렇게 되면 앞으로 나아가는 데 필요한 힘과 방향 감각의 근원을 외부적인 것에서 찾을 수밖에 없게 된다.

그것이 바로 북베트남의 포로수용소에서 하워드 러틀리지가 심한 고통을 겪었던 이유였다. 그는 하나님의 은혜로 고통을 무사히 견딜 수 있었다고 간증한다. 하지만 영적인 내면세계를 계발하지 않은 채 방치했을 때 어떤 격심한 시련을 당하게 되는지는 결코 잊을 수 없었을 것이다.

20세기의 저명한 올림픽 육상 챔피언 에릭 리델은 영화 〈불의 전차〉(*Chariots of Fire*)의 주인공이다. 그는 제2차 세계대전 중 중국 북부의 수용소에서 이와는 현저하게 다른 경험을 했다. 그의 전기 작가는 리델이 바이젠 수용소에 갇혀 있을 때 얼마나 존경을 받았는지 잘 묘사해 준다. 그처럼 혹독한 환경 가운데서도 그가 비범한 지도력과 기쁨, 온전한 인격을 유지할 수 있었던 비결은 무엇일까? 전기 작가는 당시 남편과 함께 수용소에 갇혀 있었던 한 여인의 말을 인용한다. 이들 부부는 리델을 잘 알고 있었다.

무엇이 비결이었을까? 그에게 물어본 적도 있지만 실은 나는 이미 답을 알고 있었다. 왜냐하면 남편이 그와 같은 감방에 있었고, 그 비밀도 공유하고 있었기 때문이다. 매일 아침 여섯 시, 그는 탈출 기미가 있는지 감시하는 보초병들이 의심할까 봐 땅콩기름 램프의 불빛이 새어나가지 않도록 커튼을 단단히 여미면서 아래층 침대에서 자고 있는 동료를 지나 2층 침대에서 기어내려 왔다. 그러고 나서 두 사람은 조그만 중국식 탁자에 성경과 노트를 비출 만큼의 불을 밝히고 가까이 다가앉곤 했다. 조용히 그들은 읽고, 기도하고, 해야 할 일에 대해서 생각했다. **에릭은 기도회나 성례식이 있으면 언제나 참석하려고 했으며, 정해진 시간 외에도 늘 기도하는 기도의 사람이었다. 그는 마치 이러한 내적 훈련을 받기 위해 '기도 학교'에 들어간 사람처럼 자연스럽게 그리고 항상 하나님과 대화했다.** 그는 정신적으로 큰 문제가 없어 보였다. 그의 삶은 하나님 안에, 믿음 안에 그리고 신뢰 안에 깊이 뿌리내리고 있었다.[10]

내면세계를 정비하는 일은 리델의 경우처럼 정원을 잘 가꾸는 것이다. 잠언 기자에 따르면(4:23) 그러한 훈련을 통하여 우리 마음에서는 생명의 힘이 흘러넘치게 된다.

❖ **더 깊이 생각해 보기**

1. 브리지트 허먼에 따르면, 과거의 위대한 신앙인들의 자세는 동시대인들과 어떤 점에서 달랐는가? 당신 주변에 그런 신앙의 자세를 가진 사람이 있는가? 있다면 그에 대해 이야기해 보라.

2. 우리가 대개 기도하기를 어려워하는 이유들을 떠올려 보라. 그 가운데 당신에게 가장 큰 걸림돌이 되는 것이 무엇인지 말해 보라.

3. 저자는 여자들의 경우 공적으로 기도하는 것이 남자들보다 쉬운 이유가 무엇이라고 말하는가? 당신이 결혼한 남자라면, 아내와 함께 기도하는 것에 대한 자신의 태도와 느낌을 말해 보라.

4. 저자에 따르면 중요한 영적 성장의 표지는 무엇인가?

5. 기도가 응답되지 않아서 느꼈던 좌절감에 대하여 일기를 써 보라.

6. 우리가 할 수 있는 가장 순수한 기도는 어떤 것인가?

7. 저자가 기도 목록을 작성하는 이유는 무엇인가?

8. 하나님을 경배하는 내용의 기도문을 작성해 보라.

9. 당신의 삶에서 당신이 고백해야 마땅한 '돌덩이' 같은 죄들이 있다면 그것은 무엇인가?

10. 스탠리 존스가 말하는 '건강을 해치는 열두 사도'는 무엇인가?

11. 중보 기도의 용사인 당신의 모습을 그려 보라. 당신의 기도 생활은 어떨지 묘사해 보라.

12. 선교사이자 전쟁 포로였던 에릭 리델의 탁월한 지도력의 비결은 무엇이었는가?

13. 기도에 대해 당신이 마음 깊이 품고 있는 소망을 나누어 보라.

# 5부 회복

14장
친구들

하루 이틀 전인가 휴대폰이 울려서 받으니, 내가 대문자 에프(F) 친구(Friend)라 부르는 친구의 목소리가 들려왔다. 거의 40년 된 친구였다.

이 친구는 내가 대문자 에프 친구라 말하는 여섯 명 중 하나다. 물론 내가 아주 소중히 여기는 다른 친구들도 많다. 우리는 함께 식사를 하고, 비슷한 관심사들을 나누고, 서로의 자녀들에게도 관심을 갖는다. 하지만 대문자 에프 친구들은 다르다. **이들은 당신의 마음을 알고 당신도 이들의 마음을 안다.** 이것은 시간과 결단과 깊은 배려가 있어야 가능한 일이다.

전화를 걸어 온 친구는, 우리 대문자 에프 친구들 셋이 주 후반에 하루 종일 만나기로 한 계획을 상기시켜 주려 했다. 그날은 대화의 날이 될 것이었다.

우리는 무엇에 관해 이야기를 하려는 걸까? 아마도 우리는 레드삭스 팀, 읽고 있는 책들, 우리가 가 봤던 곳들에 관한 이야기로 시작할 것이다. 그리고 우리 자녀와 손주들과 우리가 함께 아는 다른 친구들에 대한 최근 소식을 서로 나눌 것이다.

하지만 그날 대부분의 시간을 할애할 진짜 주제는 **나이듦**에 관한 것이다. 우리는 노년이니까. 우리 삶에는 누구도 우리를 위해 대비해 주지 않는 많은 일들이 일어난다. 그래서 우리는 어떻게 살아갈지에 관한 이야기를 할 필요가 있다. 때로는 우리 몸이 우리의 야망에 반기를 든다. 다시 말해, 우리는 우리가 지닌 버틸 수 있는 힘보다 더 많은 일을 하고 싶어 한다.

다음 내용들이 나이듦…**우리의** 나이듦에 관한 대화의 날에 우리가 나눌 이야깃거리들이다.

- 통증과 고통, 경직된 근육, 피부암, 심장 이상, 밤중에 몇 번이나 깨어 화장실에 가는지 등에 관해 말할 필요가 있다.
- 결혼 생활에 관해 말할 필요가 있다. 아내를 위해 우리는 최선을 다하고 있는가? 아내들은 어떻게 지내는가?
- 재정 문제에 관해 말할 필요가 있다. 우리 각각은 세금, 자선 활동, 주거 형태에 관해 서로에게 도움이 될 만한 것들을 알고 있는가?
- 우울한 주제이긴 하지만 죽음에 관해 말할 필요가 있다. 왜? 우리의 가족, 친구, 지인들이 죽음에 임박해 있기 때문이다. 그들의 경험에서 무엇을 배워야 하나? 우리는 죽음에 대한 생각을 어떻

게 처리하고 있는가?
- 아마도 가장 중요한(?) 우리의 영적 여정에 관해 이야기해야 할 것이다. 하나님이 우리에게 무슨 말씀을 하고 계신가? 어떤 부르심을 받았다고 생각하는가? 어떤 고투를 하고 있는가? 어떤 두려움이 있는가? 어떤 복이 있는가? 해결하지 못한 과거의 문제가 있는가?

그날이 오면 우리는 만난다. 정말 멋진 날이다. 거기에는 눈물, 웃음, 놀람, 엄청난 지혜가 있다. 당연하지 않은가? 이들은 내 대문자 에프 친구들이니까.

누가 나의 대문자 에프 친구들일까? 아마도 게일이 첫 번째 대문자 에프 친구일 테지만, 게일은 다른 아내들을 초대하지 않는 한 '남성들 모임'에는 참석하지 않는다.

나의 나머지 대문자 에프 친구들은 남성들이다.

그중 둘은 생각하는 친구들이다. 우리는 생각과 질문들에 관해 이야기한다.

그중 둘은 나를 격려해 주는 친구들이다. 우리는 서로를 면밀하게 주시한다.

지혜를 나누는 친구들도 있다. 우리는 서로 판단과 조언을 해준다.

영적 생활을 나누는 친구도 있다. 우리는 예수님에 관한 이야기를 많이 한다.

이들은 모두 재미있게 노는 친구들이다. 우리는 함께 말도 안 되는 짓을 한다.

내 생애 전반기에는 대문자 에프 친구가 없었다. 사람들이 가장 친한 친구가 누구냐고 물으면 나는 기꺼이 "게일이 가장 친한 친구죠. 다른 사람은 필요 없습니다"라고 답했다.

어린 시절에 나는 그렇게 생각하도록 훈련을 받았다. 당시에는 지도자들은 아주 가까이 있는 사람들을 경계해야 한다는 말에 영향을 받았기 때문이다. 그들이 우리 리더십의 영향력을 약화시킬 것이라고들 했다. 그들은 우리의 신뢰를 배반할 것이다. 또 기대에 미치지 못할 때 우리에게 등 돌릴 것이다. 그래서 실제로 나는 한때 그러한 논리를 믿고 대부분의 사람과 소문자 에프의 거리를 유지했다.

그러다 중년이 되었고, 개인적으로 엄청난 실패를 경험했고, 우리 삶이 영원히 변할 가능성이 있었다. 나 자신과 나의 깨어진 부분을 면밀히 살펴보면서 한 가지 질문이 어렴풋이 떠올랐다. '가장 필요한 것이 무엇인가?' 대답은 '몇 명의 친구'였다. 대문자 에프로 분류되는 친구들, 서로를 위해 피 흘릴 친구, 서로에게 진실을 말해 줄 친구, 서로에게 희망을 심어 줄 친구, 서로를 신뢰할 친구, 서로를 사랑한 친구들. 나는 내가 옳다고 확신하고 대문자 에프 친구들을 찾기 시작했다.

대문자 에프 친구에 대한 기준에 관해 생각하면 할수록 이런 생각이 들었다. '게일과 내게는 임종을 맞이하는 시기에 곁에 있어 줄 친구들이 곧 필요할 거야. 조직 생활을 기반으로 연결된 친구들이 아닌. 어떤 프로젝트를 위해 가끔 협력한 다음 사라지는 친구들이 아닌 친구들. 내 아이들의 이름을 아는, 내가 돈을 얼마나 버는지 아는, 나를 위해 어떻게 기도해야 할지 아는, 나를 똑바로 쳐다보고 "정신 좀 차리렴!"이라고 말하는 법을 아는 친구가 필요해.'

그래서 대문자 에프 친구들을 만드는 일을 시작했다. 이것은 단기간에 되는 일이 아니다. 시간이 걸리고 약간의 위험 요소도 있다.

내가 대문자 에프 친구에 대한 강의를 하면 반드시 따라오는 한 가지 질문이 있다. "대문자 에프 친구를 어떻게 찾습니까?" 그리고 그 다음 질문은 "그 친구들을 찾으면 어떻게 우정을 쌓습니까?"이다.

이런 질문이 나올 때 게일이 청중 가운데 있으면 게일은 항상 이렇게 답한다. "가장 먼저 할 일은 기도입니다. 주변에 있는 사람들을 분별하는 안목을 주시도록 하나님께 구하십시오. '여기 한 명 있고, 저기 또 한 명 있다'고 말씀하시는 성령의 음성을 주의 깊게 들으십시오. 그런 다음 목록을 만들어 놓고 매일 그 목록을 놓고 기도하고 하나님이 '한번 해 보렴'이라고 말씀하시는 순간을 기다리십시오."

그런 다음 내가 이렇게 말한다. "데이트 할 때를 생각해 보십시오. 여러분이 아는 자매들을 모두 떠올린 다음, 여러분에게 가장 어울린다고 생각한 한두 명을 골랐던 것을 기억해 보십시오."

모든 사람이 기억을 떠올린다.

"당신이 한때 여성들에 대해 그렇게 했던 것처럼, 당신이 아는 친구들 목록을 훑어보고 한둘을 골라 그들과 '데이트'를 해 보시면 어떨까요? 그들을 아침 식사나 점심 식사에 초대하십시오(그리고 밥값은 당신이 계산하십시오). 그들에게 그들의 가족, 신앙, 일, 좋아하는 취미 활동에 대해 물어보십시오. 대화에 활기가 생기면 그들의 원가족에 대해 물어보십시오. 그들의 아버지는 어떠했는지? 그들의 어머니는 어떠했는지? 행복한 가정이었는지 그 반대였는지? 어린 시절 가장 영향력 있는 사람은 누구였는지? 자기 일을 좋아하는지? 그들의 소망, 꿈, 두려움은 무엇인지?"

나는 이렇게 덧붙인다. "그리고 만약 그들이 질문을 한다면 당신에게 어떤 질문을 하는지 주의 깊게 보십시오. 상대방이 당신에 관해 질문하는 법을 모르거나 질문하는 데 관심이 없는 우정은 당신이 원하지 않을 겁니다.

그 사람과의 만남에 만족한다면 또 다른 식사 약속을 잡으십시오. 마음의 차원까지 이르는 깊은 대화를 시도해 보십시오. 이게 전부입니다. 그리고 다 잘되면 세 번째, 네 번째 만남을 시도해 보십시오. 6개월 안에 당신은 그 사람들에게 이렇게 말하게 될 겁니다. '여보게! 우리는 아주 좋은 만남을 갖고 있어. 계속해 봅시다.'"

나는 우리에게 대문자 에프 친구가 없다면 내면세계의 질서를 바로잡을 수 없다고 생각한다. 내면세계의 질서를 바로잡는 일은 혼자서 하는 일이 아니다. 하나님이 우리 삶 속에 오셔서 하고자 하시는 말씀의 상당 부분은 우리 가까이에 있는(대문자 에프만큼 가까이에 있는) 다른 사람들을 통해서 주어질 것이다. 우리를 꾸짖고, 우리를 인정하고, 우리에게 조언을 해주고, 지붕이 주저앉을 때 우리를 위해 그곳에 있을 이들이 바로 친구들이다.

대문자 에프 친구들은 우리가 연약함이나 두려움과 싸우고 있을 때 투명하게 나눌 수 있는 분위기를 마련해 줄 것이다. 대문자 에프 친구들은 퀘이커 교도들이 정리 위원회라 부르는, 즉 우리가 어떤 결정을 할 때 어려운 질문들을 해줄 소그룹이 되어 줄 것이다.

내 대문자 에프 친구들과 함께한 가장 따뜻했던 기억은, 몇 년 전 내가 어떤 어려운 문제를 처리해야 했을 때이다. 나는 아주 존경하는 한 인물과 대화를 나누던 중 어떤 문제에 대해 서로 의견이 달랐던 적이 있었다. 그때 그는 내 안에 상한 영혼이 느껴진다고 말했다.

나를 그렇게 갑작스럽고도 빠르게 멈출 수 있는 다른 말은 없었다. 나는 내가 자라난 가정 때문에 생긴 분노와 상한 감정이 평생 두려웠지만 젊었을 때 이미 그것을 다 처리했다고 생각했다.

"목사님 안에 쓴 뿌리가 있는 것 같습니다"라고 그가 말했다.

나는 "그 말씀에 대해 생각해 보겠습니다"라고 대답할 수밖에 없었다.

그다음 날 나는 내 대문자 에프 친구들을 아침 식사에 초대하여 이 일에 대해 말했다.

"도움이 필요해. 나 없는 데서 너희들끼리 모여 나에 관해 이야기해 주었으면 해. 우리가 함께했던 시간들을 떠올려 보고 내가 말이나 행동으로 분노나 상한 감정을 드러낸 때가 있었는지 살펴봐 줘. 그런 다음 돌아와서 너희들 생각을 얘기해 줘."

몇 주 후 내 대문자 에프 친구들이 전화를 걸어 점심을 같이 하자고 했다. 점심 식사가 끝나자마자 친구 중 한 명이 말했다. "고든, 네가 하라는 대로 했어. 우리가 네게서 본 것들에 관해 길고도 힘든 대화를 했지. 우리는 네게서 쓴 뿌리를 발견하지 못했음을 네가 알았으면 좋겠어. 너는 분노하는 사람도 아니야. 그 사람이 호의를 가지고 있었을지는 몰라도 그 사람이 틀린 거야."

대문자 에프 친구들은 서로 사랑한다. 그들은 예수님의 제자였던 요한의 말을 삶으로 구현한다. 요한은 이렇게 썼다. "그리스도께서[궁극적인 대문자 에프 친구] 우리를 위하여 자기 목숨을 버리셨습니다. 이것으로 우리가 사랑을 알게 되었습니다. 그러므로 우리도 형제자매를 위하여 목숨을 버리는 것이 마땅합니다"(요일 3:16).

성별 구분 없이 대문자 에프 친구를 둘 수 있을까? 나는 그렇게 생각하지 않는다. 유감스러운 가능성이 아주 많다. 하지만 배우자가 대문자 에프 친구일 수 있을까? 물론 가능하다. 특히 내 아내 같은 배우자가 있다면 말이다.

과거 중국의 위대한 선교 지도자였던 허드슨 테일러(Hudson Taylor)에게는 아내 마리아라는 대문자 에프 친구가 있었다. 그의 전기 작가인 존 폴록(John Pollock)은 그들에 대해 이렇게 썼다.

허드슨은 그녀에게 많이 의지했다. 그녀의 영적 성숙, 그녀의 평온함과 신앙에서 활력을 얻었다. 그녀는 그와 그들의 사역에 그녀가 가진 모든 것, 그녀가 가진 모든 힘, 그녀의 지성을 가로지르는 모든 생각, 그녀의 사랑의 모든 힘을 다 바쳤다. 그녀는 그에게 무엇이든 흘러가도록 했고, 때로 그의 요구가 자기도 의식하지 못하는 사이에 이기적이었다 해도, 그가 의식하지 못하는 것처럼 그녀도 의식하지 않았다.[1]

이것은 단지 결혼 생활에 그치지 않는다. 대문자 에프의 우정이며, 질서 잡힌 내면세계를 만드는 데 주요한 한 가지 요소다.

에드워드 패럴(Edward Farrell)은 내가 말하는 대문자 에프라는 우정의 명칭을 잘 몰랐을 것이다. 그럼에도 그는 그러한 우정의 본질을 분명히 이해했다.

들을 수 있는 깊은 역량이 있기 때문에 우리가 이야기할 수 있다고 느끼는 사람들이 있다. 그것은 단지 말을 듣는 것이 아니라 한 인격으로서 우리를 들을 수 있는 역량이다. 그들은 우리가 이전에는 전혀 이르지 못한 차원에서 이야기를 할 수 있게 해준다. 그들은 우리가 이전에는 되어 본 적이 없는 존재가 될 수 있게 해준다. 만약 우리에게 귀 기울여 줄 수 있는 사람, 우리의 모습을 드러내게 해주는 사람, 우리 자신으로부터 벗어나게 해주는 사람, 우리가 누구인지 발견하게 해주는 사람을 찾지 못한다면, 우리는 절대 진정으로 우리 자신을 알 수 없을 것이다. 우리는 우리 자신을 스스로 발견할 수 없다.[2]

여기 나오는 '어떤 사람들' 같은 이를 아는가? 그들을 아침 식사에 초대하라.

❖ 더 깊이 생각해 보기

1. 저자는 어른이 되어 만난 '대문자 에프 친구들'에 대해 설명한다. 그들은 어떤 자질들을 지니고 있는가? 당신에게도 대문자 에프 친구들이 있는가?

2. 대문자 에프 친구들이 있다면 이들은 당신의 내면세계에 질서를 바로잡는 데 어떤 도움이 되겠는가?

3. 당신 인생에 신뢰하는 친구들이 있다면 그들에게 어떻게 감사를 표현할 수 있겠는가? 신뢰하는 친구들이 없다면 어떻게 그러한 친구들을 발견할 수 있겠는가?

4. 성경에 나오는 유명한 우정 관계를 묘사해 보라. 그러한 우정의 특징은 무엇이며, 그들은 어떻게 친구들을 섬기고 보호했는가?

15장
여가 이상의 쉼

나는 이 책의 앞부분에서 가장 기억에 남는 붕괴의 토요일에 관해 썼다. 그날 이후 얼마 지나지 않아 나는 한 기업인 모임에 저녁 강의를 하러 다른 도시에 가게 되었다. 나는 그들에게 최근 경험을 들려주면서 왜 내가 그날 오후에 받았던 '텅 빈 영혼에 관한 메시지'가 다른 사람들에게도 도움이 될 수 있다고 생각했는지 말하고 싶었다. 그런데 청중의 상상력을 사로잡을 생생한 표현을 찾기가 어려웠다.

목적지에 도착하자 주최 측은 저녁 행사가 시작될 때까지 쉴 수 있도록 나를 한 사립대학 회관에 데리고 갔다. 그 회관은 우아한 고택에 자리 잡고 있었고, 나는 잠시 시간을 내어 그곳을 둘러보았다.

돌아다니다가 커다란 게임방에 가게 되었다. 방 한쪽 구석에 아주 화려한 포켓볼 테이블이 하나 있었다. 그곳에 다가가니 선명한 색깔의 공들이 녹색 펠트 표면을 가로질러 흩어져 있었다. 근처 벽 받침대에는 큐대도 걸려 있었다. 주변에는 아무도 없었다. '회원 전용'이라는 표지판도 없었다. 나는 속으로 중얼거렸다. '그럼 잠시 멈춰서 해 봐도 되지 않을까?'

익히 알듯 포켓볼은 공을 삼각대 안에 다 모아 두고 나서 시작한다. 이것을 '공 모으기'라고 말한다. 공을 다 정리하고 8번 검은 공을 가운데 두고 나면 틀을 제거한다. 누군가가 흰색 큐볼과 큐대를 가지고 테이블의 다른 쪽 끝으로 가서, 공을 치기에 가장 좋아 보이는 각도를 택한다. 큐볼을 치면 볼들의 완벽한 대형이 사방으로 흩어진다.

나는 이렇게 다 해 보았다. 그러고 나서 공이 테이블 위에서 굴러가다가 멈췄을 때, 나는 잠시 멈칫했다. 갑자기 붕괴의 시간 동안 내게 일어났던 일이 떠올랐기 때문이다.

나는 큐볼이 그 형태를 산산조각 내자 공들이 테이블의 모든 지점을 향해 흩어지는 것을 보았다. 또 그 공들이 흩어지는 데서 나 자신이 흩어지는 것을 발견했다.

그것은 바로 날마다 나에게, 또 나와 같은 다른 사람들에게 일어나는 일이었다. 우리는 모두 완벽한 삼각대 같은 곳에 머물 수 있다는 기대감으로 하루를 시작하길 원한다. 하지만 인생에는 인생의 큐볼들이 있기 마련이다. 그 큐볼들은 사방에서 우리에게 덤벼들고, 큐볼을 치면 우리는 산산조각 난다.

그 생생한 이미지에서 한 걸음 더 나가 보자면, 나는 '공 모으는' 법을 배워야 했다. 잘 들어 주기 바란다. 지금 나는 포켓볼 테이블 위에 있는 공을 이야기하는 것이 아니다. 내면세계의 질서에 관해 이야기하는 중이다. 내면세계는 정기적으로 정비하는 일이 필요하다.

우리는 쉼이 필요하다

우리는 피곤한 사람들이다. 피로의 증거는 과로와 탈진을 주제로 쓴 건강 문제에 관한 수많은 글에서 얼마든지 찾을 수 있다. **스트레스 관리**니 **스트레스 회복**이니 하는 말은 요즘 일상 용어가 되었다. **일중독**은 아주 심각한 중독 중 하나로 취급된다. 술이라고는 입에 한 방울도 대지 않는 사람이라도 가장 심각한 일중독자가 될 수 있다.

우리는 서로 다음과 같이 말하면서 과로에 대한 변명을 늘어놓곤 한다. 오늘날처럼 경쟁이 치열한 세계에서는 아무리 열심히 일한다 해도 우리보다 몇 시간 더 일하는 사람들이 우리 일을 앗아갈 수 있다는 것이다.

우리가 매우 여가 지향적인 사회에 살고 있다는 사실에 비추어 볼 때 우리 세대의 피로는 참으로 기이한 현상이다. 우리는 호화 유람선, 낭만적인 리조트, 북극은 물론 세계 어디든 가는 해외여행 등 거대한 여가 산업이 있음을 알고 있다. 여가 산업이야말로 우리 경제에서 가장 돈벌이가 잘되는 산업 중 하나다. 온갖 기업과 단체와 쇼핑 업체들이 사람들에게 재미와 즐거운 시간을 선사하려고 의류와 용품을 생산하는 데 혈안이 되어 있다.

우리는 아마 과거 어느 때보다 더 많은 여가 시간을 가질 것이다. 무엇보다 주5일 근무제는 역사상 비교적 새로운 혁신을 이룬 것이다. 언제나 할 일이 쌓여 있던 과거 농경 사회를 벗어나 이제는 원하면 하던 일을 내려놓고 떠날 수 있는 상황이 되었다. 그런데 도대체 왜 우리는 극도의 피로에 찌들어 사는 것일까? 이 피로감은 실재하는 것인가 아니면 상상의 산물인가? 혹은 현대적 형태의 피로는 우리가 여가와는 다른 참된 쉼을 이해하지 못하고 있음을 입증하는 하나의 증거인가?

먼저 우리는 쉼에 대한 성경적 관점을 이해하고 검토할 필요가 있다. 실로 성경은 하나님 자신을 최초로 쉼을 누린 분으로 보여 준다. "하나님은…이렛날에는…쉬셨다…"(창 2:2). 모세는 출애굽기 31:17에서 그 의미를 더욱 분명하게 밝혔다. "주가 엿새 동안 하늘과 땅을 만들고, 이렛날에는 쉬면서 숨을 돌리셨기 때문이다." 이를 문자적으로 번역하면 "그분은 스스로를 새롭게 하셨다"라는 뜻이다.

하나님께 정말로 쉼이 필요할까? 물론 그렇지 않다! 그러면 하나님이 스스로 쉬시기로 정하신 것일까? 그렇다. 왜 그랬을까? 하나님이 일과 쉼의 리듬을 창조 세계에 심어 두셨기 때문에 그것을 계시하기 위해 그분 자신이 그 리듬을 지키심으로써 다른 모든 이에게 선례를 보여 주신 것이다. 이러한 방식으로 그분은 내면세계의 질서를 유지하는 열쇠가 무엇인지 친히 보여 주셨다.

이러한 쉼은 사치가 아니라 성장과 성숙을 원하는 사람들에게 반드시 **필요한** 것이다. 우리는 쉼이 필수적인 것임을 깨닫지 못했기 때문에 그 의미를 왜곡시켜 버렸고 하나님이 맨 처음 우리에게 보여 주신 그 쉼을 여가나 오락 같은 것으로 대체시키고 말았다. 이러한 것들은 내면세계를 정비하는 데 전혀 도움이 되지 않는다. 여가와 오락은 재미있을지는 모르지만, 개인의 내면세계와 관련해서는 마치 솜사탕을 먹는 것과 다름없다. 그것은 일시적으로는 기분을 좋게 하지만 결코 지속되지는 못한다.

재미있는 순간이나 기분 전환, 웃음, 레크리에이션 자체를 비판하려는 생각은 추호도 없다. 단지 그것들만으로는 우리가 간절히 바라는 영혼을 소생시키지 못한다는 점을 말하려는 것이다. 그것들이 육체에 일시적 쉼은 줄지 몰라도, 내면세계 깊숙이 존재하는 쉼에 대한 욕구를 충족시켜 줄 수는 없다.

몇 년 전 어떤 연고를 대대적으로 선전하는 유명한 광고가 있었는데, 그 약은 종기에 깊이 침투해서 통증을 없애 준다고 했다. 이처럼 안식일의 쉼은 내면세계 깊숙이 스며든 피로감에까지 침투해 들어간다. 이러한 피로는 오늘날의 어떤 오락으로도 회복할 수 없는 것이다.

안식일의 쉼의 의미

회로 마감

하나님은 쉬실 때 자신이 하신 일을 바라보고 그 완성된 모습을 즐기며 그 의미를 묵상하셨다. "하나님 보시기에 좋았다"(창 1:10). 이 말은 참된 쉼의 세 가지 원리 중 첫째 원리를 보여 준다. 하나님은 자신의 일에 의미를 부여하셨고 그 일이 완성되었다고 인정하셨다. 그렇게 하심으로써 우리의 일과에 대한 감사와 헌신이 필수적 훈련임을 가르쳐 주셨다.

첨단 시스템 개발자들은 전자회로를 만들 때 한 단계를 완성했을 때 '회로 마감'(closing the loop)이라는 용어를 즐겨 사용한다. 또한 어떤 과업이 완성되었을 때나 프로젝트에 참여한 모든 사람이 필요한 정보를 다 알게 되었을 때에도 그 말을 사용한다.

따라서 일곱째 날에 하나님이 일차적인 창조 활동과 관련하여 '회로 마감'을 하셨다고 말할 수 있다. 그분은 그 성취된 것을 돌아보시며 쉼으로 그 일을 마감하셨다.

이러한 쉼은 무엇보다도 먼저 되돌아보는 시간, 곧 회로를 마감하는 시간이다. 우리는 우리가 한 일을 응시하면서 다음과 같은 질문을 던지게 된다. 내 일은 어떤 의미가 있는가? 누구를 위해 했는가? 얼마나 잘되었는가? 왜 일을 했는가? 어떤 결과를 기대했으며 실제로 얻은 것은 무엇인가? 등.

달리 말하면, 하나님이 제정하신 쉼의 의도는 무엇보다도 먼저 우리의 일을 해석하고, 그 일에 의미를 부여하고, 그 일을 누구에게 올려 드려야 마땅한지를 확실히 알게 하려는 것이었다.

로렌스 수사는 수도원의 요리사였다. 그는 일상생활의 거의 모든 행위에 의미를 부여하는 법을 배웠다. 노동의 의미뿐 아니라 그 목적까지도 통찰했던 그의 능력에 주목하라.

나는 하나님을 사랑하기 때문에 프라이팬에 든 조그만 오믈렛을 뒤집는다. 그 일이 끝나고 달리 할 일이 없을 때에는 바닥에 엎드려 그 오믈렛을 만드는 은혜를 주신 하나님을 경배한다. 그러고 나면 왕보다 더 행복한 마음으로 일어난다. 다른 어떤 일도 할 수 없을 때에는 하나님을 사랑하는 마음으로 지푸라기 하나만 들어도 좋았다. 사람들은 하나님을 사랑하는 법을 배우고 싶어 한다. 그들은 온갖 다양한 방법을 통하여 그 경지에 도달하기를 원하는데 그 방법이 얼마나 많은지는 나도 모른다. 그들은 하나님의 임재 안에 거하고자 갖가지 수단을 동원한다. 그러나 하나님을 사랑하기 때문에 모든 일을 하고, 그 사랑을 그분께 보여 드리기 위해 우리에게 주어진 모든 과업을 활용하고, 또한 그분과의 사귐을 통해 내면에 그분의 임재를 계속 유지하는 것이야말로 더 직접적인 지름길이 아닌가? 이것은 결코 복잡한 이야기가 아니다. 오직 정직하고 단순하게 그렇게 행하기로 돌이키면 되는 것이다.[1]

분명히 우리 대부분은 그러한 시간을 일정 기간 갖고 싶어 할 것이다. 사람은 보통 자신의 일이 참으로 의미 있고 중요한 의의를 갖고 있다고 믿고 싶어 하고, 또한 그 진가를 인정받고 싶어 하는 욕구가 강하다. 그러나 그런 확신에 대한 열망은 강하지만 그것을 얻으려면 시간을 들여야 한다는 중요한 사실을 모르고 있다. 미친 듯이 바쁘게 돌아가는 생활 방식이 굳어지면 일의 의미와 해석을 추구하는 마음은 뒷전으로 밀려나고, 머지않아 아예 그런 생각도 하지 않고 사는 데 익숙해져 버린다. '이 모든 것이 무엇을 위한 것인가?'라는 질문을 잊어버리게 되는 것이다. 그래서 우리가 하는 일의 의미와 가치가 단순히 월급봉투로 계산되는 것에 만족하게 된다. 이것이 우리 내면세계를 얼마나 메마르고 황폐하게 하는지 모른다.

영원한 진리로 돌아가기

성경적 의미의 쉼은 또 다른 경로로 내면세계의 질서를 회복시킨다. 우리가 일상생활에서 정기적으로 멈춰 서서 우리 삶의 근거가 되는 진리와 헌신을 되새길 때 진정한 쉼이 가능하다.

우리는 날마다 우리의 충성과 수고를 요구하는 수많은 메시지의 폭격을 받으면서 살고 있다. 우리는 각기 다른 수천 가지 방향으로 밀리고 당겨지면서 살고 있다. 또한 온갖 의사 결정과 가치 판단을 해야 하며 우리의 자원과 시간을 투자하라는 요청을 받고 있다. 그런데 우리는 어떤 진리의 기준을 따라 이러한 결정을 하고 있는가?

하나님의 뜻은 그분의 백성이 매주 하루를 떼어 놓고 그날에 이 질문을 깊이 다루는 것이었다. 사실 그분은 매년 일련의 축제 기간을 따로 떼어 놓고 그 기간에 영원한 진리의 중심 주제들과 하나님의 일하심을 상기하고 기념하게 하셨다. 우리는 그것을 영혼의 조율이라고 부를 수 있다.

예레미야가 말한 대로 우리 마음이 거짓되다는 사실을 유념한다면 우리 삶에 핵심이 되는 진리들을 가려내는 것이 얼마나 중요한지 알게 된다. 우리는 언제나 진리가 실은 거짓이며 거짓이 실은 진리라는 식으로 설득하며 진리를 왜곡하는 속임수에 넘어갈 위험이 있다. 한 찬송가 작사자가 쓴 다음 가사를 기억해 보라.

우리 맘은 연약하여
범죄하기 쉬우니.[2]

이 찬송은 우리의 생각과 가치관을 성경과 하나님의 권능의 역사를 통하여 계시된 영원한 진리에 비추어 봄으로써, 불가피하게 일어나는 내면의 방황을 자주 점검해야 함을 가르쳐 준다.

유대인 신학자 아브라함 헤셸(Abraham Joshua Heschel)은 안식일 전통에 속한 쉼에 대해 고찰하면서 다음과 같이 썼다.

안식일의 의미는 공간보다는 시간을 기념하는 것이다. 일주일에 엿새 동안 우리는 공간에 속한 일들의 횡포 아래 살고 있다. 그러나 안식일에는 시간 속에서 거룩함에 주파수를 맞추려고 애쓴다. 그날은 시간 속에서 영원한 것을 서로 나누고, 창조의 결과로부터 창조의 신비로, 창조된 세계로부터 세계의 창조로 시선을 돌리도록 부름 받은 날이다.[3]

우리는 이와 같은 쉼이 자신의 내면세계 속에서 이루어지고 있는지 자문해 볼 필요가 있다.

뉴햄프셔에 있는 우리 집 외벽의 판자는 기온의 변화에 따라 팽창하고 수축한다. 그러다 보면 어떤 못들은 느슨해져서 다시 박아야 하는 경우가 있다. 이러한 '다시 박기'는 홀로 있는 조용한 날이나 살아 계신 하나님을 예배하는 회중 가운데 있을 때처럼 참된 쉼을 취하는 동안 일어나는 것이다.

사도신경과 같은 교회의 전통적인 신조를 반복하면서 기쁨을 느끼는 것은 그것이 하나님의 계시에 나타난 핵심 진리를 재다짐할 기회를 주기 때문이다. "…을 믿사옵니다"라고 고백할 때 우리의 확신과 헌신이라는 못을 다시 망치질해 박는 셈이다. 그리고 우리가 믿지 않기로 결정한 것과 우리의 믿음을 분별해 내게 된다.

유서 깊은 장엄한 찬송을 부를 때나 특정한 기도문을 따라 기도할 때에도 똑같은 일이 일어난다. 못은 다시 박히고, 우리의 내면세계에서 표류하던 영혼은 다시 질서를 회복한다. 그 특별한 쉼의 날에 독서와 묵상과 성찰을 위한 시간을 낸다면 이와 같은 재다짐의 경험을 할 수 있게 된다.

바로 이 주제에 대하여 아내는 일기에 이런 내용을 썼다.

영광스러운 주님의 날. 안식일에 관해 많은 독서를 했다. 쉬라는 하나님의 명령을 충분히 활용하지 못했음을 점점 더 강하게 느낀다.

이것은 제약을 위한 것이 아니라 자유케 하는 제도다. 왜냐하면 그분은 나를 쉼이 필요한 존재로 만드셨기 때문이다. 그리고 우리가 그분의 '설계도'에 따라 산다면 육체적으로나 정신적으로 자유롭게 일을 더 잘할 수 있게 된다. 그리고 이날은 우리에게 하나님이 누구신지를 일깨워 주는 날이다. 일곱째 날마다 나는 흔들리지 않는 중심이신 하나님께 돌아갈 필요가 있다.

오늘 돈 스티븐슨(Don Stevenson)은 일요일은 바로 그 자신을 비롯한 모든 사람이 가장자리로 돌아왔다가 '진흙탕' 속으로 다시 나아가도록 격려 받는 날이라고 말했다.

나는 우리 자신과 교회에 어려운 질문을 던져 보라고 제안한다. 과연 우리가 그처럼 진리를 재다짐하게 해주는 쉼을 제대로 취하고 있는가 하는 것이다. 그리스도를 따르는 이들과 교회가 아무리 훌륭한 목적을 갖고 있더라도 여러 가지 프로그램을 돌리느라 바쁜 나머지 내면세계에 필요한 쉼으로서의 예배를 누리지 못할 가능성이 있기 때문이다.

따라서 쉼은 내가 하는 일과 최근에 걸어온 길의 의미를 회상할 뿐 아니라 또한 그리스도에 대한 믿음과 헌신을 새롭게 하는 것이기도 하다. 내면의 나침반을 잘 조절함으로써 다음 한 주간을 잘 살 수 있게 준비하게 하는 것이다.

우리의 사명을 규정하기

앞에서 말한 두 가지 의미가 과거와 현재에 초점을 맞추고 있다면, 이번에는 미래에 초점을 맞추고 있다고 할 수 있다. 우리가 성경에서 말하는 의미의 쉼을 가진다면 우리 생각은 그리스도 중심적인 내일을 추구하는 방향으로 나아가게 된다. 우리는 보통 다음 주, 다음 달 혹은 내년에 어느 방향으로 나아가야 할지 곰곰이 생각하곤 한다. 그러고 나서 우리의 생각을 분명히 가다듬고 그에 따라 헌신을 다짐하게 된다.

조지 패튼(George Patton) 장군은 부하들에게 자신의 현재 임무가 무엇인지 정확히 알고 말할 수 있어야 한다고 했다. "제군의 임무는 무엇인가?"라고 그는 자주 물었다. 임무를 규정하는 것은 군인이 전쟁터에 가지고 가야 할 가장 중요한 정보의 일부다. 그 지식에 기초하여 그는 결정을 내리고 작전 계획을 수행할 수 있다. 내가 성경적 의미의 쉼을 취하려 할 때에도 같은 현상이 일어난다. 나는 내 사명을 아주 열심히 고찰한다. 그래서 매일 아침 영적 훈련을 하는 시간에 잠깐 틈을 내어 '오늘 나의 사명은 무엇인가?'라는 질문을 던져 본다. 이 질문을 규칙적으로 하지 않는다면 판단과 방향 설정을 하는 데 오류를 범할 여지가 많다.

예수님은 종종 한적한 곳으로 물러가셔서 홀로 시간을 보내셨다. 다른 사람들이 자면서 쉼을 취하는 동안, 예수님은 다음 단계의 사명을 수행하는 데 필요한 힘과 방향을 얻기 위해 쉼으로 나아가셨다.

예수님이 어떤 문제에 부딪힐 때마다 새로운 지혜를 떠올리셨던 것은 놀라운 일이 아니다. 또한 공격당하셨을 때에도 자신을 변호하지 않고 상대방에게 반격도 하지 않을 만큼 용기가 충만했던 것도 놀라운 일이 아니다. 그분의 영은 항상 편안히 쉬는 상태였고 그분의 내면세계는 질서정연했다. 이와 같은 쉼이 없다면 우리의 내면세계는 항상 긴장에 휩싸여 무질서한 상태에 있을 수밖에 없을 것이다.

신약성경의 두 복음서에 기록된 이야기 중 쉽게 지나치는 이야기가 있다. 나도 그 이야기를 예수님에 대한 최고의 이야기 열 편에 포함시키지는 않겠지만 오랫동안 내게 매우 유익했던 이야기다. 나는 충만한 영혼, **재정비된** 영혼의 중요성을 기억해야 할 때마다 종종 이 이야기로 돌아가곤 한다.

(갈릴리의) 가버나움은 예수님이 가장 좋아하신 마을이었을까? 예수님은 그 마을에서 안식일(토요일)을 보내셨다. 예수님은 아침에 회당에서 말씀을 전하시고 사람들의 병을 고쳐 주셨다. 그런 다음 예수님이 처음으로 제자 삼으신 두 사람인 시몬 베드로와 안드레의 집으로 물러나셨다. 어디 가면 그분을 찾을 수 있는지에 대한 소식이 퍼졌음이 틀림없다. 안식일이 공식적으로 끝나는 해질 무렵, 무리가 모여 예수님께 병든 사람을 고치고 귀신들린 사람의 귀신을 쫓아내 달라고 요구하고 있었기 때문이다. 주님은 저녁 늦게까지 자신에게 나아오는 모든 사람에게 반응을 보이셨다.

예수님에게 그날은 육체적으로도 영적으로도 지친 날임이 틀림없다. 몸과 영혼의 진이 다 빠졌다고 할까. 붕괴를 경험하기에 딱 좋은 상황이었다고 할 수 있겠다.

마가에 따르면, 다음 날 아침 예수님은 다른 사람들보다 먼저 일어나 집을 나와서, 그분이 기도하시던 '한적한 곳'으로 가셨다. 나는 이 말씀을 여러 번 읽었지만, 내가 무너졌던 그날 이후에야 이 말씀을 제대로 이해하게 되었다. 예수님은 무리와 오랫동안 어울려 지내신 다음에는, 조용한 장소로 물러나셔서 '안식 누리기'라는 내면세계의 일을 하셔야 한다는 사실을 알고 계셨다.

안식하기(sabbathing). 내가 **안식**이라는 단어를 명사에서 동사로 바꾼 것을 알아챘는가?

안식: 이는 내면세계의 질서를 바로잡고자 하는 사람이 삶에서 첫 단계로 실행해야 할 일이다. 우리 대부분은 **안식일**(Sabbath)이라는 단어를 한 주의 일곱 번째 날, 업무와 일상생활의 귀찮은 일들에서 떠나 쉬기 위해 따로 떼어 놓은 날을 가리키는 것으로 인식한다. 나는 감히 그 단어를, 자기 일을 중단하고 하늘에 계신 하나님과 연결되는 어떤 날의 어떤 시간을 언급하는 것으로 확장시켜 본다.

예수님은 상당한 시간을 한적한 곳에 머무셨던 것 같다. 무엇을 하고 계셨을까? 다시 한 번 내 대답은 **안식 누리기**다. 그분이 하신 일을 상상해 보자. 예수님은 쉬셨고, 잠시 조셨을 수도 있다. 또 전날의 활동들을 묵상해 보며, 은혜로웠던 순간들을 떠올리며 그것에 대해 감사드리고, 예배드리고, 구약성경 말씀을 떠올리고(찬양도 하며), 기도

하고, 아버지의 말씀에 귀 기울이고, 사명을 재확인하고, 그다음 무엇을 해야 할지 결단하셨을 것 같다. 성경은 예수님이 창조 때 계셨다고 말하고 있으므로, 예수님은 아마도 그분의 창조 세계의 아름다움에 감탄하기도 하셨을 것 같다.

그러던 중 예수님을 찾아다녔던 제자들이 그분의 몽상을 방해하는 불가피한 순간이 왔다. 다시 나는 상상력을 사용하여 이 이야기의 공백을 채워 본다. 나는 예수님이 의도적으로 이 한적한 곳을 **친구들에게조차** 비밀로 하셨을 것이라 추측해 본다. 그래야 그들이 그분을 찾아야 할 이유가 설명된다.

제자들은 그분을 찾자마자 어제의 활동들로 빨리 돌아가라고 압박했다. 가버나움으로 돌아가라고 말이다. 그들이 말하듯이 "모두(어젯밤의 무리) 선생님을 찾고 있기" 때문이다.

모두 당신을 찾고 있다. 모두가! 나는 여러 번 이에 관해 생각했다. 만약 예수님처럼 당신이 어떤 조직적인 운동을 시작하려 한다면 무리가 당신으로부터 듣고자 아우성치는 이야기는 아주 좋은 소식이어야 한다. 그것은 당신을 '좋아하는 이들'이 급증하고 있다는 뜻이다. 제자들은 어리석은 이들이 아니었다(어쨌든 항상 그렇지는 않았지만). 그들은 예수님이 노출되어야 하며 모든 사람이 그들처럼 예수님의 매력에 사로잡힐 수 있도록 밖으로 나가셔야 함을 알았다.

하지만 제자들의 계획은 예수님의 생각과는 달랐다. 어쨌든 예수님은 **안식을 누리는** 분이셨고, 그들은 아니었다. 그리고 이것은 엄청난 것이다. 이것이 그다음 어떤 일이 일어날지 알려 준다.

제자들은 예수님이 가버나움으로 돌아가시기를 바랐지만, 예수님은 "다른 마을에도 가야 한다"고 말씀하시며 제자들의 생각에 직설적으로 거절하시며 대응하셨다.

이 지점에서 솔직히 말해 볼까? 내가 예수님의 입장이었다면, 나는 제자들의 소원에 굴복하여 가버나움으로 돌아갔을 것이다. '하늘의 뜻이야'라며 스스로를 정당화할 것이다. 단순한 이 문장이 내게 확신을 줄 것이다. '모두 선생님을 찾고 있습니다.' 모두가! 나는 **모두**를 좋아한다.

그러나 예수님은 우리가 그러하듯 이 '모두'라는 기준을 적용하지 않으셨다. 대신 "나는 다른 곳에도 가야 한다"고 말씀하셨다.

이 이야기가 내게 아주 중요해지는 지점이 바로 여기다. 내 질문은 예수님은 자신이 옳고 제자들이 틀렸음을 어떻게 이토록 확신하실 수 있었을까 하는 것이다.

내 대답은 이렇다. 예수님의 결정은 안식에서 나온 것이었다. 예수님은 아무도 모르는 곳에서 홀로 조용한 시간을 보내셨다. 그분은 하늘 아버지와 대화를 나누셨고, 그때 이 세상에서 그분이 맡으신 사명(인자는 잃은 것을 찾아 구원하러 왔다; 눅 19:10)이 재확인되었다.

그 무리로부터 떠나 다른 마을로 가신다는 예수님의 논리는 대부분의 정치인이나 연예인들의 결정 같은 것이 아니다. 오히려 그것은 하늘의 논리다. 안식을 누리신 예수님은 명료하게 생각하실 수 있었고, 지혜로운 판단을 하실 수 있었으며, 자신이 소수 편에 처했을 때에도 확신을 굳게 지킬 수 있었다.

나는 이와 비슷하게 성경에서 질서가 잡힌 사람들의 다른 예들을 찾아보았다. 그들은 건전하고 견고한 삶은 안식으로 시작된다는 것을 아는 이들이었다.

모세는 지도자로서 스트레스를 많이 받던 시기에 '회막'이라 부르는 곳에서 '공 모으기'를 한다. 그는 그곳에서 하나님과 "마치 사람이 자기 친구에게 말하듯이…얼굴을 마주하고" 대화를 나누었다(출 33:11). 그는 세 가지에 관심이 있었던 것 같다.

1. 이스라엘을 향한 하나님의 목적은 무엇인가
2. 백성들의 여정 중에 하나님이 그들과 함께하시는가
3. 어려운 시기에 하나님의 능력(영광)을 의지할 수 있는가

예수님이 언덕에 홀로 나가 계셨을 때 비슷한 질문을 하셨을까? 만약 당신이 (예수님의 신성은 물론) 그분의 인성을 믿는다면, 이것은 어리석은 질문이 아니다.

다니엘은 연이은 세 명의 독재자 왕 아래서 일하는 동안 이스라엘의 하나님을 예배했다. 그는 어떻게 자신의 영적인 방향을 계속 유지했을까? 비결은 그가 매일 유지했던 짧은 안식에 있었던 것 같다.

그는 날마다 근무 시간에 세 번씩 규칙적으로 '공 모으는' 안식을

누릴 방법을 찾아냈다. 그가 선택한 한적한 곳은 예루살렘 쪽으로 창문이 열린 방이었던 것 같다.

그는 왜 이렇게 했을까?

이교도 왕 밑에서 일하는 것, 악한 정부에 참여해야 하는 것이 어떤 것이었을지 자문해 보라. 매일 엄청난 지혜와 신중함을 요하는 회의와 결정을 해야 했을 것이다. 그가 예루살렘 방향으로 무릎을 꿇고자 했던 것은 당연하다. 이야말로 자기 영혼을 이스라엘의 하나님의 임재를 향해 열어 놓고 그것을 받아들이고자 하는 사람이 유일하게 의지할 것이었다.

다니엘이 누린 안식의 일과는 다음 말씀을 부분적으로 설명해 준다. "그들은[그의 원수들] 그에게서 아무런 실책이나 허물을 발견하지 못하였다. 다니엘이 임무에 충실하여 아무런 실책이나 허물이 없었기 때문이다"(단 6:4).

곧 예수님의 어머니가 될 마리아는, 자신이 메시아의 어머니가 되리라는 천사의 공표를 들었다. 그 후 그녀는 시골에서 조용히 안식을 누리는 '공 모으는' 시간과 (기적처럼 임신한) 나이 든 엘리사벳과의 교제를 가지려 했다. 마리아는 엘리사벳에게서, 하늘의 부르심에 순종하는 과정을 거칠 수 있었던 성숙한 여인의 견고함을 보았다. 아이를 낳기 위해 나사렛으로 돌아갈 때가 오자, 마리아는 준비되어 그 위대한 순간을 마주할 용기가 생겼다. 내면세계의 질서가 바로잡힌 것이 분명했다.

쉬기로 결심하는 삶

케임브리지의 홀리 트리니티 교회(Holy Trinity Church)에서 사역했던 찰스 시므온(Charles Simeon)은 영국 국교회의 저명한 교구 목사였다 (또한 IVF 운동의 개척자로 알려져 있다 – 옮긴이). 그는 50년 이상 그 교회에서 목회를 했는데, 사람들이 그의 설교를 들으려고 예배당과 복도를 가득 메울 정도였다.

시므온은 킹스 칼리지의 명예 교우였기 때문에 대학 안마당이 내려다보이는 아파트에서 살았다. 그의 이층집에는 옥상으로 나가는 문이 있어서 그는 하나님과 대화할 때 종종 그 옥상 위를 거닐면서 휴식을 취하기도 했다. 그 지붕 꼭대기는 나중에 시므온의 산책 장소로 알려졌다.

바쁘고 총명했던 시므온은 케임브리지에 있는 대학생들, 많은 교인, 교회, 전 세계의 선교 지도자들과 교류하고 있었다. 그는 수천 통의 편지를 직접 썼고, 50권에 달하는 설교집을 편집했으며, 여러 주요 선교 단체의 설립자 중 하나이기도 했다. 그럼에도 그는 자신의 내면세계가 요구하는 쉼을 위한 시간을 확보하는 것을 결코 잊지 않았다.

그의 내면의 영적 훈련을 보여 주는 예는 그의 전기 작가 휴 홉킨스(Hugh Hopkins)가 시므온의 일기에 대해 쓴 서문에 잘 나타나 있다.

오늘도 지난 43년간 살아온 것과 같이 낮아짐(humiliation)의 날이었다. 해가 바뀔 때마다 오늘처럼 사는 순간이 필요함을 더욱 절실하게 느낀다.

홉킨스는 다음과 같이 쓰고 있다.

찰스 시므온의 경우 낮아짐은 하나님이 그에게 주신 재능을 과소평가 하거나 자신이 쓸모없는 존재인 것처럼 가장하거나 혹은 자신이 충분히 자각하고 있는 죄를 과장하는 것이 아니었다. 그는 의식적으로 하나님의 임재 앞에 나아가 그분의 위엄과 영광 가운데 거하고, 그분의 자비로운 용서와 놀라운 사랑을 극대화함으로써 스스로 낮아지는 느낌을 가졌던 것이다. 바로 이런 것이 그를 낮아지게 했다. 그것은 그 자신의 죄성 때문이라기보다는 하나님의 놀라운 사랑 때문이었다.[4]

시므온은 엄청난 긴장감 아래 살면서도 평생 탁월한 사역을 즐길 수 있었다. 그러한 인내의 비결은 안식일의 쉼을 추구했던 그의 철저한 훈련에 있었다고 나는 확신한다.

유대인들에게 안식일은 무엇보다도 특별한 하루였다. 하나님께 순종하여 따로 떼어 놓은 날이었던 것이다. 율법은 모든 종류의 일을 금했고, 단지 우리가 이미 살펴본 바와 같은 몇 가지 의식만을 행하도록 허용했다. 그리스도를 따르는 이들은 안식일이 경건한 유대인들에게 얼마나 특별한 날이었는지를 잘 모른다. 그러므로 그들의 생각에 주의 깊게 귀 기울일 필요가 있다. 이스라엘의 관광 안내 책자를 보면 한 랍비의 글이 다음과 같이 실려 있다.

안식일을 하나님을 아는 지식과 성화를 상징하는 영원한 기념비로 삼아, 당신의 분주한 공적 생활의 중심과 평화로운 쉼을 누리는 가정에 그것을 세우라. 엿새 동안 땅을 경작하고 다스리라.…그러나 일곱째 날은 그대의 주 하나님의 안식일이다.…그러므로 [사람들로] 알게 하라. 그 옛날의 창조주는 오늘날 살아 계신 하나님이며, [그분은] 인간에게 맡겨진 이 세계와 인간에게 부여된 힘을 선용하는지 혹은 남용하는지를 보시기 위해 각 사람과 각자의 수고를 살피시는 분이심을, 또 각자 한 주간 수고한 것을 보고해야 하는 유일한 건축가이심을.

이 진술의 배후에 있는 중요한 점은 안식일에 대한 유대인의 독특한 의식이 있다는 사실이다. 즉 평소의 일과를 중지하고 노동을 멈추어야 한다는 것이다. 심지어 경건한 유대인 가정의 주부는 요리나 손으로 하는 단순한 일마저 삼가야 한다. 음식은 안식일이 시작되기 전에 마련해 놓기 때문에 그녀 역시 그 특별한 쉼의 날을 즐길 수 있었다. 이것은 오늘날 그리스도를 따르는 많은 이들이 '쉼의 날'을 도무지 믿을 수 없을 만큼 많은 일과 압박에 시달리는 날로 전락시킨 현실과 너무나 거리가 멀다.

기독교 전통에서는 유대인처럼, 또 기독교 내에서 그 계명을 지키는 일부처럼 일곱째 날을 안식일로 지키지 않고, 그리스도의 부활을 기념해 일주일의 첫째 날을 지키기로 했다. 그렇게 결정한 후 우리는 하나님이 **우리에게** 특별한 선물로 주신 그 시간, 곧 그 하루를 어떻게 보냈는가?

우리 교회의 한 형제가 어느 주일 유난히 길었던 교회 활동을 끝낸 후 나에게 이렇게 말했다. "'안식일'이 일주일에 하루만 있어서 정말 다행이에요. 오늘 같은 '안식일'이 매주 이틀씩 있었다가는 완전히 탈진하고 말 거예요."

이 말은 사실 일요일을 쉴 수 없는 날로, 어떤 이들에게는 일주일 중 가장 긴장하는 날로 바꾸어 버린 그리스도인 지도자와 교회에 대한 심각한 고발이다.

하지만 안식일은 단순한 하루 이상의 의미를 갖고 있다. 그것은 내가 이미 말한 세 가지 차원에 따라 쉬는 원리를 의미한다. 우리가 세속적 여가가 주는 재미보다 안식일의 쉼이 주는 평화를 선택한다면 어떤 일이 일어날까?

첫째, 안식일의 쉼은 그리스도 안에서 한 가족이 된 자들과 드리는 예배를 의미한다. 올바른 예배는 내면세계에 쉼을 주는 세 가지 측면, 즉 뒤돌아보고, 위를 바라보고, 앞을 내다보는 훈련을 모두 할 수 있게 한다. 이러한 예배는 하나님과 동행하기로 헌신한 사람이라면 결코 타협할 수 없는 것이다.

나는 누가가 예수님의 안식일 훈련에 대해 묘사한 대목에 감명을 받았다. "예수께서는, 자기가 자라나신 나사렛에 오셔서, **늘 하시던 대로, 안식일에 회당에 들어가셨다**"(눅 4:16). 아버지께 드리는 공적 예배를 피해 슬쩍 사라지는 모습을 전혀 찾아볼 수 없다.

둘째, 안식일은 개인 생활에서 쉼과 고요를 의식적으로 환영하는 것을 의미한다. 안식이란 내면세계에 평화를 가져오는 쉼을 뜻한다. 마치 그리스도께서 폭풍 속에 잠잠함을, 귀신들린 자에게 질서를, 난치병에 시달리는 여인에게 건강을, 죽은 친구에게 생명을 불어넣으셨던 것처럼, 그분은 일주일 내내 삶의 터전에서 고생하면서 내면세계를 빼앗긴 자들에게 평안을 심어 주시기를 원하신다. 그런데 한 가지 조건이 있다. 우리는 이 평안을 선물로 받아들이되 그것을 받는 데 필요한 시간을 내야 한다는 조건이다.

목사로서 나는, 아내와 내게는 일요일이 안식일의 쉼과 전혀 상관없다고 생각해 온 지 오래다. 그리스도를 따르는 이로서 성숙한 후에도 내가 재충전의 기회를 스스로 포기하고 있었다는 점을 깨닫기까지는 여러 해가 걸렸다. 사실 나 자신의 내면세계를 위하여 어떤 형태로든 안식이 필요했지만 그것을 취하지 못하고 있었던 것이다. 내가 일요일을 어떻게 지내는지 가만히 들여다보니 안식이 주는 재충전의 기쁨을 누리기란 도저히 불가능해 보였다. 주일 오전 설교를 세 번 하고 저녁 설교를 종종 하는데다가 하루 종일 교인들을 섬길 준비를 해야 하는데, 어떻게 회복의 시간을 기대할 수 있겠는가? 게일과 나는 일요일 밤이면 완전히 녹초가 되곤 했다. 그것이 우리 안식일의 실상이었다!

수년 전 나는 내 일로부터 해방된 4개월간의 안식 휴가를 가진 적이 있다. 그때 나는 대학으로 연구하러 가지 않고 뉴햄프셔로 가서 '평화의 오두막'을 짓기로 했다. 그 4개월간의 경험 가운데 가장 뜻깊은 것은 우리가 일요일마다 발견한 침묵과 평화였다.

나는 오두막 짓는 일을 굉장히 좋아했지만 주님의 날에는 일하지 않겠다고 결심했다. 일요일이 되면 우리 부부는 독서와 사색과 기도를 하면서 이른 아침 두어 시간을 보냈다. 그러고 난 뒤 근처 교회에 가서 예배를 드렸다. 거기에는 아는 사람이 별로 없었지만 예배에 몰입해서 기도와 찬양과 설교로부터 영의 양식을 얻기 위해 애썼다. 그 시간에 우리는 믿는 바를 고백하고, 하나님이 내려주신 복에 감사하고, 새로운 주간에 주님의 영광을 위해 열심히 살겠다고 다짐했다.

그 4개월 동안 우리는 일요일 오후에는 으레 숲속을 산책하고, 깊은 대화를 나누며, 우리의 영적 훈련 상태와 그리스도를 닮는 면에서 자라고 있는지 스스로 돌아보는 시간을 가지곤 했다. 그 시간은 우리에게 놀라울 정도로 깊은 안식을 경험하게 해주었다. 이전에는 결코 경험해 보지 못한 차원의 안식이었다.

안식 휴가를 끝내고 돌아왔을 때만 해도 우리는 안식에 완전히 매료된 상태였다. 그러나 갑자기 설교와 상담과 여러 행사로 가득 찬 일요일로 되돌아가자 마치 무엇인가를 도둑맞은 심정이었다. 그래서 우리는 우리의 안식일을 주중의 다른 요일로 정하기로 했다. 우리는 하나님의 선물을 잃어버리고 싶지 않았다. 일요일에 우리는 다른 사람들이 안식일을 즐기도록 돕는다. 하지만 보통 그날을 위해 예비된 평화를 우리는 다른 때에 누리게 될 것이었다. 그것도 나름 괜찮았다.

우리 부부는 안식일을 목요일로 정했다. 할 수 있는 한 우리는 내면이 쉼을 취할 수 있도록 그날의 시간 계획을 세웠다. 가능한 한 그날은 교인들로부터 완전히 떠나고 심지어 집안일도 제쳐놓기로 했다. 우리가 사역과 관련된 사람들과 우리 자녀와 교인들에게 쓸모 있는 사람이 되고자 한다면 영적 재충전을 위한 이런 기회를 최대한 확보해야만 했다.

여기에 어떤 율법주의가 있는 것은 아니다. 선물을 기꺼이 받으려는 자유가 있을 뿐이다. 솔직히 나는 일부 사람들이 바리새인들처럼 여러 금지 규정과 전례에 얽매여서 안식일의 기쁨을 파괴시켰다고 생각한다. 우리의 안식일은 그런 것이 아니다. 안식일은 하나님이 우리를 위하여 만드시고 우리에게 주신 것이다. 그 목적은 예배와 재충전이며 그것을 위해서라면 우리는 무엇이든 기꺼이 할 것이다.

만일 우리 아이들이 어려서 계속 보살펴 주어야 했다면 아마 안식일의 쉼을 그렇게 쉽게 누리지 못했을 것이라는 말을 빼놓고 싶지 않다. 그리고 게일이 종종 하는 말이지만, 우리가 쉼을 얻기 위해 사람들로부터 잠시 떨어져 있는 것이 결국은 그들에게 호의를 베푸는 셈이라는 말도 하고 싶다. 왜냐하면 다시 돌아왔을 때에는, 하나님이 다른 상황에서라면 우리에게 주시지 않았을 어떤 것을 우리가 받아서 그들에게 선사할 수 있기 때문이다.

물론 모든 목요일이 안식일로 확보될 수는 없었다.

그러나 우리가 규칙적으로 그런 노력을 꾸준히 계속했을 때 그 결과란 엄청나다는 것을 알게 되었다. 우리의 내면세계는 실로 확실하게 질서를 되찾았다. 가장 놀라운 사실은 내가 그날 충분한 쉼을 취하게 되었을 뿐 아니라 다른 날도 시간을 훨씬 효율적으로 사용하게 되었다는 점이다.

더욱 놀라운 것은 안식일을 잘 지킴으로써 내면세계의 질서를 바로잡게 되었고, 그 결과 이어지는 다른 날에 훨씬 더 큰 지혜와 훌륭한 판단력을 가지고 공적 세계에서 일할 수 있게 되었다는 사실이다.

나는 안식일의 쉼은 일주일 중 하루를 의미한다고 생각한다. 그러나 우리가 하나님과의 친밀한 교제를 위하여 한 시간 혹은 그 이상을 따로 떼어 놓기로 한다면, 그 양이 많든 적든 언제라도 그런 쉼을 누릴 수 있다. 우리 모두에게는 '시므온의 산책'이 필요하다.

그런데 안식일에 버금가는 이 쉼은 우리의 시간 예산에 반드시 확보되어야 한다는 것을 강조하고 싶다. 일을 다 했기 때문에 쉬는 것이 아니라, 하나님이 쉼을 명하셨고 쉼이 필요한 존재로 우리를 만드셨기 때문에 쉬는 것이다.

쉼과 여가에 대한 오늘날의 관점은 이 원칙을 부정하고 있기 때문에 그에 대해 숙고해 보는 것은 중요하다. 우리는 대부분 쉼이란 일을 끝마친 **후에** 하는 것이라고 생각하고 있다. 그러나 안식은 나중에 하는 것이 아니다. 그것은 사실 **먼저** 추구해야 할 어떤 것이다. 만약 우리가 일을 끝마치고 나서 쉬는 것이 옳다고 가정한다면 곤궁에 **빠질** 사람이 많을 것이다. 우리가 하는 어떤 일들은 결코 끝나는 법이 없기 때문이다. 그리고 부분적으로는 이런 이유 때문에 어떤 이들은 도무지 쉼을 취하지 못하는 것이 현실이다. 일이 끝나지 않으므로 안식일의 평화와 재충전의 시간도 없는 것이다.

나는 죄책감 없이 안식일의 쉼을 추구하는 법을 배워야 했다. 그 특별한 시간을 하나님의 선물로 여기고 그것을 누리기 위해 다른 일을 손에서 놓는 것이 잘못이 아님을 깨달아야 했다. 결국 안식일도 우리 달력에 규칙적으로 표시되었다. 그것은 다른 우선적인 일들과 더불어 몇 주 전에 미리 계획된다. 그래서 내면세계를 재정비하기 위해 우리가 따로 떼어 놓은 날에 누군가가 저녁 식사나 운동 혹은 회의 등을 제안하면, 아내와 나는 "미안합니다만, 저희는 그날 약속이 있습니다. 저희 안식일이거든요"라고 대답한다.

세상과 교회는 참된 **쉼을 누릴** 줄 아는 그리스도인을 필요로 한다. 그런 그리스도인은 그저 일에서 손을 놓거나 여가를 즐기는 것이 아니라 진정한 안식일의 쉼을 통하여 정기적으로 새롭게 되는 사람이다. 하나님을 닮아 그런 쉼을 가질 때 당신은 그리스도인이 정말 얼마나 굳세고 회복력 있는 사람이 될 수 있는지 깨닫게 될 것이다.

한적한 곳에 계시던 예수님이든, 회막에 거하던 모세든, 창가에 있던 다니엘이든, 엘리사벳의 집에 있던 마리아든, 이렇게 물러나 '공을 모으는' 안식의 순간은 아는 사람이 거의 없는 어느 세대든 하늘과 땅 사이의 멋진 교감이 일어나는 시간임을 감지했을 것이다.

2백 년도 훨씬 전에, 영국의 하원 의원이었던 유명한 윌리엄 윌버포스는 직업을 바꿀 기회를 마주했다. 신문에는 새로운 수상 에딩턴(Addington) 경 아래서 그가 내각의 각료로 고려되고 있다는 소문이 떠돌았다.

그의 전기 작가들은 윌버포스가 이러한 가능성을 두고 고심했다고 전한다. 그렇게 임명되면 그는 거의 영국 정부의 꼭대기에 이르게 되겠지만, 그는 오래전에 영국에서 노예제도 반대 운동을 주도할 뜻을 세웠다. 각료라는 지위는 그러한 노력을 무산시킬 것이었다.

며칠 동안 이러한 씨름을 한 후 윌버포스는 선택의 날, 즉 안식일이 필요함을 깨달았다. 한적한 곳에서 보내던 그날의 어느 순간 윌버포스는 일기에 이렇게 썼다. "오늘처럼 쉬면서 신앙에 전념할 수 있는 날을 주신 하나님을 찬양합니다. 이날에 비로소 **이 땅의 것들은 본래의 모습을 드러내며 비교적 덜 중요한 것들이 보입니다. 제 야망은 수그러들었습니다.** 어느 정도는 위에 있는 것들에 애정을 가지기를 간절히 바랍니다."[5]

나는 윌리엄 윌버포스가 그날 어떻게 수상의 각료가 되지 않겠다는 결론에 이르게 되었는지 전혀 모른다. 하지만 안식을 누리지 못했다면 윌버포스의 이야기는 전혀 다르게 끝났으리라는 느낌은 든다.

윌버포스는 각료가 되지는 못했지만, 영국을 위대한 정치적·경제적 결정을 하도록 이끄는 일을 계속했다. 그것은 곧 노예 사업을 버리는 것이었다.

역사학자들 외에는 에딩턴 경이나 그의 정부에서 일했던 사람들에 대해 아는 사람이 거의 없다. 하지만 윌리엄 윌버포스와 그가 서구 문명에 기여한 바를 아는 사람은 수백만에 이른다. 이것이 바로 안식으로 이루어 낼 수 있는 것이다.

예수님이 어느 날 한 언덕에서 **안식하셨기** 때문에 그분에게도 그런 일이 일어났다. 그분의 내면세계는 (윌버포스의 말을 사용하자면) 그것의 본래 모습을 가늠하셨다. 그분은 거절할 때와 승낙할 때를 아셨다.

나는 그날 저녁 기업인들에게 강연을 할 때 포켓볼 테이블에서의 내 경험을 이야기하는 것으로 시작했다. 분명 많은 사람들이 핵심을 파악했으리라 믿는다.

❖ **더 깊이 생각해 보기**

1. **안식을 누린다**는 것은 당신에게 어떤 의미인가? 그것은 적극적인 행동인가 아니면 소극적인 행동인가? 저자가 **안식**을 의미하는 단어를 동사로 사용하는 것은 그 의미를 어떻게 바꿀 수 있을까?

2. 예수님이 기도하시기 위해 다른 사람들을 떠나시는 습관을 숙고해 보라. 예수님은 쉬시는 동안 다른 무언가를 성취하셨는가? 그 안

식은 그분을 향한 요구들에 맞서 그분을 어떻게 준비시켜 주었는가? 마가복음 1:35-39을 보라.

3. 하나님은 자신의 창조 활동을 마치시고 어떻게 '회로 마감'을 하셨는가?

4. 하나님이 제정하신 쉼의 일차적 목적은 무엇인가?

5. 당신은 "진리를 재다짐하게 하는 쉼"을 경험하고 있는가? 만일 그렇지 못하다면 그 쉼을 경험하기 위해서 어떻게 해야 하겠는가?

6. 당신이 인생의 사명을 재정립하는 데 필요한 쉼을 가지려면 어떻게 해야 하겠는가?

7. 저자가 말하는 안식일의 쉼의 내용은 무엇인가?

8. 당신과 당신의 배우자에게 개인적으로 가능한 '안식일의 쉼'을 계획할 수 있겠는가?

9. 이 책을 읽으면서 깨달은 핵심 개념이나 주장에 관한 짧은 글을 써 보라. 이 책이 권면하는 대로 실천하면서 도움을 받았다면 그것도 글에 포함시키라.

나가는 글

용기, 감사, 깊이

나는 스토니 브룩 스쿨 졸업반일 때, '상급자를 위한 성경'(Senior Bible) 이라는 과목을 수강해야 했다. 아주 유명한 학자이자 신학자셨던 (클래식 피아니스트이자 등산가이기도 하셨던) 프랭크 게이블린(Frank E. Gabelein) 박사님이 가르치시는 과목이었다. 게이블린 박사님의 관심사는 우리 졸업반 소년들이 영적인 면에서 대학 생활을 잘 준비하는 것이었다. 박사님의 수업은 내가 들었던 수업 중에서 가장 어려운 수업이었다.

게이블린 박사님은 다른 무엇보다 성경 암송에 대한 확고한 믿음을 갖고 계셨다. 그래서 우리는 한 학년 내내 대략 200구절에 이르는 성구를 암송해야 했다. 게다가 게이블린 박사님은 어느 때든 캠퍼스에 있는 우리 중 누구에게나 다가가셔서 이 구절 혹은 다른 구절을 외워 보라고 하실 권리를 갖고 계셨다.

시험 시간에 이 구절들을 써야 할 때에는, 흠정역(KJV)에 나오는 단어들을 그대로 써야 할 뿐 아니라 대문자, 구두점, 철자까지 완벽해야 했다.

당신이 당시 캠퍼스에 있었다면 우리 졸업반 학생들을 바로 알아차릴 수 있을 것이다. 우린 모두 각자 주머니에 성경 암송 카드를 잔뜩 넣고 다니면서 끊임없이 연습을 했으니 말이다.

연습은 이런 식이었다. "(대문자)하나님은 우리의 피난처시요 힘이시니(쉼표), 환난 중에 만날 큰 도움이시라(마침표). (대문자)그러므로 땅이 변하든지 산이 흔들려 바다 가운데에 빠지든지(쉼표), 바닷물이 솟아나고 뛰놀든지 그것이 넘침으로 산이 흔들릴지라도 우리는 두려워하지 아니하리로다(마침표)."[1]

우리 중 대부분 이러한 훈련을 원망했음을 인정하지 않는다면 거짓말일 것이다. 하지만 게이블린 박사님은 성경 말씀을 우리 내면세계에 간직해야 한다는 고집에 전혀 미안해하지 않으셨다.

이제 60년의 세월이 흘렀다.

나는 잠에서 깰 때 약간 휘청거리기 시작했다. 특히 한밤중에 미세한 현기증이 있었다. 또 거의 동시에 청력이 저하되기 시작했다.

나는 두 차례 병원에 가서 이러한 증상에 대해 이야기했고 의사는 나이 먹는 증거라며 나를 돌려보냈다. 그는 이렇게 말했다. "이제 일흔넷 되셨습니다. 몸이 늙어 가고 있을 뿐입니다."

세 번째 갔을 때 의사는 결국 MRI 촬영에 동의했다. 다음 날 아침 나는 그 병원에서 첫 번째로 MRI 촬영을 했다. 두 시간 후 의사가 우리 집으로 전화를 걸어서 이렇게 말했다. 전에는 한 번도 없던 일이었다. "목사님, 걱정 끼쳐 드리고 싶지는 않지만, MRI 결과 뇌 가장자리에 달걀만 한 크기의 종양이 발견되었음을 말씀드립니다. 바로 제거해야 합니다."

종양이라니! 그것도 뇌에! 겁이 났다. 이 말을 들었을 때 나는 의사의 말에 대한 적절한 반응이 무엇인지 떠올리면서 잠시 잠잠히 있었다. 그때 내 머릿속 어디에선가 이러한 생각이 튀어나왔다.

(대문자)하나님은 우리의 피난처이시요 힘이시니(쉼표), 환난 중에 만날 큰 도움이시라(마침표). (대문자)…우리는 두려워하지 아니하리로다…나는 두려워하지 않는다…나는 두려워하지 않는다…(마침표, 마침표, 마침표).

게이블린 박사님은 자신이 60년 전에 무엇을 하고 있는지 정확히 아셨다. 그분은 어린 학생들의 마음과 머릿속에 믿음과 성경 말씀의 씨앗을 심고 계셨던 것이다. 그분은 종양, 상실, 실패, 갈등, 두려움, 배신, 탈진…그리고 더 많은 무엇으로 가득 찰 날들이 다가올 것을 아셨다.

곧바로 종양 제거 수술 날짜가 잡혔다. 게일과 나는 수술이 일곱 시간 걸릴 것이라는 말을 들었다. 수술팀으로 열네 명이 들어갈 것이라고도 했다. 수술 후 48시간 동안에는 열두 명씩 세 팀이 내 몸이

기력을 회복하도록 돕기 위해 오갈 것이다.

수술을 준비하면서 나는 내 내면세계의 질서를 유지하기 위해 꼭 필요한 세 가지 분명한 단어를 주시도록 하나님께 간구했다. 수술 하루인가 이틀 전에 그 단어들이 떠올랐다. 그 단어들은 내 마음속에 밀려 들어와서 곧바로 작동되는 것 같았다.

그것은 바로 **용기, 감사, 깊이**였다.

용기(courage): 알지 못하는 상황에 직면했을 때 그것을 하나님의 손에 온전히 내어 맡기는 것.

감사(appreciation): 내가 만나는 모든 사람(의사든, 간호사든, 학생이든, 배식하는 사람이든, 청소원이든, 원무과 직원이든)에게 감사의 말이나 쪽지를 쓰기로 다짐하는 것.

깊이(depth): 내 태도와 행동이 그리스도의 마음을 비추는 것. 즉 내 경험들을 통해 하나님의 뜻을 더 잘 보여 주는 것.

이것들은 내면세계를 작동시키는 작은 실천 사항이다.

주

개정판에 부쳐

1 Oswald Chambers, "Where the Battle's Lost and Won", *My Utmost for His Highest*, accessed April 17, 2016, https://utmost.org/classic/where-the-battle%E2%80%99s-lost-and-won-classic/. 『주님은 나의 최고봉』(토기장이).

1장 싱크홀 증후군

1 William Barclay, *The Letters to the Galatians and Ephesians*(Philadelphia: Westminster, 1976), p. 100. 『바클레이 신약 주석: 갈라디아서·에베소서』(기독교문사).

2 Wayne Muller, *Sabbath: Finding Rest, Renewal, and Delight in Our Busy Lives*(New York: Bantam Doubleday Dell, 2000), p. 2. 『휴』(도솔).

3 Anne Morrow Lindbergh, *The Gift from the Sea*(New York: Pantheon, 1955), pp. 23-24. 『바다의 선물』(범우사).

4 Dorothie Bobbe, *Abigail Adams*(New York: Putnam, 1966), p. 206.

2장 조종실에서 보는 시각

1 "Executive's Crisis," *Wall Street Journal*, 12 March 1982, p. 1.

2 James Buchan, *The Indomitable Mary Slessor*(New York: Seabury 1981), p. 86.
3 Ralph Waldo Emerson, *Self-Reliance and Other Essays*(Mineola, NY: Dover Publications, 1993), p. 23. 『랄프 왈도 에머슨의 자기신뢰』(원앤원북스).

3장 황금 새장에 갇힌 인생

1 Stephen R. Covey, *Principle-Centered Leadership*(New York: Free Press, 1991). 『원칙 중심의 리더십』(김영사).

4장 어느 성공한 실패자 이야기

1 Paul Tournier, *Creative Suffering*(New York: Harper & Row, 1983). 『고통보다 깊은』(IVP).

5장 부름 받은 사람의 삶

1 Cardinal Danneels of Brussels, quoted in Jean Vanier, *Community and Growth*(Mahwah, NJ: Paulist Press, p. 210. 『공동체와 성장』(성바오로).
2 Herbert Butterfield, *Christianity and History*(New York: Charles Scribner's Sons, 1949), p. 115. 『기독교와 역사』(대한기독교서회).

6장 누구 내 시간 본 사람 있나요?

1 William Barclay, *The Gospel of Matthew*(Philadelphia: Westminster, 1975), p. 280. 『바클레이 신약 주석: 마태복음』(기독교문사).

7장 잃어버린 시간을 찾아서

1 Elton Trueblood, *While It Is Day*(New York: Harper & Row, 1974), p. 67.
2 Harold Begbie, *Life of General Willam Booth*(New York: Macmillan, 1920), p. 178.
3 C. S. Lewis, *Letters to an American Lady*(Grand Rapids: Eerdmans, 1975), p. 53. 『루이스가 메리에게』(홍성사).

8장 더 뛰어난 사람이 패한 경기

1 David Denby, *Great Books* (New York: Simon & Schuster, 1997), p. 15.
2 Elton Trueblood, *While It Is Day* (New York: Harper & Row, 1974), pp. 97-98.
3 Oliver Wendell Holmes, *Speeches* (Boston: Little, Brown, 1891), p. 43.
4 Norman Polmar and Thomas B. Allen, *Rickover: Controversy and Genius* (New York: Simon & Schuster, 1982), p. 267.
5 Oswald Chambers, *Leagues of Light: Diary of Oswald Chambers 1915-1917* (Louisville, KY: Operation Appreciation Ministries), p. 42.

9장 한 번도 읽힌 적이 없는 책

1 Ernest Dimnet, *The Art of Thinking* (New York: Simon & Schuster, 1928).

10장 마음의 정원을 가꾸는 사람

1 Howard Rutledge and Phyllis Rutledge with Mel White and Lyla White, *In the Presence of Mine Enemies* (Old Tappan, NY: Fleming Revell, 1973), p. 34.
2 Brother Lawrence, *The Practice of the Presence of God*, trans. E. M. Blaiklock (Nashville: Thomas Nelson, 1982). 『하나님의 임재 연습』(두란노).
3 Thomas Kelly, quoted in Richard Foster, *Freedom of Simplicity* (New York: Harper & Row, 1981), p. 78. 『심플 라이프』(규장); Thomas Kelly, *A Testament of Devotion* (New York: Harper & Row Publishers, 1941), p. 115. 『영원과 현재』(은성).

11장 믿음으로만 버티는 인생

1 E. Stanley Jones, *The Divine Yes* (Nashville: Abingdon, 1975), p. 63. 『하나님의 Yes』(규장).
2 Malcolm Muggeridge, *Something Beautiful for God* (Garden City, NY:

Image, 1977), p. 48.

3 Henry J. M. Nouwen, *The Way of the Heart*(New York: Seabury, 1981), p. 39. 『영성에의 길』(한국 IVP).

4 Wayne E. Oates, *Nurturing Silence in a Noisy Heart*(Garden City, NY: Doubleday, 1979), p. 3. 『침묵의 영성』(아침영성지도연구원).

5 Matthew Bridges, "Crown Him with Many Crowns"(1851 with music by George Job Elvey.

6 Thomas Chisholm, "Great Is Thy Faithfulness"(1923 with music by William M. Runyan.

7 William R. Featherstone, "My Jesus, I Love Thee"(1864 with music by Adoniram J. Gordon.

8 Fanny J. Crosby, "Rescue the Perishing"(1869 with music by William H. Doane.

9 Eliza E. Hewitt, "When We All Get to Heaven"(1898 with music by Emily D. Wilson.

10 Carl Boberg, trans. by Stuart Hine, "How Great Thou Art"(1949).

11 J. Wilbur Chapman, "One Day"(1910 with music by Charles H. Marsh.

12 Harry D. Clarke, "Into My Heart"(1924).

13 William Zinsser, *Writing to Learn*(New York: Harper & Row, 1988), p. 16. 『공부가 되는 글쓰기』(유유).

14 C. Austin Miles, "In the Garden"(1913).

12장 말씀을 마음속에 입력하라

1 E. Stanley Jones, *Song of Ascents*(Nashville: Abingdon, 1868), p. 104. 『순례자의 노래』(복있는사람).

2 Clarence W. Hall, *Samuel Logan Brengle: Portrait of a Prophet*(Chicago: Salvation Army Supply & Purchasing Dept., 1933), p. 185. .

3 John Baillie, *A Diary of Private Prayer*(New York: Charles Scribner's

Sons, 1949), p. 27. 『매일기도』(성서유니온).

4   C. S. Lewis, *Letters to an American Lady* (Grand Rapids: Eerdmans, 1975), p. 73.

13장 하늘의 눈으로 바라보라

1   E. Herman, *Creative Prayer* (Cincinnati: Forward Movement, n.d.), p. 16.
2   Thomas R. Kelly, *A Testament of Devotion* (New York: Haper & Row, 1941), p. 39.
3   Brother Lawrence, *The Practice of the Presence of God*, trans, E. M. Blaiklock (Nashville: Thomas Nelson, 1982), p. 70.
4   Henry J. M. Nouwen, *Clowning in Rome* (Garden City, NY: Image, 1979), p. 73. 『로마의 어릿광대』(가톨릭대학교출판부).
5   Kelly, *A Testament of Devotion*, p. 54.
6   Clarence W. Hall, *Samuel Logan Brengle: Portrait of a Prophet* (Chicago: Salvation Army Supply & Purchasing Dept., 1933), p. 237.
7   앞의 책.
8   E. Stanley Jones, *A Song of Ascents* (Nashville: Abingdon Press, 1968), p. 337.
9   Hall, *Samuel Logan Brengle*, p. 185.
10 Sally Magnusson, *The Flying Scotsman* (New York: Quartet Books, 1981), p. 165. 『날으는 스코틀랜드인』(개혁주의신행협회).

14장 친구들

1   John Pollock, *Hudson Taylor and Maria* (London: Hodder and Stoughton, 1963).
2   Edward Farrell, quoted in Margaret Magdalen, *Jesus Man of Prayer* (Downers Grove, IL: Intervarsity, 1987). 『예수의 기도』(요단).

15장 여가 이상의 쉼

1 Brother Lawrence, *The Practice of the Presence of God*, trans, E. M. Blaiklock(Nashville: Thomas Nelson, 1982), p. 85.
2 Robert Robinson, "Come, Thou Fount of Every Blessing"(1758).
3 Abraham Heshel, *The Earth Is the Lord's* and *The Sabbath*(two books pulished as one, New York: Harpper Torchbooks, 1966), p. 10. 『안식』(복있는사람).
4 Hugh Evan Hopkins, *Charles Simeon of Cambridge*(Grand Rapids: Eerdmans, 1977), pp. 155-156.
5 Robert Isaac Wilberforce and Samuel Wilberforce, *The Life of William Wilberforce*(London: Seeley, Burnside, and Seeley, 1843), p. 270.

나가는 글: 용기, 감사, 깊이

1 시 46:1-3, 개역개정.

옮긴이 홍화옥은 외국어대학교 불어과를 졸업하였고 1981년 아프리카 선교회 소속 선교사로 파송되었다. 현재 케냐 나이로비에서 국제 기독 유치원(International Christian Kindergarten)을 운영하며 사역하고 있다.

김명희는 연세대학교 영어영문학과를 졸업하고 IVP 편집부에서 일했다. 옮긴 책으로는 『리더는 무엇으로 사는가』『성경은 드라마다』『영혼을 세우는 관계의 공동체』『이는 내 사랑하는 자요』『제자도』『행동하는 기독교』(이상 IVP) 등 다수가 있다. 이 책의 14장을 비롯한 책 전반에 걸친 개정 부분을 번역했다.

내면세계의 질서와 영적 성장

초판 발행 1990년 7월 10일 | 초판 60쇄 2002년 12월 20일
개정판 발행 2003년 8월 20일 | 개정판 36쇄 2017년 9월 20일
확대개정판 발행 2018년 9월 10일 | 확대개정판 12쇄 2025년 10월 30일

지은이 고든 맥도날드
옮긴이 홍화옥 · 김명희
펴낸이 정모세

편집 이성민 이혜영 심혜인 설요한 박예찬
디자인 한현아 서린나 | 마케팅 오인표 | 영업 · 제작 정성운 이은주 조수영
경영지원 이혜선 이은희 | 물류 박세율 김대훈 정용탁

펴낸곳 한국기독학생회출판부 | 등록번호 제2001-000198호(1978.6.1)
주소 04031 서울시 마포구 동교로 156-10
대표 전화 (02) 337-2257 | 팩스 (02) 337-2258
영업 전화 (02) 338-2282 | 팩스 080-915-1515
홈페이지 http://www.ivp.co.kr | 이메일 ivp@ivp.co.kr
ISBN 978-89-328-1642-5

ⓒ 한국기독학생회출판부 2018

책값은 뒤표지에 있습니다.
무단 전재와 복제를 금합니다.